二十一世纪普通高等教育人才培养“十三五”系列精品教材
ERSHIYI SHIJI PUTONG GAODENG JIAOYU RENCAI PEIYANG SHISANWU XILIE JINGPIN JIAOCAI

基础会计学习指导书（第三版）

主编◎林双全　李小腾

西南财经大学出版社
Southwestern University of Finance & Economics Press
中国·成都

图书在版编目(CIP)数据

基础会计学习指导书/林双全,李小腾主编. —3版.—成都:西南财经大学出版社,2021.1

ISBN 978-7-5504-4520-8

Ⅰ.①基… Ⅱ.①林…②李… Ⅲ.①会计学—高等职业教育—教学参考资料 Ⅳ.①F230

中国版本图书馆CIP数据核字(2020)第167695号

基础会计学习指导书(第三版)

主　编　林双全　李小腾

责任编辑:李晓嵩

责任校对:杜显钰

封面设计:何东琳设计工作室

责任印制:朱曼丽

出版发行	西南财经大学出版社(四川省成都市光华村街55号)
网　　址	http://www.bookcj.com
电子邮件	bookcj@foxmail.com
邮政编码	610074
电　　话	028-87353785
照　　排	四川胜翔数码印务设计有限公司
印　　刷	郫县犀浦印刷厂
成品尺寸	185mm×260mm
印　　张	17
字　　数	404千字
版　　次	2021年1月第3版
印　　次	2021年1月第1次印刷
印　　数	1—2000册
书　　号	ISBN 978-7-5504-4520-8
定　　价	35.00元

前 言

本书为《基础会计》（第三版）教材（林双全、李小腾主编，西南财经大学出版社出版）的配套学习指导书。

本书包括三部分内容。第一部分会计原理学习指导由林双全（广州城市职业学院）编写；第二部分初级会计职称考试考点练习由林双全、李小腾（广州城市职业学院）编写；第三部分初级会计职称考试综合练习由林双全编写。全书由林双全、李小腾统稿。

第一部分会计原理学习指导是《基础会计》（第三版）教材核心内容的配套学习指导。这部分内容对教材内容进行精炼阐述和应用指导，深入浅出，易于理解，方便初学者在较短的时间里轻松掌握原理及其应用。第二部分初级会计职称考试考点练习根据初级会计职称考试大纲编写，是考点考试复习资料。这部分内容虽然各章标题与《基础会计》（第三版）教材各章顺序不一致，但主要内容完全覆盖了《基础会计》（第三版）教材各章节的知识点，因此也可以作为《基础会计》（第三版）教材学习的配套练习。通过考点练习训练后，学生既可以巩固教材理论知识，又可以为参加初级会计职称考试奠定基础，真正实现“课证融合”，一举两得。第三部分为初级会计职称考试综合练习，主要题型是填空题和综合题，其中综合题包括业务题和计算题。填空题概括了《基础会计》（第三版）教材的主要内容，配有参考答案，方便学生学习和记忆，主要目的是夯实理论基础。综合题主要涉及账务处理的基本内容，也有些知识点属于初级财务会计范畴，虽然这些知识点在《基础会计》（第三版）教材中可能没有涉及，但属于参加初级会计职称考试必备的内容，不容忽略。计算题涉及科目汇总表、试算平衡表、银行存款余额调节表、明细账、资产负债表、利润表等知识点，囊括了初级会计职称考试中综合题或不定项选择题可能出现的知识点。经过第二部分和

第三部分的反复练习，学生的应试能力能够得到全面提升。

本书是基础会计课程教学和初级会计职称考试“课证融合”的科研成果，希望能够对广大会计专业初学者和准备参加初级会计职称考试的“零基础”考生有所帮助。

由于时间仓促，水平有限，本书不足和错漏之处恳请读者批评指正。

编者

2020 年 10 月

目 录

第一部分　会计原理学习指导

一、会计含义——综合或零星地核算

会计是什么？简言之，会计是算钱的。会——综合算之；计——零星算之。会计，即汇总地算，零星地算，既算总数，又算细目。

二、核算内容——资金

会计是算钱的，企业的钱是会计核算的内容。会计对象、会计要素和会计科目分别表示不同层次上的钱。会计对象，即第一层次的钱，最笼统、最概括；会计要素，即第二层次的钱，表示钱的种类，是将会计对象分类后的钱；会计科目，即第三层次最具体的钱，指钱的名称，是将会计要素再进一步细分后的钱。会计对象、会计要素、会计科目指的都是钱。

（一）会计对象——资金运动

会计算的“钱”就是会计对象，即会计核算的内容。钱多、钱少、钱进、钱出，钱会变化；资金增加、减少、流进、流出，资金会运动。运动的资金，即变化的钱。会计核算的就是企业不断增减变动的资金。资金运动也就是会计对象。

（二）会计要素——资金种类

企业的钱分六种，称六大会计要素。资产、负债、所有者权益、收入、费用、利润就是企业的六种钱。会计对象与会计要素的关系如图 1-1 所示。

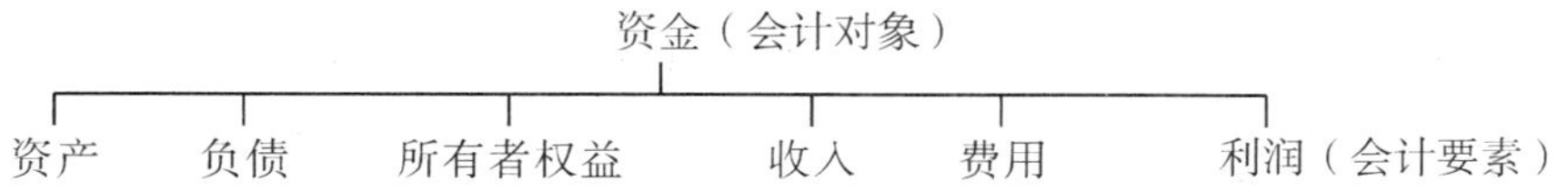

图 1-1　会计对象与会计要素的关系

（三）会计科目——资金名称

会计要素再细分，就是会计科目。例如，资产可以分为库存现金、银行存款、应收账款、原材料、固定资产等，而库存现金、银行存款、应收账款、原材料、固定资产就是会计科目，也可称为钱的名称。会计对象、会计要素与会计科目的关系如图 1-2 所示。

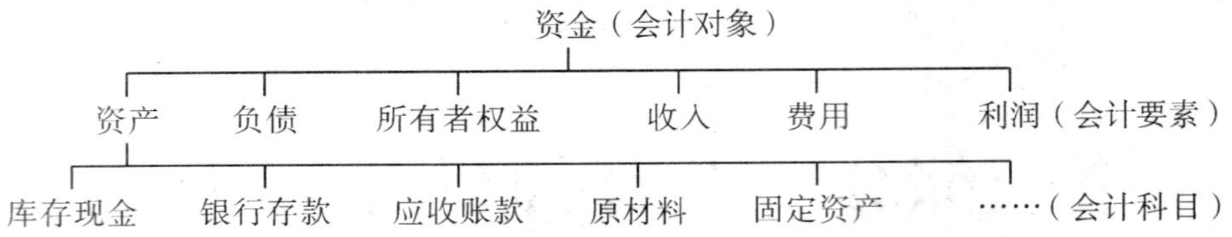

图 1-2　会计对象、会计要素与会计科目的关系

如图 1-2 所示，会计对象可以分为六大会计要素，资产要素可以进一步细分为库存现金等会计科目。负债、所有者权益、收入、费用、利润等要素细分后所涉及的会计科目列示在表 1-1 中。

表 1-1　常用会计科目表

编号	名称	编号	名称
（一）资产类		（二）负债类	
1001	库存现金	2001	短期借款
1002	银行存款	2101	交易性金融负债
1015	其他货币资金	2201	应付票据
1101	交易性金融资产	2202	应付账款
1121	应收票据	2203	预收账款
1122	应收账款	2211	应付职工薪酬
1123	预付账款	2221	应交税费
1131	应收股利	2231	应付利息
1132	应收利息	2232	应付股利
1231	其他应收款	2241	其他应付款
1241	坏账准备	2501	递延收益
1401	材料采购	2601	长期借款
1402	在途物资	2602	应付债券
1403	原材料	2801	长期应付款
1404	材料成本差异	2802	未确认融资费用
1406	库存商品	2811	专项应付款
1407	发出商品	2901	递延所得税负债
1410	商品进销差价	（三）所有者权益类	
1411	委托加工物资	4001	实收资本
1431	周转材料	4002	资本公积
1461	存货跌价准备	4101	盈余公积
1521	持有至到期投资	4103	本年利润
1522	持有至到期投资减值准备	4104	利润分配
1523	可供出售金融资产	（四）成本类	

表1-1(续)

编号	名称	编号	名称
1524	长期股权投资	5001	生产成本
1525	长期股权投资减值准备	5101	制造费用
1526	投资性房地产	5201	劳务成本
1531	长期应收款	5301	研发支出
1541	未实现融资收益	（五）损益类	
1601	固定资产	6001	主营业务收入
1602	累计折旧	6051	其他业务收入
1603	固定资产减值准备	6101	公允价值变动损益
1604	在建工程	6111	投资损益
1605	工程物资	6301	营业外收入
1606	固定资产清理	6401	主营业务成本
1701	无形资产	6402	其他业务成本
1702	累计摊销	6405	税金及附加
1703	无形资产减值准备	6601	销售费用
1711	商誉	6602	管理费用
1801	长期待摊费用	6603	财务费用
1811	递延所得税资产	6701	资产减值损失
1901	待处理财产损溢	6711	营业外支出
		6801	所得税费用
		6901	以前年度损益调整

三、会计等式——资金平衡原理

（一）基本会计等式

资产=负债+所有者权益

收入-费用=利润

（二）会计等式变形

资产=负债+所有者权益+利润

资产=负债+所有者权益+收入-费用

资产+费用=负债+所有者权益+收入

资产+费用-负债-所有者权益-收入=0

资产=债权人权益+所有者权益

资产=权益

四、记账符号——“借”和“贷”

（一）数学符号与会计符号

数学上用“+”和“-”表示“增加”和“减少”。会计上用“借”和“贷”表示“增加”和“减少”。“借”和“贷”是两个会计记账符号，此处没有任何中文含义。为什么会计上要用“借”和“贷”表示增和减，不像数学用“+”和“-”表示增和减呢？原因很简单，汉字“借”和“贷”可以多维立体地表示增和减的含义，“+”和“-”只能单一平面地表示增和减的含义。例如，“借”既可以表示资产的增加，又可以表示负债的减少；“贷”既可以表示收入的增加，又可以表示费用的减少。但是，“+”只能表示增加不能表示减少；“-”只能表示减少不能表示增加。会计符号“借”和“贷”内涵的复杂性增加了会计初学者的学习难度，但是在实际应用中可以体现复式借贷记账法的科学性与应用于企业资金管理的优势。

（二）会计要素与记账符号

由上述会计等式“资产+费用-负债-所有者权益-收入=0”可知，等式中，资产、费用前面符号一致，都是“+”号；负债、所有者权益、收入前面符号一致，都是“-”号。按照习惯，会计上用“借”表示资产的“+”，那么会计要素与会计符号的关系如图 1-3 所示。

	资产	+费用	-负债	-所有者权益	-收入=0
借：	+	+	-	-	-
贷：	-	-	+	+	+

图 1-3　会计要素与会计符号的关系

（三）记账符号的含义

“借”和“贷”记账符号的含义如表 1-2 所示。

表 1-2　“借”和“贷”记账符号的含义

账户类别	借方	贷方	余额方向
资产类	+	-	借方
负债类	-	+	贷方
所有者权益类	-	+	贷方
成本类	+	-	借方
收入类	-	+	无或贷方
费用类	+	-	无或借方

（四）用会计符号记录会计对象的增减

例如，“借：库存现金　100”意思是“库存现金增加 100 元”；“贷：银行存款

100”意思是“银行存款减少 100 元”。短期借款减少 200 元可以表示为“借：短期借款　200”，实收资本增加 200 元可以表示为“贷：实收资本　200”。

五、经济业务——资金的变化类型

（一）企业经济业务类型

企业经济业务共有四大类、九小类，企业经济业务类型如图 1-4 所示。

	资产 =	负债 +	所有者权益
①	±		
②		±	
③			±
④	+	+	
⑤	+		+
⑥	−		−
⑦	−		−
⑧		+	−
⑨		−	+

图 1-4　企业经济业务类型

（二）企业经济业务实例

（1）从银行提取库存现金 5 000 元。以本企业为会计主体，即站在本企业角度上，本企业库存现金增加 5 000 元，银行存款减少 5 000 元。本例一项资产增加，另一项资产减少，属于①。

（2）签发银行承兑汇票 10 000 元，用于偿还前欠货款。本企业应付票据增加 10 000元，应付账款减少 10 000 元。本例一项负债增加，另一项负债减少，属于②。

（3）用盈余公积 100 000 元转增资本。盈余公积减少 100 000 元，实收资本增加 100 000 元。本例属于③。

（4）向银行贷款 50 000 元，3 个月后还本付息。银行存款增加 50 000 元，短期借款增加 50 000 元。本例属于④。

（5）收到投资者投入的机器设备 800 000 元。固定资产增加 800 000 元，实收资本增加 800 000 元。本例属于⑤。

（6）签发支票偿还到期的长期借款 400 000 元。长期借款减少 400 000 元，银行存款减少 400 000 元。本例属于⑥。

（7）为减少经营规模，甲投资者撤资 100 000 元。实收资本减少 100 000 元，银行存款减少 100 000 元。本例属于⑦。

（8）计算应该向股东分配的现金股利，共计 600 000 元。未分配利润减少 600 000 元，应付股利增加 600 000 元。本例属于⑧。

（9）因无法支付到期的应付债券 50 000 元，同意将其转作股本。应付债券减少 50 000元，股本增加 50 000 元。本例属于⑨。

六、会计分录——记录资金的变化情况

会计分录就是记录企业资金增减变动情况的形式，由三个要素组成，包括借贷记账符号、会计科目名称以及涉及的资金金额。

例如，具体会计分录如下：

借：银行存款　　2 000

　贷：库存现金　　2 000

该会计分录是会计语言，可以理解为：银行存款增加了 2 000 元，库存现金减少了 2 000元。企业的存款业务刚好就是此类业务。

又如，具体会计分录如下：

借：应付职工薪酬　　30 000

　贷：银行存款　　30 000

该会计分录可以理解为：应付职工薪酬减少了 30 000 元，银行存款减少了 30 000 元。企业发放工资的业务刚好是此类业务。

七、账务处理——完整记录资金循环全过程，以南方通用机械厂账务处理为例

（一）企业简介

企业名称：南方通用机械厂。

企业地址：清江市淮海路 10 号。

纳税性质：一般纳税人。

主要产品：A 产品、B 产品。

生产规模：年产 A 产品 27 000 件、B 产品 15 000 件、产值 785 万元，利润 180 万元，职工人数 40 人。

生产组织：设有两个基本生产车间：一车间和二车间。其中，一车间耗用甲、乙两种材料生产 A 产品，二车间耗用甲、乙两种材料生产 B 产品。管理部门和生产车间一般耗用丙材料。

会计机构：在会计核算工作中，企业采用集中核算形式，并配备会计主管郝康、出纳员周芬、总账会计胡健、明细账会计张山、材料仓库保管员刘晓。

开户银行：中国工商银行清江市分行淮海路分理处。

账号：0249008988。

（二）账务处理程序

企业采用科目汇总表账务处理程序。

科目汇总表账务处理程序的主要特点是根据科目汇总表登记总分类账，它是会计核算中最常用的一种账务处理程序。科目汇总表账务处理程序如下：

①根据原始凭证编制记账凭证。

②根据记账凭证登记日记账。

③根据原始凭证或记账凭证登记各种明细分类账。

④根据记账凭证编制科目汇总表。

⑤根据科目汇总表登记总分类账。

⑥月末，库存现金日记账、银行存款日记账和各明细分类账的余额与有关总分类账的余额相核对。

⑦月末，根据总分类账和明细分类账的有关资料，编制会计报表。

上述账务处理程序的工作步骤如图 1-5 所示。

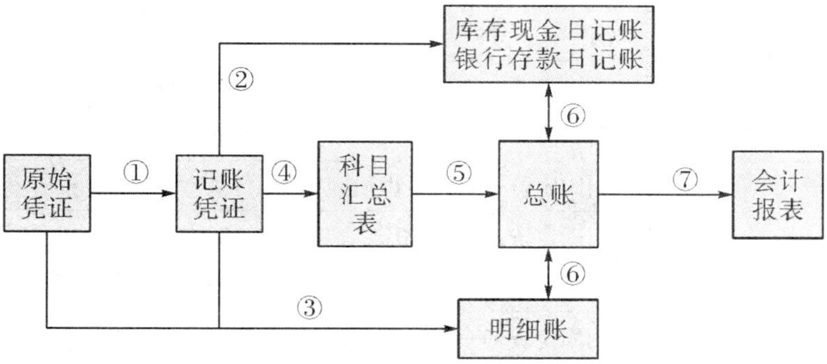

图 1-5　科目汇总表账务处理程序图

（三）期初余额表

南方通用机械厂期初余额表如表 1-3 所示。

表 1-3　期初余额表

202×年 12 月 1 日　　　　单位：元

序号	一级科目（总账科目）	二级科目（明细账科目）/三级科目	期初余额		账户参考格式
			借方	贷方	
1	库存现金	人民币	3 800		日记账
2	银行存款	工商银行存款	1 087 060		日记账
3	交易性金融资产	A 公司股票	50 000		三栏账
4	应收票据	商业承兑汇票	5 000		三栏账
		银行承兑汇票			三栏账
5	应收账款	红光公司	12 000		三栏账
		友联公司	900 000		三栏账
		新南公司	208 560		三栏账
6	预付账款	A 日报社	100		三栏账
7	其他应收款	王雷	900		三栏账
8	在途物资	甲材料			三栏账
		乙材料			三栏账

表1-3(续)

序号	一级科目（总账科目）	二级科目（明细账科目）/三级科目	期初余额		账户参考格式
			借方	贷方	
9	原材料	甲材料	50 900		数量金额账
		乙材料	2 090		数量金额账
		丙材料	4 000		数量金额账
10	库存商品	A 产品	120 000		数量金额账
		B 产品	240 000		数量金额账
11	长期股权投资	万连公司	566 700		三栏账
12	固定资产	生产用固定资产——发电机组			专用格式
		生产用固定资产——钻床	1 500 000		专用格式
		非生产用固定资产	706 930		专用格式
13	累计折旧	生产用固定资产——发电机组			专用格式
		生产用固定资产——钻床		350 510	专用格式
		非生产用固定资产		350 000	专用格式
14	无形资产	专利权	100 000		三栏账
		非专利技术	50 200		三栏账
15	累计摊销	专利权		10 000	三栏账
		非专利技术		8 000	三栏账
16	长期待摊费用	租赁费	51 000		三栏账
17	待处理财产损溢	待处理固定资产损溢			三栏账
18	短期借款	工商银行淮海路分理处		70 000	三栏账
19	应付票据	商业承兑汇票		30 000	三栏账
20	应付账款	大新公司		50 000	三栏账
		光大公司		1 000	三栏账
		东风公司		43 750	三栏账
21	其他应付款	张山		640	三栏账
22	应付职工薪酬	职工工资		70 062	多栏账
23	应交税费	应交增值税——进项税额			专用格式
		应交增值税——销项税额			专用格式
		未交增值税		90 000	三栏账
		应交城建税①		6 300	三栏账

① 城建税，即城市维护建设税，下同。

表1-3(续)

序号	一级科目 （总账科目）	二级科目 （明细账科目）/三级科目	期初余额		账户 参考格式
			借方	贷方	
		应交教育费附加		2 700	三栏账
		应交所得税			三栏账
24	应付股利				三栏账
25	应付利息	淮海分理处 54-67676		1 600	三栏账
26	长期借款	淮海分理处 54-67676		381 000	三栏账
27	生产成本	A 产品 （直接材料、直接人工、制造费用）			多栏账
		B 产品 （直接材料、直接人工、制造费用）			多栏账
28	制造费用	材料消耗、职工工资、职工福利费、折旧费、其他费用			多栏账
29	实收资本	星海电机厂		3 200 000	三栏账
30	资本公积	其他资本公积		8 860	三栏账
31	盈余公积	法定盈余公积		100 600	三栏账
32	本年利润			784 218	三栏账
33	利润分配	提取法定盈余公积			三栏账
		应付现金股利或利润			三栏账
		未分配利润		100 000	三栏账
34	主营业务收入	A 产品			三栏账
		B 产品			三栏账
35	主营业务成本	A 产品			三栏账
		B 产品			三栏账
36	税金及附加	城建税			三栏账
		教育费附加			三栏账
37	其他业务收入	材料销售收入			三栏账
38	其他业务成本	甲材料			三栏账
39	销售费用	广告费			三栏账
40	管理费用	办公费、材料消耗、差旅费、电话费、折旧费、职工工资、职工福利、无形资产摊销、报刊订阅费、租赁费、其他费用			多栏账
41	财务费用	借款利息			三栏账
42	投资收益	大明公司			三栏账

表1-3(续)

序号	一级科目 （总账科目）	二级科目 （明细账科目）/三级科目	期初余额		账户 参考格式
			借方	贷方	
43	营业外收入	罚款收入			三栏账
		无法支付的应付款项			三栏账
44	营业外支出	固定资产盘亏			三栏账
45	所得税费用	当期所得税			三栏账

（四）期初资产负债表

南方通用机械厂资产负债表如表1-4所示。

表1-4　资产负债表

编制单位：南方通用机械厂　　202×年12月31日　　单位：元

资产	期初数	期末数	负债和所有者权益	期初数	期末数
流动资产：			**流动负债：**		
货币资金	1 090 860		短期借款	70 000	
交易性金融资产	50 000		应付票据	30 000	
应收票据	5 000		应付账款	94 750	
应收账款	1 120 560		预收账款		
预付账款	100		应付职工薪酬	70 062	
应收股利			应交税费	99 000	
应收利息			应付利息	1 600	
其他应收款	900		应付股利		
存货	416 990		其他应付款	640	
一年内到期的非流动资产			一年内到期的非流动负债		
其他流动资产			其他流动负债		
流动资产合计	2 684 410		**流动负债合计**	366 052	
非流动资产：			**非流动负债：**		
持有至到期投资			长期借款	381 000	
长期股权投资	566 700		应付债券		
长期应收款			其他非流动负债		
固定资产	1 506 420		**非流动负债合计**	381 000	
在建工程			**负债合计**	747 052	
工程物资					

表1-4(续)

资产	期初数	期末数	负债和所有者权益	期初数	期末数
固定资产清理					
无形资产	132 200		**所有者权益:**		
开发支出			实收资本	3 200 000	
商誉			资本公积	8 860	
长期待摊费用	51 000		减:库存股		
递延所得税资产			盈余公积	100 600	
其他非流动资产			未分配利润	884 218	
非流动资产合计	2 256 320		**所有者权益合计**	4 193 678	
资产总计	4 940 730		**负债和所有者权益总计**	4 940 730	

(五)本期经济业务

南方通用机械厂本期经济业务如下:

(1)12 月 1 日,收到红光公司前欠货款 12 000 元。

(2)12 月 2 日,购入甲材料一批,材料价款 254 500 元,增值税税额 33 085 元,均已用银行存款支付。

(3)12 月 3 日,提取库存现金 900 元备用。

(4)12 月 3 日,王雷预借差旅费 900 元,已用库存现金支付。

(5)12 月 4 日,12 月 2 日采购的甲材料验收入库。

(6)12 月 4 日,预付 A 日报社明年报纸订阅费 4 800 元。

(7)12 月 6 日,向大新公司购入乙材料一批,材料价款 83 600 元,增值税税额 10 868元,款项尚未支付。

(8)12 月 6 日,用库存现金购买办公用品一批,价值 200 元。

(9)12 月 7 日,向工商银行淮海路分理处贷款 50 000 元,款项已收存银行,6 个月后偿还。

(10)12 月 10 日,12 月 6 日购买的乙材料验收入库。

(11)12 月 10 日,领用甲材料价值 143 600 元,用于生产 A 产品,领用甲材料价值 34 550 元,用于生产 B 产品,领用乙材料价值 75 240 元,用于生产 B 产品;车间领用丙材料价值 200 元;管理部门领用丙材料价值 100 元。

(12)12 月 10 日,转账支付上月增值税 90 000 元,城建税 6 300 元,教育费附加 2 700元。

(13)12 月 12 日,收到黄河公司违约金 1 500 元。

(14)12 月 12 日,王雷出差报销差旅费 800 元,余款退回。

(15)12 月 13 日,销售 A 产品一批,价款 280 000 元,增值税 36 400 元;销售 B 产品一批,价款 144 000 元,增值税 18 720 元,全部款项已收存银行。

（16）12 月 14 日，支付市电视台广告费 12 000 元。

（17）12 月 15 日，提取库存现金 35 000 元备发工资。

（18）12 月 15 日，用库存现金发放工资 35 000 元。

（19）12 月 18 日，向友联公司销售原材料一批，价款 21 000 元，增值税税率 13%，款项未收。

（20）12 月 20 日，用专利权 40 000 元向万连公司投资。

（21）12 月 22 日，用银行存款支付电话费 847.70 元。

（22）12 月 23 日，销售 A 产品一批，价款 140 000 元；销售 B 产品一批，价款 360 000元，增值税税率 13%，收到银行承兑汇票一张。

（23）12 月 25 日，宁远公司商业承兑汇票 5 000 元到期无法收回。

（24）12 月 28 日，收到星海电机厂投入设备发电机一组，价值 130 000 元。

（25）12 月 31 日，预提本月借款利息 800 元。

（26）12 月 31 日，转账支付第四季度借款利息 2 400 元。

（27）12 月 31 日，计提本月固定资产折旧费，其中车间计提 8 000 元，管理部门计提3 000元。

（28）12 月 31 日，分配本月职工工资，其中生产 A 产品工人工资 12 000 元，生产 B 产品工人工资 9 000 元，车间管理人员工资 8 000 元，管理部门人员工资 6 000 元。

（29）12 月 31 日，摊销本期应承担的专利权 375 元，非专利技术 425 元，报刊订阅费 100 元，租赁费 600 元。

（30）12 月 31 日，按照本月生产工人工资总额分配制造费用。

（31）12 月 31 日，结转本月完工产品成本。

（32）12 月 31 日，结转本月产品销售成本，其中 A 产品 240 000 元，B 产品 336 000元。

（33）12 月 31 日，结转本月材料销售成本 15 270 元。

（34）12 月 31 日，计提本月应交城建税与教育费附加。

（35）12 月 31 日，发现盘亏设备钻床一台，原价 6 000 元，已提折旧 2 000 元。

（36）12 月 31 日，经批准结转设备盘亏净损失。

（37）12 月 31 日，结转无法支付光大公司应付账款 1 000 元。

（38）12 月 31 日，收到大明公司投资收益 8 000 元，存入银行。

（39）12 月 31 日，结转本年利润。

（40）12 月 31 日，计提本期企业所得税（假设没有纳税调整项目，企业所得税税率为 25%）。

（41）12 月 31 日，结转企业所得税。

（42）12 月 31 日，结转税后利润。

（43）12 月 31 日，按税后利润的 10%计提法定盈余公积。

（44）12 月 31 日，按剩余利润的 80%计提应付普通股现金股利。

（45）12 月 31 日，结转未分配利润。

（六）会计循环的应用

会计循环主要步骤包括编制会计分录、过丁字账、编制科目汇总表、编制试算平衡表、编制资产负债表与编制利润表。

1. 编制会计分录

南方通用机械厂202×年12月经济业务会计分录如表1-5所示。

表1-5　南方通用机械厂202×年12月经济业务会计分录

序号	日期	摘要	会计分录		
1	12月1日	收到前欠货款	借：银行存款——工行存款 　贷：应收账款——红光公司	12 000	 12 000
2	12月2日	采购甲材料	借：在途物资——甲材料 　　应交税费——应交增值税（进项税额） 　贷：银行存款——工行存款	254 500 33 085	 287 585
3	12月3日	提现备用	借：库存现金 　贷：银行存款	900	 900
4	12月3日	王雷预借差旅费	借：其他应收款——王雷 　贷：库存现金	900	 900
5	12月4日	甲材料验收入库	借：原材料——甲材料 　贷：在途物资——甲材料	254 500	 254 500
6	12月4日	预付报纸订阅费	借：预付账款——A日报社 　贷：银行存款——工行存款	4 800	 4 800
7	12月6日	赊购乙材料	借：在途物资——乙材料 　　应交税费——应交增值税（进项税额） 　贷：应付账款——大新公司	83 600 10 868	 94 468
8	12月6日	购买办公用品	借：管理费用——办公费 　贷：库存现金	200	 200
9	12月7日	6个月银行借款到账	借：银行存款——工行存款 　贷：短期借款——工行淮海路分理处	50 000	 50 000
10	12月10日	乙材料验收入库	借：原材料——乙材料 　贷：在途物资——乙材料	83 600	 83 600
11	12月10日	领用材料	借：生产成本——A产品 　　　　　　——B产品 　　制造费用——机物料消耗 　　管理费用——材料消耗 　贷：原材料——甲材料 　　　　　　——乙材料 　　　　　　——丙材料	143 600 109 790 200 100	 178 150 75 240 300
12	12月10日	转账支付上月税费	借：应交税费——未交增值税 　　　　　　——应交城市建设维护税 　　　　　　——应交教育费附加 　贷：银行存款——工行存款	90 000 6 300 2 700	 99 000
13	12月12日	收到黄河公司违约金	借：银行存款——工行存款 　贷：营业外收入——罚款收入	1 500	 1 500

表1-5(续)

序号	日期	摘要	会计分录
14	12月12日	王雷出差报账	借：管理费用——差旅费 800 库存现金 100 贷：其他应收款——王雷 900
15	12月13日	销售产品货款已收	借：银行存款——工行存款 479 120 贷：主营业收入——A产品 280 000 ——B产品 144 000 应交税费——应交增值税（销项税额） 55 120
16	12月14日	支付市电视台广告费	借：销售费用——广告费 12 000 贷：银行存款——工行存款 12 000
17	12月15日	提取库存现金备发工资	借：库存现金 35 000 贷：银行存款——工行存款 35 000
18	12月15日	现发工资	借：应付职工薪酬——职工工资 35 000 贷：库存现金 35 000
19	12月18日	赊销原材料	借：应收账款——友联公司 23 730 贷：其他业务收入—— 材料销售收入 21 000 应交税费——应交增值税（销项税额） 2 730
20	12月20日	向万连公司投资	借：长期股权投资——万连公司 40 000 贷：无形资产——专利权 40 000
21	12月22日	支付电话费	借：管理费用——电话费 847.70 贷：银行存款——工行存款 847.70
22	12月23日	销售产品收到汇票一张	借：应收票据——银行承兑汇票 565 000 贷：主营业务收入——A产品 140 000 ——B产品 360 000 应交税费——应交增值税（销项税额） 65 000
23	12月25日	结转到期商业承兑汇票	借：应收账款——宁远公司 5 000 贷：应收票据——商业承兑汇票 5 000
24	12月28日	星海电机厂投入设备	借：固定资产——生产用固定资产——发电机组 130 000 贷：实收资本——星海电机厂 130 000
25	12月31日	预提本月利息	借：财务费用——借款利息 800 贷：应付利息——淮海分理处 54-67676 800
26	12月31日	支付第四季度借款利息	借：应付利息——淮海分理处 54-67676 2 400 贷：银行存款——工行存款 2 400
27	12月31日	计提固定资产折旧	借：制造费用——折旧费 8 000 管理费用——折旧费 3 000 贷：累计折旧——生产用固定资产 8 000 ——非生产用固定资产 3 000
28	12月31日	分配本月职工工资	借：生产成本——A产品 12 000 ——B产品 9 000 制造费用——职工工资 8 000 管理费用——职工工资 6 000 贷：应付职工薪酬——职工工资 35 000

表1-5（续）

序号	日期	摘要	会计分录
29	12月31日	本月费用摊销	借：管理费用——无形资产摊销　800 　　　　　　——报刊订阅费　100 　　　　　　——租赁费　600 　贷：累计摊销——专利权　375 　　　　　　　——非专利技术　425 　　　预付账款——报刊订阅费　100 　　　长期待摊费用——租赁费　600
30	12月31日	结转本月制造费用	借：生产成本——A产品　9 240 　　　　　　——B产品　6 960 　贷：制造费用——材料消耗　200 　　　　　　　——折旧费　8 000 　　　　　　　——职工工资　8 000
		计算解析	本月发生制造费用总额＝200+8 000+8 000＝16 200（元） 制造费用分配率＝16 200÷（12 000−9 000）≈0.77 A产品应承担的制造费用＝0.77×12 000＝9 240（元） B产品应承担的制造费用＝16 200−9 240＝6 960（元）
31	12月31日	结转本月完工产品成本	借：库存商品——A产品　164 840 　　　　　　——B产品　125 750 　贷：生产成本——A产品　164 840 　　　　　　　——B产品　125 750
		计算解析	A产品生产成本＝143 600+12 000+9 240＝164 840（元） B产品生产成本＝109 790+9 000+6 960＝125 750（元）
32	12月31日	结转本月产品销售成本	借：主营业务成本——A产品　240 000 　　　　　　　　——B产品　336 000 　贷：库存商品——A产品　240 000 　　　　　　　——B产品　336 000
33	12月31日	结转本月材料销售成本	借：其他业务成本——甲材料　15 270 　贷：原材料——甲材料　15 270
34	12月31日	计提本月应交城建税与教育费附加	借：税金及附加——城建税　5 522.79 　　　　　　　——教育费附加　2 366.91 　贷：应交税费——应交城建税　5 522.79 　　　　　　　——应交教育费附加　2 366.91
		计算解析	本月发生的进项税额合计＝33 085+10 868＝43 953（元） 本月发生的销项税额合计＝55 120+2 730+65 000＝122 850（元） 本月应交增值税＝销项税额−进项税额 　　　　　　　＝122 850−43 953＝78 897（元） 本月应交城建税＝78 897×7%＝5 522.79（元） 本月应交教育费附加＝78 897×3%＝2 366.91（元）
35	12月31日	发现盘亏设备一台	借：待处理财产损溢——待处理固定资产损溢　4 000 　　累计折旧——生产用固定资产——钻床　2 000 　贷：固定资产——生产用固定资产——钻床　6 000
36	12月31日	结转设备盘亏净额	借：营业外支出——固定资产盘亏　4 000 　贷：待处理财产损溢——待处理固定资产损溢　4 000
37	12月31日	结转无法支付应付账款	借：应付账款——光大公司　1 000 　贷：营业外收入——无法支付的应付款项　1 000

表1-5(续)

序号	日期	摘要	会计分录
38	12 月 31 日	收到投资收益款	借：银行存款——工行存款 8 000 贷：投资收益——大明公司 8 000
39-1	12 月 31 日	结转本年利润	借：主营业务收入——A 产品 420 000 ——B 产品 504 000 其他业务收入——材料销售收入 21 000 投资收益——大明公司 8 000 营业外收入——罚款收入 1 500 ——无法支付的应付款项 1 000 贷：本年利润 955 500
39-2	12 月 31 日	结转本年利润	借：本年利润 628 407.40 贷：主营业务成本——A 产品 240 000 ——B 产品 336 000 税金及附加——城建税 5 522.79 ——教育费附加 2 366.91 其他业务成本——甲材料 15 270 销售费用——广告费 12 000 管理费用——办公费 200 ——材料消耗 100 ——差旅费 800 ——电话费 847.70 ——折旧费 3 000 ——职工工资 6 000 ——无形资产摊销 800 ——报刊订阅费 100 ——租赁费 600 财务费用——借款利息 800 营业外支出——固定资产盘亏 4 000
40	12 月 31 日	计算本月应交所得税	借：所得税费用——当期所得税 81 773.15 贷：应交税费——应交所得税 81 773.15
		计算解析	利润总额=955 500-628 407.40=327 092.60（元） 所得税=327 092.60×25%=81 773.15（元）
41	12 月 31 日	结转企业所得税	借：本年利润 81 773.15 贷：所得税费用 81 773.15
42	12 月 31 日	结转税后利润	借：本年利润 245 319.45 贷：利润分配——未分配利润 245 319.45
		计算解析	税后利润=327 092.60-81 773.15=245 319.45（元）
43	12 月 31 日	提取法定盈余公积	借：利润分配——提取法定盈余公积 24 531.95 贷：盈余公积——法定盈余公积 24 531.95
		计算解析	法定盈余公积=245 319.45×10% =24 531.95（元）
44	12 月 31 日	计算应付投资者利润	借：利润分配——应付现金股利或利润 176 630 贷：应付股利 176 630
		计算解析	应付投资者利润=(245 319.45-24 531.95)×80% =176 630（元）

表1-5(续)

序号	日期	摘要	会计分录
45	12月31日	结转未分配利润	借：利润分配——未分配利润 201 161.95 贷：利润分配——提取法定盈余公积 24 531.95 ——应付现金股利或利润 176 630
		计算解析	结转后企业的未分配利润＝245 319.45－201 161.95 ＝44 157.50（元）

2. 过丁字账

（1）1~15日丁字账过账如下：

库存现金

借方		贷方	
(3)	900	(4)	900
(14)	100	(8)	200
(17)	35 000	(18)	35 000
	36 000		36 100

银行存款

借方		贷方	
(1)	12 000	(2)	287 585
(9)	50 000	(3)	900
(13)	1 500	(4)	4 800
(15)	479 120	(12)	99 000
		(16)	12 000
		(17)	35 000
	542 620		439 285

应收账款

借方		贷方	
		(1)	12 000
			12 000

预付账款

借方		贷方	
(6)	4 800		
	4 800		

在途物资

借方		贷方	
(2)	254 500	(5)	254 500
(7)	83 600	(10)	83 600
	338 100		338 100

原材料

借方		贷方	
(5)	254 500	(11)	253 690
(10)	83 600		
	338 100		253 690

其他应收款

借方		贷方	
(4)	900	(14)	900
	900		900

短期借款

借方		贷方	
		(9)	50 000
			50 000

应付账款

		(7)	94 468
			94 468

应付职工薪酬

(18)	35 000		
	35 000		

应交税费

(2)	33 085	(15)	55 120
(7)	10 868		
(12)	99 000		
	142 953		55 120

生产成本

(11)	253 390		
	253 390		

制造费用

(11)	200		
	200		

主营业务收入

		(15)	424 000
			424 000

销售费用

(16)	12 000		
	12 000		

管理费用

(8)	200		
(11)	100		
(14)	800		
	1 100		

营业外收入

		(13)	1 500
			1 500

（2）15～31 日丁字账过账如下：

银行存款

(38)	8 000	(21)	847.70
		(26)	2 400
	8 000		3 247.70

应收账款

(19)	23 730		
(23)	5 000		
	28 730		

应收票据

(22)	565 000	(23)	5 000
	565 000		5 000

预付账款

		(29)	100
			100

原材料

		(33)	15 270
			15 270

库存商品

(31)	290 590	(32)	576 000
	290 590		576 000

长期股权投资

(20)	40 000		
	40 000		

固定资产

(24)	130 000	(35)	6 000
	130 000		6 000

累计折旧

(35)	2 000	(27)	11 000
	2 000		11 000

无形资产

		(20)	40 000
			40 000

累计摊销

		(29)	800
			800

长期待摊费用

		(29)	600
			600

待处理财产损溢

(35)	4 000	(36)	4 000
	4 000		4 000

应付账款

(37)	1 000		
	1 000		

应付职工薪酬

		(28)	35 000
			35 000

应交税费

		(19)	2 730
		(22)	65 000
		(34)	7 889.70
		(40)	81 773.15
			157 392.85

应付股利

		(44)	176 630
			176 630

应付利息

(26)	2 400	(25)	800
	2 400		800

生产成本

(28)	21 000	(31)	290 590
(30)	16 200		
	37 200		290 590

制造费用

(27)	8 000	(30)	16 200
(28)	8 000		
	16 000		16 200

实收资本

		(24)	130 000
			130 000

盈余公积

		(43)	24 531.95
			24 531.95

本年利润

(39)	628 407.40	(39)	955 500
(41)	81 773.15		
(42)	245 319.45		
	955 500		955 500

利润分配

(43)	24 531.95	(42)	245 319.45
(44)	176 630	(45)	201 161.95
(45)	201 161.95		
	402 323.90		446 481.40

主营业务收入

(39)	924 000	(22)	500 000
	924 000		500 000

其他业务收入

(39)	21 000	(19)	21 000
	21 000		21 000

主营业务成本

(32)	576 000	(39)	576 000
	576 000		576 000

其他业务成本

(33)	15 270	(39)	15 270
	15 270		15 270

税金及附加

(34)	7 889.70	(39)	7 889.70
	7 889.70		7 889.70

销售费用

		(39)	12 000
			12 000

管理费用

(21)	847.70	(39)	12 447.70
(27)	3 000.00		
(28)	6 000.00		
(29)	1 500.00		
	11 347.70		12 447.70

财务费用

(25)	800	(39)	800
	800		800

投资收益

(39)	8 000	(38)	8 000
	8 000		8 000

营业外收入

(39)	2 500	(37)	1 000
	2 500		1 000

营业外支出

(36)	4 000	(39)	4 000
	4 000		4 000

所得税费用

(40)	81 773. 15	(41)	81 773. 15
	81 773. 15		81 773. 15

3. 编制科目汇总表

（1）1~15 日科目汇总表如表 1-6 所示。

表 1-6　科目汇总表

202×年 12 月 1 日至 15 日　　　　单位：元

会计科目	借方	贷方
库存现金	36 000	36 100
银行存款	542 620	439 285
应收账款		12 000
预付账款	4 800	
在途物资	338 100	338 100
原材料	338 100	253 690
其他应收款	900	900
短期借款		50 000
应付账款		94 468
应付职工薪酬	35 000	
应交税费	142 953	55 120
生产成本	253 390	
制造费用	200	
主营业务收入		424 000
销售费用	12 000	
管理费用	1 100	
营业外收入		1 500
合计	1 705 163	1 705 163

（2）16~31 日科目汇总表如表 1-7 所示。

表 1-7　科目汇总表

202×年 12 月 16 日至 31 日　　　　单位：元

会计科目	借方	贷方
银行存款	8 000	3 247.70
应收账款	28 730	
应收票据	565 000	5 000
预付账款		100
原材料		15 270
库存商品	290 590	576 000
长期股权投资	40 000	
固定资产	130 000	6 000
累计折旧	2 000	11 000
无形资产		40 000
累计摊销		800
长期待摊费用		600
待处理财产损溢	4 000	4 000
应付账款	1 000	
应付职工薪酬		35 000
应交税费		157 392.85
应付股利		176 630
应付利息	2 400	800
生产成本	37 200	290 590
制造费用	16 000	16 200
实收资本		130 000
盈余公积		24 531.95
本年利润	955 500	955 500
利润分配	402 323.90	446 481.40
主营业务收入	924 000	500 000
其他业务收入	21 000	21 000
主营业务成本	576 000	576 000
其他业务成本	15 270	15 270
税金及附加	7 889.70	7 889.70

表1-7(续)

会计科目	借方	贷方
销售费用		12 000
管理费用	11 347.70	12 447.70
财务费用	800	800
投资收益	8 000	8 000
营业外收入	2 500	1 000
营业外支出	4 000	4 000
所得税费用	81 773.15	81 773.15
合计	4 135 324.45	4 135 324.45

4. 编制试算平衡表

试算平衡表如表 1-8 所示。

表 1-8　试算平衡表

202×年 12 月 31 日　　单位：元

会计科目	期初余额		本期发生额		期末余额	
	借方	贷方	借方	贷方	借方	贷方
库存现金	3 800		36 000	36 100	3 700	
银行存款	1 087 060		550 620	442 532.70	1 195 147.30	
交易性金融资产	50 000				50 000	
应收票据	5 000		565 000	5 000	565 000	
应收账款	1 120 560		28 730	12 000	1 137 290	
预付账款	100		4 800	100	4 800	
其他应收款	900		900	900	900	
在途物资			338 100	338 100		
原材料	56 990		338 100	268 960	126 130	
库存商品	360 000		290 590	576 000	74 590	
长期股权投资	566 700		40 000		606 700	
固定资产	2 206 930		130 000	6 000	2 330 930	
累计折旧	-700 510		2 000	11 000	-709 510	
无形资产	150 200			40 000	110 200	
累计摊销	-18 000			800	-18 800	
长期待摊费用	51 000			600	50 400	
待处理财产损溢			4 000	4 000		
短期借款		70 000		50 000		120 000
应付票据		30 000				30 000

表1-8(续)

会计科目	期初余额		本期发生额		期末余额	
	借方	贷方	借方	贷方	借方	贷方
应付账款		94 750	1 000	94 468		188 218
应付职工薪酬		70 062	35 000	35 000		70 062
应交税费		99 000	142 953	212 512. 85		168 559. 85
应付股利				176 630		176 630
应付利息		1 600	2 400	800		
其他应付款		640				640
长期借款		381 000				381 000
生产成本			290 590	290 590		
制造费用			16 200	16 200		
实收资本		3 200 000		130 000		3 330 000
资本公积		8 860				8 860
盈余公积		100 600		24 531. 95		125 131. 95
本年利润		784 218	955 500	955 500		784 218
利润分配		100 000	402 323. 90	446 481. 40		144 157. 50
主营业务收入			924 000	924 000		
其他业务收入			21 000	21 000		
主营业务成本			576 000	576 000		
其他业务成本			15 270	15 270		
税金及附加			7 889. 70	7 889. 70		
销售费用			12 000	12 000		
管理费用			12 447. 70	12 447. 70		
财务费用			800	800		
投资收益			8 000	8 000		
营业外收入			2 500	2 500		
营业外支出			4 000	4 000		
所得税费用			81 773. 15	81 773. 15		
合计	4 940 730	4 940 730	5 840 487. 45	5 840 487. 45	5 527 477. 30	5 527 477. 30

5. 编制资产负债表

资产负债表如表 1-9 所示。

表 1-9　资产负债表

编制单位：南方通用机械厂　　　　202×年 12 月 31 日　　　　单位：元

资产	期初数	期末数	负债和所有者权益	期初数	期末数
流动资产：			**流动负债：**		
货币资金	1 090 860	1 198 847.30	短期借款	70 000	120 000
交易性金融资产	50 000	50 000	应付票据	30 000	30 000
应收票据	5 000	565 000	应付账款	94 750	188 218
应收账款	1 120 560	1 137 290	预收账款		
预付账款	100	4 800	应付职工薪酬	70 062	70 062
应收股利			应交税费	99 000	168 559.85
应收利息			应付利息	1 600	
其他应收款	900	900	应付股利		176 630
存货	416 990	200 720	其他应付款	640	640
1 年内到期的非流动资产			1 年内到期的非流动负债		
其他流动资产			其他流动负债		
流动资产合计	2 684 410	3 157 557.30	**流动负债合计**	366 052	754 109.85
非流动资产：			**非流动负债：**		
持有至到期投资			长期借款	381 000	381 000
长期股权投资	566 700	606 700	应付债券		
长期应收款			其他非流动负债		
固定资产	1 506 420	1 621 420	**非流动负债合计**	381 000	381 000
在建工程			**负债合计**	747 052	1 135 109.85
工程物资					
固定资产清理					
无形资产	132 200	91 400	**所有者权益：**		
开发支出			实收资本	3 200 000	3 330 000
商誉			资本公积	8 860	8 860
长期待摊费用	51 000	50 400	减：库存股		
递延所得税资产			盈余公积	100 600	125 131.95
其他非流动资产			未分配利润	884 218	928 375.50
非流动资产合计	2 256 320	2 369 920	**所有者权益合计**	4 193 678	4 392 367.45
资产总计	4 940 730	5 527 477.30	**负债和所有者权益总计**	4 940 730	5 527 477.30

6. 编制利润表

利润表如表 1-10 所示。

表 1-10　利润表

编制单位：南方通用机械厂　　202×年 12 月　　单位：元

项目	行次	本期金额	上期金额
一、营业收入		945 000	
减：营业成本		591 270	
税金及附加		7 889.70	
销售费用		12 000	
管理费用		12 447.70	
财务费用		800	
资产减值损失			
加：公允价值变动净收益			
投资收益		8 000	
其中：对联营企业和合营企业的投资收益			
二、营业利润		328 592.60	
加：营业外收入		2 500	
减：营业外支出		4 000	
其中：非流动资产处置损失			
三、利润总额		327 092.60	
减：所得税费用		81 773.15	
四、净利润		245 319.45	
五、每股收益			
（一）基本每股收益			
（二）稀释每股收益			

第二部分　初级会计职称考试考点练习

考点一　会计原理

一、复习纲要

1. 会计概述

（1）会计的概念与特征。

（2）会计的基本职能。

（3）会计对象和会计核算的具体内容。

2. 会计基本假设

（1）会计主体。

（2）持续经营。

（3）会计分期。

（4）货币计量。

3. 会计基础和会计信息质量要求

（1）会计基础。

（2）会计信息质量要求。

4. 会计核算七大方法

5. 会计核算三项工作

6. 会计核算基本程序的四个环节

二、相关习题

（一）单选题

1. 会计的基本职能是（　　）。

A. 核算与监督　　B. 预测和决策

C. 计划和控制　　D. 考核和评价

2. 在可以预见的未来，会计主体将会按当前的规模和状态持续经营下去，不会停业，也不会大规模削减业务。这属于（　　）假设。

A. 货币计量　　B. 会计分期

C. 持续经营　　D. 会计主体

3. 会计主要的计量单位是（　　）。

A. 货币　　B. 劳动量

C. 实物　　D. 价格

4. 下列选项中，不属于会计核算三项工作的是（　　）。

A. 记账　　B. 算账

C. 报账　　D. 查账

5. 企业会计核算的基础是（　　）。

A. 收付实现制　　B. 永续盘存制

C. 权责发生制　　D. 实地盘存制

6. 形成权责发生制和收付实现制不同的记账基础，进而出现应收应付、折旧和摊销等会计处理方法所依据的会计基本假设是（　　）。

A. 货币计量　　B. 会计分期

C. 持续经营　　D. 会计主体

7. 在我国，会计期间分为年度、半年度、季度和月度，它们均按（　　）确定。

A. 公历起讫日期　　B. 农历起讫日期

C. 7 月制起讫日期　　D. 4 月制起讫日期

8. 持续经营从（　　）上对会计核算进行了有效界定。

A. 空间　　B. 时间

C. 空间和时间　　D. 内容

9. 会计能够按公认的会计准则和制度的要求，通过确认、计量、记录与报告，从数量上综合反映各单位已经发生或完成的经济活动，以达到揭示会计事项的本质、提供财务以及其他相关经济信息的目的的功能称为（　　）职能。

A. 会计控制　　B. 会计预测

C. 会计核算　　D. 会计监督

10. 企业固定资产可以按照其价值和使用情况，确定采用某一方法计提折旧，它所依据的会计核算基本假设是（　　）。

A. 货币计量　　B. 会计分期

C. 持续经营　　D. 会计主体

11. 会计按照一定的目的和要求，利用会计反映所提供的会计信息，对会计主体的经济活动进行控制，使之达到预期目标的功能称为（　　）职能。

A. 会计决策　　B. 会计核算

C. 会计监督　　D. 会计分析

12. 界定从事会计工作和提供会计信息的空间范围的会计基本假设是（　　）。

A. 货币计量　　B. 会计分期

C. 持续经营　　D. 会计主体

13.（　　）作为会计核算基本假设，就是将一个会计主体持续经营的生产活动划分为一个个连续的、长短相同的期间。

A. 持续经营　　B. 会计年度

C. 会计分期　　D. 会计主体

14. 会计核算和监督的内容是特定主体的（　　）。

A. 经济资源　　B. 资金运动

C. 实物运动　　D. 经济活动

15. 下列选项中，不属于会计核算具体内容的是（　　）。

A. 制订企业计划　　B. 收入的计算

C. 资本的增减　　D. 财务成果的计算

16. 某企业 202×年 12 月发生了如下经济业务：

（1）预付下年度房租 20 000 元。

（2）收到 12 月销售商品货款 25 000 元，款项已存入银行。

（3）购买 1 000 元的办公用品。

（4）预收购货方订金 12 000 元，货物尚未发送。

该企业以权责发生制为核算基础时，12 月的收支净额为（　　）元。

A. 24 000　　B. 16 000

C. 4 000　　D. 36 000

17. 对企业已经发生的交易或事项，不得提前或延后进行会计确认、计量和报告是会计信息质量（　　）原则的要求。

A. 可比性　　B. 重要性

C. 谨慎性　　D. 及时性

18. 企业按照销售合同销售商品但又签订了售后回购协议，不确认收入遵循的是（　　）原则。

A. 重要性　　B. 谨慎性

C. 实质重于形式　　D. 相关性

19. “企业应当以实际发生的交易或事项为依据进行会计确认、计量和报告，如实反映符合确认和计量要求的各项会计要素及其他相关信息，保证会计信息的真实可靠、内容完整。”这一表述所体现的会计信息质量要求是（　　）。

A. 可靠性　　B. 相关性

C. 重要性　　D. 可比性

20. 会计日常核算的工作起点是（　　）。

A. 填制会计凭证　　B. 财产清查

C. 设置会计科目　　D. 登记会计账簿

21. 下列选项中，不属于会计核算内容的是（　　）。

A. 用盈余公积转增实收资本　　B. 制定下年度财务预算

C. 将现金存入银行　　D. 赊销货物

22. 下列选项中，属于会计核算内容的是（　　）。

A. 采购计划的制订　　B. 财务管理制度的制定

C. 财务成果的计算和处理　　D. 劳动定额的制定

【参考答案】

1. A	2. C	3. A	4. D	5. C
6. B	7. A	8. B	9. C	10. C
11. C	12. D	13. C	14. B	15. A
16. A	17. D	18. C	19. A	20. A
21. B	22. C			

（二）多选题

1. 会计基本假设包括（　　）。
   A. 会计主体　　B. 持续经营
   C. 会计分期　　D. 货币计量
2. 会计核算的内容包括（　　）。
   A. 款项和有价证券的收付　　B. 财物的收发、增减和使用
   C. 债权、债务的发生和结算　　D. 资本的增减
   E. 收入、支出、费用、成本的计算　　F. 财务成果的计算和处理
   G. 需要办理会计手续、进行会计核算的企业事项
3. 下列选项中，属于会计信息质量要求的是（　　）。
   A. 可靠性　　B. 相关性
   C. 可理解性　　D. 可比性
   E. 实质重于形式　　F. 重要性
   G. 谨慎性　　H. 及时性
4. 会计核算程序的四个环节包括（　　）。
   A. 确认　　B. 计量
   C. 记录　　D. 报告
5. 会计核算的方法包括（　　）。
   A. 设置账户　　B. 复式记账
   C. 填制和审核会计凭证　　D. 登记会计账簿
   E. 成本计算　　F. 财产清查
   G. 编制会计报告
6. 会计的基本特征包括（　　）。
   A. 以货币为主要计量单位
   B. 拥有一系列专门方法
   C. 具有核算和监督的基本职能
   D. 对经济活动的管理具有连续性、全面性、系统性和综合性
7. 下列选项中，可以作为一个会计主体进行核算的有（　　）。
   A. 销售部门　　B. 分公司
   C. 母公司　　D. 企业集团

8. 下列选项中，属于会计核算基础的有（　　）。

A. 权责发生制　　B. 收付实现制

C. 实地盘存制　　D. 永续盘存制

9. 会计核算职能是指会计能够按照公认的会计准则和制度的要求通过（　　），从数量上综合反映各单位已经发生或完成的经济活动，以达到揭示会计事项的本质、提供财务以及其他相关经济信息的目的。

A. 确认　　B. 报告

C. 计量　　D. 核对

10. 下列说法中，正确的有（　　）。

A. 会计人员只能核算和监督所在主体的经济业务，不能核算和监督其他主体的经济业务

B. 会计主体可以是企业中的一个特定部分，也可以是几个企业组成的企业集团

C. 会计主体一定是法律主体

D. 会计主体假设界定了从事会计工作和提供会计信息的空间范围

11. 下列说法中，正确的有（　　）。

A. 在境外设立的中国企业向境内报送的财务报告应当折算为人民币

B. 业务收支以外币为主的单位可以选择某种外币为记账本位币

C. 会计核算过程中采用货币为主要计量单位

D. 我国企业的会计核算只能以人民币为记账本位币

【参考答案】

1. ABCD　2. ABCDEFG　3. ABCDEFGH　4. ABCD　5. ABCDEFG

6. ABCD　7. ABCD　8. AB　9. ABC　10. ABD

11. ABC

（三）判断题

1. 会计核算和会计监督是会计的基本职能，而会计监督又是会计最基本的职能。（　　）

2. 合伙经营的企业是会计主体。（　　）

3. 会计主体所核算的生产经营活动也包括其他企业或投资者个人的其他生产经营活动。（　　）

4. 持续经营就是假设企业可以长盛不衰，即使破产清算，也不应该改变会计核算办法。（　　）

5. 会计主体是进行会计核算的基本前提之一，一个企业可以根据具体情况确定一个或若干个会计主体。（　　）

6. 会计主体不一定是法律主体，但法律主体一定是会计主体。（　　）

7. 企业会计的对象就是企业的资金运动。（　　）

8. 会计有会计核算与会计监督两个基本职能。（　　）

9. 会计主体为会计核算界定了空间范围，持续经营为会计核算确定了时间范围。（ ）

10. 我国企业会计采用的计量单位只有一种，即货币计量。（ ）

11. 会计核算的各种方法是相互独立的，一般按会计部门的分工，由不同的会计人员来独立处理。（ ）

12. 凡是会计主体能够以货币表现的经济活动，都是会计核算和监督的内容，也就是会计的对象。（ ）

13. 按照实质重于形式的要求，企业融资租入的固定资产应视同自有固定资产核算。（ ）

【参考答案】

1. × 2. √ 3. × 4. × 5. √
6. √ 7. √ 8. √ 9. √ 10. ×
11. × 12. √ 13. √

【部分解析】

10. 货币是会计核算的主要计量单位，但不是唯一的计量单位。

11. 会计核算的各种方法是连续地、完整地、系统地联系在一起的。

（四）不定项选择题

1. 属于会计中期的会计期间有（ ）。
A. 年度 B. 半年度
C. 季度 D. 月度

2. 除法律、行政法规和国家统一的会计制度另有规定外，企业不得自行调整资产的账面价值，这一规定符合（ ）。
A. 重要性原则 B. 实质重于形式原则
C. 客观性原则 D. 历史成本原则

3. 按照谨慎性原则，下述会计处理正确的有（ ）。
A. 估计入账可能取得的收益 B. 估计入账可能发生的损失
C. 估计入账可能取得的资产 D. 估计入账可能发生的负债

4. 企业确认收入和费用的会计核算基础是（ ）。
A. 收付实现制 B. 永续盘存制
C. 权责发生制 D. 实地盘存制

5. 下列关于会计核算具体内容的表述中，不正确的是（ ）。
A. 款项和有价证券的收付 B. 财物的收发增减和使用
C. 债权债务的发生和结算 D. 债权是收付款项的权利

6. 会计信息质量的可比性要求强调的一致是指（ ）。
A. 会计处理方法一致 B. 收入和费用应一致
C. 会计指标口径一致 D. 企业前后各期一致

7. 下列各项中，属于企业会计核算一般要求的有（　　）。

A. 按照企业会计准则的要求确定会计核算方法

B. 根据实际发生的经济业务事项进行会计核算

C. 不得违反国家规定，私设会计账簿登记、核算

D. 我国境内企业会计记录的文字必须使用中文

【参考答案】

1. BCD　2. D　3. BD　4. C　5. D

6. ACD　7. ABC

【部分解析】

5. 债权是收取款项的权利。

6. 同一企业不同时期可比，要求企业前后各期一致；不同企业相同会计期间可比，要求采用规定的会计政策，确保会计信息口径一致、相互可比。

7. 会计记录的文字应当使用中文，在我国境内的外商投资企业等的会计记录可以同时使用一种外国文字。

考点二　会计要素与会计科目

一、复习纲要

1. 会计要素的定义
2. 资产负债表要素
3. 利润表要素
4. 会计要素的计量
5. 会计科目的定义和分类
6. 会计科目的设置原则
7. 常用会计科目

二、相关习题

（一）单选题

1. 下列选项中，不属于流动资产的是（　　）。

A. 存货　B. 库存现金

C. 应收账款　D. 长期股权投资

2. 下列选项中，属于资产类账户的是（　　）。

A. “利润分配”　B. “实收资本”

C. “累计折旧”　D. “营业成本”

3. 下列选项中，属于所有者权益的是（　　）。

A. 股票投资　B. 债券投资

C. 盈余公积　D. 应付债券

4. 下列选项中，不属于损益类账户的是（　　）。

A. “主营业务收入”　　B. “营业外收入”

C. “所得税费用”　　D. “应交税费”

5. 下列选项中，不属于非流动负债的是（　　）。

A. 长期应付款　　B. 长期借款

C. 应付账款　　D. 应付债券

6. 202×年 3 月 31 日，A 公司银行存款账户结余金额为 13 万元，3 月增加 25 万元，减少 17 万元。202×年 3 月 1 日，A 公司银行存款账户的结存余额应是（　　）万元。

A. 21　　B. −29　　C. 5　　D. 0

7. 下列说法中，正确的是（　　）。

A. 收入是指企业销售商品、提供劳务及让渡资产使用权等活动中形成的经济利益的总流入

B. 所有者权益增加一定表明企业获得了收入

C. 狭义的收入包括营业外收入

D. 收入按照性质不同，分为销售收入、劳务收入和让渡资产使用权收入

8. 下列选项中，不属于收入要素的是（　　）。

A. 营业外收入　　B. 出租固定资产取得的收入

C. 提供劳务取得的收入　　D. 销售商品取得的收入

9. 会计科目是指对（　　）的具体内容进行分类核算的项目。

A. 会计要素　　B. 会计账户

C. 会计信息　　D. 经济业务

10. 会计科目按其所（　　）不同分为总分类科目和明细分类科目。

A. 反映的会计对象

B. 归属的会计要素

C. 提供信息的详细程度及其统驭关系

D. 反映的经济业务

11. 下列说法中，不正确的是（　　）。

A. 所有者权益反映了所有者对企业资产的剩余索取权

B. 所有者权益的金额等于资产减去负债后的余额

C. 所有者权益也称为股东权益

D. 所有者权益包括实收资本（或股本）、资本公积、盈余公积和留存收益等

12. 下列选项中，不属于所有者权益的是（　　）。

A. 实收资本　　B. 资本公积

C. 盈余公积　　D. 营业利润

13. 下列选项中，属于企业资产的是（　　）。

A. 应付账款　　B. 融资租入的设备

C. 预收账款　　D. 即将购入的原材料

14. 下列选项中，符合会计要素收入定义的是（　　）。

A. 出售材料的收入　　B. 出售无形资产净收益

C. 出售固定资产净收益　　D. 向购货方收取的增值税销项税额

15. 下列选项中，不属于期间费用的是（　　）。

A. 管理费用　　B. 制造费用

C. 销售费用　　D. 财务费用

16. 下列选项中，属于所有者权益的是（　　）。

A. 长期借款　　B. 银行存款

C. 预收账款　　D. 实收资本

17. 企业在日常活动中形成的、会导致所有者权益增加的、与所有者投入资本无关的经济利益的总流入称为（　　）。

A. 利润　　B. 资产

C. 利得　　D. 收入

18. 下列选项中，不属于企业资产的是（　　）。

A. 预收账款　　B. 融资租入的固定资产

C. 机器设备　　D. 专利权

19. 下列选项中，不属于流动资产的是（　　）。

A. 预收账款　　B. 预付账款

C. 应收账款　　D. 应收票据

20. （　　）原则不是设置会计科目的原则。

A. 实用性　　B. 相关性

C. 权责发生制　　D. 合法性

21. “预付账款”科目按其所归属的会计要素不同，属于（　　）类科目。

A. 资产　　B. 负债

C. 所有者权益　　D. 成本

22. 下列会计科目中，属于所有者权益类科目的是（　　）。

A.“营业外收入”　　B.“生产成本”

C.“应收账款”　　D.“利润分配”

23. 下列会计科目中，不属于资产类科目的是（　　）。

A.“应收账款”　　B.“累计折旧”

C.“预收账款”　　D.“预付账款”

24. “营业外支出”科目按其所归属的会计要素不同，属于（　　）类科目。

A. 资产　　B. 负债

C. 成本　　D. 损益

25. 企业在对会计要素进行计量时，一般应当采用（　　）。

A. 历史成本　　B. 可变现净值

C. 重置成本　　D. 现值

26. “应付账款”科目按其所归属的会计要素不同，属于（　　）类科目。
A. 资产　　B. 负债
C. 所有者权益　　D. 成本

27. 总分类科目一般按（　　）进行设置。
A. 企业管理的需要　　B. 国家统一会计制度的规定
C. 会计核算的需要　　D. 经济业务的种类不同

28. 下列会计科目中，属于负债类科目的是（　　）。
A. “资本公积”　　B. “预付账款”
C. “生产成本”　　D. “预收账款”

29. 对会计要素具体内容进行总括分类、提供总括信息的会计科目称为（　　）。
A. 二级科目　　B. 明细分类科目
C. 备查科目　　D. 总分类科目

30. 在（　　）计量下，资产按照现在购买相同或者相似资产所需支付的现金或者现金等价物的金额计量。
A. 历史成本　　B. 重置成本
C. 可变现净值　　D. 公允价值

31. 下列选项中，与“制造费用”科目属于同一类科目的是（　　）。
A. “固定资产”　　B. “其他业务成本”
C. “生产成本”　　D. “主营业务成本”

32. 下列会计科目中，属于损益类科目的是（　　）。
A. “主营业务成本”　　B. “生产成本”
C. “制造费用”　　D. “其他应收款”

33. “应交税费”科目属于（　　）类会计科目。
A. 所有者权益　　B. 负债
C. 成本　　D. 损益

34. “财务费用”科目按照其所归属的会计要素不同，属于（　　）类科目。
A. 资产　　B. 负债
C. 成本　　D. 损益

35. 二级科目是介于（　　）之间的科目。
A. 总分类科目与明细分类科目　　B. 总账与明细账
C. 总分类科目　　D. 明细分类科目

36. “管理费用”科目按其所归属的会计要素不同，属于（　　）类科目。
A. 资产　　B. 负债
C. 成本　　D. 损益

37. 所设置的会计科目应符合单位自身特点，满足单位实际需要，这一点符合（　　）原则。
A. 实用性　　B. 合法性
C. 谨慎性　　D. 相关性

38. 下列选项中，不属于所有者权益类科目的是（　　）。

A. “应付股利”　　B. “盈余公积”

C. “资本公积”　　D. “实收资本”

【参考答案】

1. D	2. C	3. C	4. D	5. C
6. C	7. D	8. A	9. A	10. C
11. D	12. D	13. B	14. A	15. B
16. D	17. D	18. A	19. A	20. C
21. A	22. D	23. C	24. D	25. A
26. B	27. B	28. D	29. D	30. B
31. C	32. A	33. B	34. D	35. A
36. D	37. A	38. A		

【部分解析】

7. 收入是指企业在日常活动中形成的、会导致所有者权益增加的、与所有者投入资本无关的经济利益的总流入。所有者权益增加不一定表明企业获得了收入，比如投资者对企业进行投资、企业的实收资本（或股本）增加，则所有者权益也增加。狭义的收入指的是企业的营业收入，不包括营业外收入。

11. 所有者权益包括实收资本（或股本）、资本公积、盈余公积和未分配利润等，盈余公积和未分配利润又统称为留存收益。

（二）多选题

1. 负债按流动性可分为（　　）。

A. 流动负债　　B. 短期负债

C. 非流动负债　　D. 长期负债

2. 下列选项中，属于流动负债的是（　　）。

A. 短期借款　　B. 应付职工薪酬

C. 专项应付款　　D. 预付账款

3. 下列选项中，不属于会计计量属性的有（　　）。

A. 生产成本　　B. 重置成本

C. 销售成本　　D. 公允价值

4. 下列收到的各项款项中，属于收入的有（　　）。

A. 出租固定资产收到的租金　　B. 销售商品收到的增值税

C. 出售原材料收到的价款　　D. 出售无形资产收到的价款

5. 下列选项中，属于按照会计科目归属的会计要素不同进行的分类有（　　）。

A. 明细分类科目　　B. 总分类科目

C. 损益类科目　　D. 成本类科目

6. 下列选项中，属于费用要素特征的有（　　）。

A. 由企业过去的交易或事项形成的

B. 应当是企业在日常活动中发生的

C. 应当会导致企业经济利益的流出，该流出不包括向所有者分配的利润

D. 应当最终会导致所有者权益的减少

7. 下列选项中，属于资产要素项目的有（　　）。

A. 应收账款　　B. 在途物资

C. 预收账款　　D. 预付账款

8. 下列选项中，属于资产特征的有（　　）。

A. 资产是由过去或现在的交易或事项形成的

B. 资产应为企业拥有或控制的资源

C. 资产预期会给企业带来未来经济利益

D. 资产一定具有具体的实物形态

9. 下列选项中，影响利润金额计量的有（　　）。

A. 资产　　B. 收入

C. 费用　　D. 直接计入所有者权益的利得或损失

10. 下列选项中，属于负债要素特征的有（　　）。

A. 负债是由现在的交易或事项所引起的偿债义务

B. 负债是由过去的交易或事项所形成的

C. 负债是由将来的交易或事项所引起的偿债义务

D. 负债的清偿预期会导致经济利益流出企业

11. 下列选项中，属于所有者权益的有（　　）。

A. 本年利润　　B. 资本公积

C. 盈余公积　　D. 实收资本

12. 下列选项中，属于负债项目的有（　　）。

A. 短期借款　　B. 预收账款

C. 预付账款　　D. 应交税费

13. 下列选项中，属于所有者权益来源的有（　　）。

A. 所有者投入的资本

B. 直接计入所有者权益的利得或损失

C. 留存收益

D. 收入

14. 下列会计科目中，不属于成本类科目的有（　　）。

A. “生产成本”　　B. “主营业务成本”

C. “制造费用”　　D. “销售费用”

15. 下列会计科目中，属于资产类科目的有（　　）。

A. “预收账款”　　B. “预付账款”

C. “应收账款”　　D. “应付账款”

16. 会计科目按其所归属的会计要素不同，分为资产类、负债类、(　　) 五大类。

A. 所有者权益类　　B. 损益类

C. 成本类　　D. 费用类

17. 下列会计科目中，属于损益类科目的有（　　）。

A.“营业外支出”　　B.“本年利润”

C.“销售费用”　　D.“税金及附加”

18. 下列有关明细分类科目的表述中，正确的有（　　）。

A. 明细科目也称一级会计科目

B. 明细科目是对总分类科目进一步分类的科目

C. 明细科目是对会计要素具体内容进行总括分类的科目

D. 明细科目是能够提供更加详细、更加具体的会计信息的科目

19.（　　）统称为留存收益。

A. 利润　　B. 未分配利润

C. 资本公积　　D. 盈余公积

20. 下列选项中，属于会计科目设置原则的有（　　）。

A. 相关性　　B. 实用性

C. 合法性　　D. 真实性

21. 下列选项中，属于会计计量属性的有（　　）。

A. 历史成本　　B. 可变现净值

C. 公允价值　　D. 现值

22. 下列会计科目中，属于负债类科目的有（　　）。

A.“长期借款”　　B.“应交税费”

C.“累计折旧”　　D.“应付利息”

【参考答案】

1. AC	2. AB	3. AC	4. AC	5. CD
6. BCD	7. ABD	8. BC	9. BC	10. BD
11. ABCD	12. ABD	13. ABC	14. BD	15. BC
16. ABC	17. ACD	18. BD	19. BD	20. ABC
21. ABCD	22. ABD			

【部分解析】

13. 收入不一定带来所有者权益的增加。

（三）判断题

1. 资产是企业拥有或控制的具有实物形态的经济资源，该资源预期会给企业带来未来经济利益。（　　）

2. 收入、费用和利润三项会计要素表现相对静止状态的资金运动，能够反映企业的财务状况。（　　）

3. 企业非日常活动形成的经济利益总流入也属于收入要素的构成内容。（　　）

4. 各企业、单位应根据各自经济业务的实际需要自行设置总账科目。（　　）

5. 负债是过去的交易或事项所引起的潜在义务。（　　）

6. 在公允价值计量下，资产和负债按照在公平交易中，熟悉情况的交易双方自愿进行资产交换或者债务清偿的金额计量。（ ）

7. 所有者权益是企业投资者对企业资产的所有权。（ ）

8. 资产按实物形态可分为流动资产和非流动资产。（ ）

9. 实收资本代表一个企业的实力，是创办企业的“本钱”，它反映企业所有者投入企业的外部资金来源。（ ）

10. 总分类科目对所属的明细分类科目起着统驭和控制作用，明细分类科目是对其总分类科目的详细和具体说明。（ ）

11. 累计折旧和坏账准备等反映资产价值损耗或损失的账户属于损益类账户。（ ）

12. 某企业某工序上有甲、乙两台机床，其中甲机床型号较老，自乙机床投入使用后，一直未再使用且已不具备转让价值；乙机床是甲机床的替代产品，目前承担该工序的全部生产任务。那么甲机床不应确认为企业的固定资产。（ ）

13. 只要是由过去的交易或事项形成的，并由企业拥有或控制的资源，均应确认为企业的一项资产。（ ）

14. 企业处置固定资产发生的净损失，应该确认为企业的费用。（ ）

15. 利润是收入与费用配比相抵后的差额，是经营成果的最终要素。（ ）

16. 所有者权益是指企业投资人对企业净资产的所有权。（ ）

17. 资产是指由企业现时的交易或事项形成的、由企业拥有或控制的、预期会给企业带来经济利益的资源。（ ）

18. 所有者权益与企业特定的、具体的资产并无直接关系，不与企业任何具体的资产项目发生对应关系。（ ）

19. 资产包括固定资产和流动资产两部分。（ ）

20. 只要企业拥有某项财产物资的所有权就能将其确认为资产。（ ）

21. 按照我国的会计准则的规定，负债不仅指现时已经存在的债务责任，还包括某些将来可能发生的、偶然事项形成的债务责任。（ ）

22. 总分类科目与其所属的明细分类科目的核算内容相同，所不同的是前者提供的信息比后者更加详细。（ ）

23. 二级科目（子目）不属于明细分类科目。（ ）

24. 明细分类科目对总分类科目起着补充说明和统驭控制的作用。（ ）

25. 预付账款属于资产类科目，而制造费用属于成本类科目。（ ）

26. 企业只能使用国家统一的会计制度规定的会计科目，不能自行制定会计科目。（ ）

27. 成本类科目包括“制造费用”“生产成本”以及“主营业务成本”等科目。（ ）

28. 设置会计科目的相关性原则是指所设置的会计科目应当符合国家统一的会计制度的规定。（ ）

【参考答案】

1. × 2. × 3. × 4. × 5. ×

6. √　7. ×　8. ×　9. √　10. √
11. ×　12. √　13. ×　14. ×　15. √
16. √　17. ×　18. √　19. ×　20. ×
21. ×　22. ×　23. ×　24. ×　25. √
26. ×　27. ×　28. ×

【部分解析】

11. 累计折旧和坏账准备属于资产类账户。

14. 企业处置固定资产发生的净损失，应该确认为企业的损失，用“营业外支出”科目核算。

18. 所有者权益与企业特定的、具体的资产并无直接关系，不与企业任何具体的资产项目发生对应关系。所有者权益只是在整体上、在抽象的意义上与企业的资产保持数量关系。

（四）不定项选择题

1. 属于流动资产的是（　　）。
A. 预付账款　B. 无形资产
C. 短期借款　D. 预收账款

2. 不属于让渡资产使用权的行为是（　　）。
A. 对外贷款　B. 对外投资
C. 对外销售　D. 对外出租

3. 按收入来源分类，工业企业对外出租取得的租金收入属于（　　）。
A. 商品销售收入　B. 提供劳务收入
C. 让渡资产使用权收入　D. 转让无形资产收入

4. 收入的确认必然具体表现为一定会计期间的（　　）。
A. 现金流入　B. 银行存款流入
C. 其他资产增加　D. 流动负债增加

5. 作为会计要素的“收入”包括（　　）。
A. 主营业务收入　B. 营业外收入
C. 投资收益　D. 其他业务收入

6. 对于工业企业，属于其他业务收入的有（　　）。
A. 从事证券投资取得的收入　B. 销售原材料取得的收入
C. 转让无形资产所有权取得的收入　D. 出租固定资产取得的收入

7. 费用的确认可能会引起（　　）。
A. 资产增加　B. 资产减少
C. 负债减少　D. 所有者权益增加

8. 财务成果的计算和处理一般包括（　　）。
A. 利润的计算　B. 所得税的计算
C. 利润分配　D. 亏损弥补

9. 某公司202×年3月初资产总额为160万元，负债总额为60万元。该公司于3月1日购入设备一台，价值为10万元，款项未付。上述经济业务发生后，（　　）。

A. 资产与所有者权益总额分别为170万元与110万元

B. 资产与负债总额分别为170万元与70万元

C. 负债与所有者权益总额分别为60万元与100万元

D. 资产与负债总额分别为160万元与70万元

10. 乙企业销售产品，但货款尚未收到。该业务发生后，会引起乙企业（　　）。

A. 资产与权益项目同金额增加

B. 资产与权益项目同金额减少

C. 资产项目之间有增有减，金额相等

D. 权益项目之间有增有减，金额相等

11. 某企业202×年9月资产增加200万元，负债减少100万元，其他因素忽略不计，则该企业的权益将（　　）。

A. 增加100万元　　B. 减少100万元

C. 增加300万元　　D. 减少300万元

12. 某企业月初资产总额为300万元，本月发生下列经济业务：赊购材料10万元；用银行存款偿还短期借款20万元；收到购货单位偿还的欠款15万元存入银行。该企业月末资产总额为（　　）万元。

A. 310　　B. 290

C. 295　　D. 305

13. 不同时涉及财务状况要素和经营成果要素变动的经济业务是（　　）。

A. 购货退回　　B. 销货退回

C. 结转已销产品的生产成本　　D. 用现金购买厂部办公用品

14. 不会引起会计等式两边同时发生变动的业务是（　　）。

A. 产品已销售货款尚未收到　　B. 收回应收账款

C. 向银行借款存入开户银行　　D. 以库存现金发放工资

15. 企业缴纳应交的税费100万元会导致（　　）。

A. 资产和权益同增　　B. 资产增加、权益减少

C. 资产减少、权益增加　　D. 资产和权益同减

16. 当所有者权益某项目增加时，可能导致的相应变化有（　　）。

A. 资产增加　　B. 负债增加

C. 负债减少　　D. 所有者权益另一项目减少

17. 下列选项中，能够引起资产与权益同时增加的经济业务有（　　）。

A. 投资者追加投入机器设备一台　　B. 用银行存款支付应付账款

C. 接受其他企业捐赠的设备一台　　D. 预收客户订金存入银行

18. 应交税费属于（　　）类账户。

A. 资产　　B. 负债

C. 所有者权益　　D. 损益

19. 下列选项中，属于成本类科目的有（　　）。

A. “主营业务成本”　　B. “生产成本”

C. “制造费用”　　D. “销售费用”

20. 下列选项中，属于资产类科目的有（　　）。

A. “预收账款”　　B. “应收账款”

C. “坏账准备”　　D. “资本公积”

21. 会计账户划分为左右两个基本部分，一部分反映增加，另一部分反映减少，这取决于账户的（　　）。

A. 性质　　B. 方向

C. 余额　　D. 结构

22. 只进行总分类核算，不进行明细分类核算的账户是（　　）。

A. 实收资本　　B. 短期借款

C. 累计折旧　　D. 预付账款

23. 某企业 3 月“应收账款”科目余额为 400 万元，3 月收回货款 80 万元，用银行存款归还借款 40 万元，收到客户交来预付货款 8 万元，向供应商预付货款 5 万元。如果该企业不单独设置“预收账款”科目和“预付账款”科目，则 3 月末“应收账款”总账科目余额为（　　）万元。

A. 307　　B. 320

C. 312　　D. 480

24. 企业资金运动的动态会计要素是（　　）。

A. 资产、费用和利润　　B. 负债、收入和利润

C. 资产、费用和权益　　D. 收入、费用和利润

25. 下列等式中，属于会计基本等式的扩展等式的是（　　）。

A. 资产=权益

B. 资产=负债+所有者权益

C. 资产=负债-所有者权益

D. 资产=负债+所有者权益+收入-费用

26. 会计科目和账户之间的区别主要在于（　　）。

A. 反映的经济内容不同

B. 记录资产和权益的增减变动情况不同

C. 记录资产和权益的结果不同

D. 账户有结构而会计科目无结构

27. 账户分为“借方”和“贷方”两个方向，但究竟哪个方向登记增加或者减少则根据（　　）而定。

A. 经济业务的内容　　B. 经济业务的性质

C. 账户的性质　　D. 账户的结构

28. A 企业某账户本期期初余额为 5 600 元，本期期末余额为 5 700 元，本期减少发生额为 800 元，则该账户本期增加发生额为（　　）元。

A. 900　　B. 10 500

C. 700　　D. 12 100

29. 下列选项中，属于营业外支出的项目是（　　）。

A. 对外捐赠支出　　B. 固定资产盘亏或毁损

C. 存货正常耗损　　D. 处置固定资产净损失

30. 下列各项中，属于企业留存收益的是（　　）。

A. 实收资本　　B. 资本公积

C. 盈余公积　　D. 未分配利润

31. 下列会计要素中，应采用历史成本计量属性的是（　　）。

A. 资产　　B. 负债

C. 收入　　D. 费用

32. 对会计要素进行计量时，在保证所确定的会计要素金额能够取得并可靠计量下才能使用的计量方法是（　　）。

A. 历史成本　　B. 重置成本

C. 可变现净值　　D. 公允价值

33. 企业确定可变现净值时，应当考虑的因素有（　　）。

A. 资产按照其正常对外销售所能收到的现金

B. 该资产至完工时估计要发生的成本

C. 该资产销售时估计将要发生的销售费用

D. 该资产销售时估计将要发生的相关税费

【参考答案】

1. A	2. C	3. C	4. ABC	5. AD
6. BD	7. B	8. ABCD	9. B	10. A
11. C	12. B	13. A	14. B	15. D
16. ACD	17. ACD	18. B	19. BC	20. BC
21. A	22. C	23. C	24. D	25. D
26. D	27. C	28. A	29. ABD	30. CD
31. AB	32. BCD	33. ABCD		

【部分解析】

2. 对外销售让渡所有权不属于让渡资产使用权的行为。

12. 月末资产总额 = 300+10−20+15−15 = 290（万元）

13. 购货业务同时涉及财务状况要素，不同时涉及财务状况要素和经营成果要素。

17. B 选项涉及的资产与权益同时减少。

32. 企业在对会计要素进行计量时一般采用历史成本。采用重置成本、可变现净值、现值、公允价值计量的，应当保证所确定的会计要素金额能够取得并可靠计量。

33. 可变现净值是指在正常生产经营过程中以预计售价减去进一步加工成本和销售所必需的预计税费后的净值。

考点三　会计等式与复式记账

一、复习纲要

1. 会计等式

（1）资产=负债+所有者权益。

（2）收入-费用=利润。

（3）会计等式之间的勾稽关系。

2. 复式记账

（1）会计账户及其基本结构。

（2）复式记账法。

（3）借贷记账法。

（4）总分类账与明细分类账的平行登记。

二、相关习题

（一）单选题

1. 下列会计分录情况中，属于简单会计分录的是（　　）。

A. 一借一贷　　B. 一借多贷

C. 一借多贷　　D. 多借多贷

2. 应付账款账户的期初余额为 8 000 元，本期借方发生额为 12 000 元，期末贷方余额为 6 000 元，则本期贷方发生额为（　　）元。

A. 10 000　　B. 4 000

C. 2 000　　D. 14 000

3. 如果某总分类账户的期末余额在借方，其所属明细分类账户的期末余额（　　）。

A. 可能在借方，也可能在贷方　　B. 必定在借方

C. 必定在贷方　　D. 既不在借方，又不在贷方

4. 复式记账要求对每一交易或事项都以（　　）。

A. 相等的金额同时在一个或一个以上相互联系的账户中进行登记

B. 相等的金额同时在两个或两个以上相互联系的账户中进行登记

C. 不等的金额同时在两个或两个以上相互联系的账户中进行登记

D. 相等的金额在总分类账和两个以上相互联系的账户中进行登记

5. 对某项交易或事项表明其应借应贷账户及其金额纪录称为（　　）。

A. 会计记录　　B. 会计分录

C. 会计账簿　　D. 会计报表

6. 某公司原材料总账账户下设甲材料和乙材料两个明细账户。202×年 3 月末，原材料总账账户为借方余额 450 000 元，甲材料明细账户为借方余额 200 000 元，则乙材料明细账户为（　　）。

A. 借方余额 650 000 元　　B. 贷方余额 250 000 元

C. 借方余额 250 000 元　　D. 贷方余额 650 000 元

7. 关于余额试算平衡表，下列表述中不正确的是（　　）。

A. 全部账户的期初余额合计等于全部账户的期末余额合计

B. 全部账户的借方期初余额合计等于全部账户的贷方期初余额合计

C. 全部账户的借方发生额合计等于全部账户的贷方发生额合计

D. 全部账户的借方期末余额合计等于全部账户的贷方期末余额合计

8. “营业外收入”账户属于（　　）。

A. 收入类账户　　B. 所有者权益类账户

C. 损益类账户　　D. 负债类账户

9. 某公司“原材料”总账账户下设“甲材料”和“乙材料”两个明细账户。202×年 5 月，“原材料”总账账户的借方发生额为 8 000 元，贷方发生额为 6 000 元。其中，A 材料借方发生额为 3 000 元，B 材料贷方发生额为 2 000 元。下列表述中正确的是（　　）。

A. B 材料借方发生额为 4 000 元，A 材料贷方发生额为 5 000 元

B. B 材料贷方发生额为 5 000 元，A 材料借方发生额为 4 000 元

C. B 材料借方发生额为 8 000 元，A 材料贷方发生额为 6 000 元

D. B 材料借方发生额为 5 000 元，A 材料贷方发生额为 4 000 元

10. 某企业 202×年 4 月本期试算平衡表中，期初余额借、贷方合计均为 98 000 元，本期发生额借、贷方合计均为 53 000 元，下列表述中正确的是（　　）。

A. 借方和贷方期末余额合计均为 98 000 元

B. 借方和贷方期末余额合计均为 53 000 元

C. 借方和贷方期末余额合计均为 0 元

D. 根据上述资料无法计算借方和贷方期末余额合计数

11. 某企业 202×年 6 月 30 日有关资料如下：资产总额 695 000 元，负债总额 335 000元，实收资本 200 000 元，资本公积 20 000 元，盈余公积 14 000 元，则未分配利润为（　　）元。

A. 146 000　　B. 160 000

C. 360 000　　D. 126 000

12. 能够通过试算平衡查找的错误是（　　）。

A. 重复登记某项经济业务　　B. 漏记某项经纪业务

C. 应借应贷账户的借贷方向颠倒　　D. 应借应贷账户的借贷金额不符

13. 某公司“盈余公积”科目年初余额为 100 万元，本年提取法定盈余公积 135 万元，用盈余公积转增实收资本 80 万元。假定不考虑其他因素，则下列表述中不正确的是（　　）。

A. 所有者权益总额维持不变

B. 所有者权益总额增加 55 万元

C. “盈余公积”科目年末余额为 155 万元

D. “实收资本”科目增加 80 万元

14. 某公司应付账款总账下设 M 公司和 N 公司两个明细账户。202×年 2 月末，“应付账款”账户为贷方余额 64 000 元，M 公司明细账户为贷方余额 70 000 元，则 N 公司明细账户为（　　）。

A. 贷方余额 134 000 元　　B. 借方余额 134 000 元

C. 借方余额 6 000 元　　D. 贷方余额 6 000 元

15. 202×年 12 月 31 日，丙公司“应付账款”账户为贷方余额 260 000 元，其所属明细账户的贷方余额合计为 330 000 元，所属明细账户的借方余额合计为 70 000 元；“预付账款”账户为借方余额 150 000 元，其所属明细账户的借方余额合计为 200 000 元，所属明细账户的贷方余额为 50 000 元。丙公司资产负债表中，“应付账款”和“预付账款”两个项目的期末数分别应为（　　）。

A. 380 000 元和 270 000 元　　B. 330 000 元和 200 000 元

C. 530 000 元和 120 000 元　　D. 260 000 元和 150 000 元

16. “应收账款”账户的余额等于（　　）。

A. 期初余额+本期借方发生额-本期贷方发生额

B. 期初余额-本期借方发生额-本期贷方发生额

C. 期初余额+本期借方发生额+本期贷方发生额

D. 期初余额-本期借方发生额+本期贷方发生额

17. 所有者权益在数量上等于（　　）。

A. 全部资产减去全部负债后的净额

B. 所有者的投资

C. 实收资本与资本公积之和

D. 实收资本与未分配利润之和

18. 期末资产类账户的余额一般在（　　）。

A. 借方　　B. 贷方

C. 无余额　　D. 借方或贷方

19. 根据资产与权益的恒等关系以及借贷记账法的记账规则，检查所有账户记录是否正确的过程称为（　　）。

A. 记账　　B. 试算平衡

C. 对账　　D. 结账

20. 下列账户中，期末无余额的账户有（　　）。

A. “实收资本”　　B. “应付账款”

C. “固定资产”　　D. “管理费用”

21. 借贷记账法的发生额试算平衡公式是（　　）。
    A. 每个会计科目的借方发生额=每个会计科目的贷方发生额
    B. 全部会计科目期初借方余额之和=全部会计科目期初贷方余额之和
    C. 全部会计科目借方发生额之和=全部会计科目贷方发生额之和
    D. 全部会计科目期末借方余额之和=全部会计科目期末贷方余额之和

22. 在借贷记账法下，账户的贷方用来登记（　　）。
    A. 大部分收入类账户的减少额
    B. 大部分所有者权益类账户的增加额
    C. 大部分负债类账户的减少额
    D. 大部分成本类账户的增加额

23. 下列经济业务中，借记资产类账户，贷记负债类账户的是（　　）。
    A. 赊购原材料　　B. 收到其他企业的欠款
    C. 从银行提取现金备用　　D. 以银行存款偿还债务

24. 下列关于借贷记账法的表述中，正确的是（　　）。
    A. 试算平衡只有余额试算平衡法一种
    B. 借贷记账法是复式记账法的一种
    C. 在借贷记账法下，负债类账户增加额登记在借方，减少额登记在贷方
    D. 在借贷记账法下，“借”代表增加，“贷”代表减少

25. 年末结转后，利润分配账户的余额表示（　　）。
    A. 未分配利润　　B. 净利润
    C. 未弥补亏损　　D. 利润总额

26. 负债和所有者权益类账户的期末余额一般在（　　）。
    A. 借方　　B. 贷方
    C. 无余额　　D. 借方或贷方

27. 某企业本月发生管理费用开支合计 58 万元，月末结平管理费用账户，则“管理费用”账户（　　）。
    A. 月末借方余额为 58 万元　　B. 本月月末余额为 0 元
    C. 月末贷方余额为 58 万元　　D. 以上都不对

28. 在借贷记账法下，成本类账户的期末余额一般在（　　）。
    A. 借方　　B. 增加方
    C. 贷方　　D. 减少方

29. 目前，我国采用的复式记账法主要是（　　）。
    A. 单式记账法　　B. 增加记账法
    C. 收付记账法　　D. 借贷记账法

30. 在借贷记账法下，所有者权益类账户的期末余额等于（　　）。
    A. 期初余额-本期借方发生额-本期贷方发生额
    B. 期初余额-本期借方发生额+本期贷方发生额

C. 期初余额+本期借方发生额-本期贷方发生额

D. 期初余额+本期借方发生额+本期贷方发生额

31. 某企业202×年10月1日“本年利润”账户的期初贷方余额为20万元，表明（　　）。

A. 该企业202×年12月的净利润为20万元

B. 该企业202×年9月的净利润为20万元

C. 该企业202×年1~9月的净利润为20万元

D. 该企业202×年全年的净利润为20万元

32. 复式记账法对于每项经济业务都以相等的金额在（　　）中进行登记。

A. 一个账户　　B. 两个账户

C. 全部账户　　D. 两个或两个以上的账户

33. 账户发生额试算平衡方法是根据（　　）来确定的。

A. 借贷记账法的记账规则　　B. 资产=负债+所有者权益

C. 收入-费用=利润　　D. 平行登记原则

34. A公司月初应付账款余额为80万元，本月购入材料一批，货款为30万元，款项尚未支付，另支付上期购买商品的欠款50万元。本月应付账款的余额为（　　）万元。

A. 借方60　　B. 贷方100

C. 借方100　　D. 贷方60

35. 复式记账法是以（　　）为记账基础的一种记账方法。

A. 试算平衡　　B. 资产和权益平衡关系

C. 会计科目　　D. 经济业务

36. 下列关于“生产成本”账户的表述中，正确的是（　　）。

A.“生产成本”账户肯定无余额

B.“生产成本”账户期末若有余额，肯定在借方

C.“生产成本”账户的余额表示已完工产品的成本

D.“生产成本”账户的余额表示本期发生的生产费用总额

37. 某企业资产总额为100万元，发生下列三笔经济业务：第一，向银行借款20万元存入银行。第二，用银行存款偿还债务5万元。第三，收回应收账款4万元存入银行。此三笔业务发生后其资产总额为（　　）万元。

A. 115　　B. 119　　C. 111　　D. 71

38. 下列会计分录中，属于复合会计分录的是（　　）。

A. 借：生产成本　　200 000

　　贷：制造费用　　200 000

B. 借：银行存款　　50 000

　　贷：实收资本——A公司　　20 000

　　　　——B公司　　30 000

C. 借：原材料——甲材料　　15 000
　　　　　——乙材料　　10 000
　　贷：银行存款　　25 000

D. 借：管理费用　　3 000
　　　　制造费用　　5 000
　　贷：累计摊销　　8 000

39. 某企业原材料总分类账户的本期借方发生额为 50 万元，贷方发生额为 30 万元，其所属的三个明细分类账中，甲材料本期借方发生额为 20 万元，贷方发生额为 9 万元；乙材料借方发生额为 15 万元，贷方发生额为 11 万元；丙材料的本期借贷方发生额分别为（　　）。

A. 借方发生额 15 万元，贷方发生额 50 万元
B. 借方发生额 15 万元，贷方发生额 10 万元
C. 借方发生额 85 万元，贷方发生额 10 万元
D. 借方发生额 85 万元，贷方发生额 50 万元

40. 甲公司月末编制的试算平衡表中，全部账户的本月借方发生额合计为 136 万元，除“实收资本”账户以外的本月贷方发生额合计为 120 万元，则“实收资本”账户（　　）。

A. 本月贷方发生额为 16 万元　　B. 本月借方发生额为 16 万元
C. 本月借方余额为 16 万元　　D. 本月贷方余额为 16 万元

41. 下列关于“本年利润”账户的表述中，正确的是（　　）。

A. 借方登记转入的营业收入、营业外收入等金额
B. 贷方登记转入的营业成本、营业外支出等金额
C. 年度终了结账后，该账户无余额
D. 全年的任何一个月月末都不应有余额

42. 对同一经济业务，应当在同一会计期间内，既登记相应的总分类科目，又登记所属的有关明细分类科目的方法称为（　　）。

A. 借贷记账法　　B. 试算平衡
C. 复式记账法　　D. 平行登记

43. 期末，收入类账户的余额一般（　　）。

A. 在借方　　B. 在贷方
C. 无余额　　D. 在借方或贷方

44. 对某项经济业务事项标明应借应贷账户及其金额的记录称为（　　）。

A. 对应关系　　B. 对应账户
C. 会计分录　　D. 账户

45. 下列关于“累计折旧”账户的表述中，正确的是（　　）。

A. “累计折旧”账户的借方登记折旧的增加额
B. “累计折旧”账户的借方登记折旧的减少额
C. “累计折旧”账户期末为借方余额
D. “累计折旧”账户是“无形资产”账户的调整账户

46. 当一笔经济业务只涉及负债要素发生增减变化时，会计等式两边的金额（　　）。

A. 一方增加，一方减少　　B. 不变

C. 同减　　D. 同增

47. 下列等式中，不正确的是（　　）。

A. 资产=负债+所有者权益=权益

B. 期末资产=期末负债+期初所有者权益

C. 期末资产=期末负债+期初所有者权益+所有者权益本期发生额

D. 债权人权益+所有者权益=负债+所有者权益

48. 一个企业的资产总额与权益总额（　　）。

A. 只有在期末时相等　　B. 有时相等

C. 必然相等　　D. 不会相等

49. 下列经济业务中，会引起资产类项目和所有者权益类项目同时增加的是（　　）。

A. 赊购原材料

B. 接受投资者投入的现金资产

C. 赊销商品时

D. 用银行存款归还企业的银行短期借款

50. 最基本的会计等式是（　　）。

A. 收入-费用=利润

B. 资产=负债+所有者权益

C. 期初余额+本期增加额-本期减少额=期末余额

D. 资产=负债+所有者权益+（收入-费用）

51. 某企业月初权益总额为200万元，假定本月仅发生一笔以银行存款20万元偿还短期借款的业务，则该企业月末资产总额为（　　）万元。

A. 180　　B. 200

C. 190　　D. 240

52. 下列经济业务中，能引起资产和负债同时减少的是（　　）。

A. 把库存现金存入银行　　B. 赊购材料一批

C. 用银行存款偿还银行借款　　D. 收到某企业的欠款并存入银行

53. 某公司的资产总额为20万元，负债总额为5万元，以银行存款2万元偿还短期借款，并以银行存款2万元购买设备。上述业务入账后该公司的负债总额为（　　）万元。

A. 2　　B. 3　　C. 25　　D. 15

54. 投资人投入的资金和债权人投入的资金在投入企业后，形成企业的（　　）。

A. 成本　　B. 费用

C. 资产　　D. 负债

55. 一项资产增加，一项负债增加的经济业务发生后会引起资产与权益原来的金额（　　）。

A. 发生不等额变动　　B. 发生同减的变动

C. 发生同增的变动　　D. 不会变动

56. 某企业所有者权益总额为 700 万元，负债总额为 200 万元。那么该企业的资产总额为（　　）万元。

A. 900　　B. 100

C. 500　　D. 以上答案都不对

57. 账户的余额按照表示的时间不同可以分为（　　）。

A. 期初余额和本期增加发生额

B. 期初余额和本期减少发生额

C. 本期增加发生额和本期减少发生额

D. 期初余额和期末余额

58. 下列账户中，期末一般无余额的是（　　）账户。

A. “库存商品”　　B. “生产成本”

C. “本年利润”　　D. “利润分配”

59. 某账户的期初余额为 900 元，期末余额为 5 000 元，本期减少发生额为 600 元，则本期增加发生额为（　　）元。

A. 3 500　　B. 300

C. 4 700　　D. 5 300

60. 损益类账户的期末余额一般（　　）。

A. 在借方　　B. 在贷方

C. 无法确定方向　　D. 为 0 元

61. 一个账户的增加发生额与该账户的期末余额一般都应在该账户的（　　）。

A. 借方　　B. 贷方

C. 相同方向　　D. 相反方向

【参考答案】

1. A	2. A	3. A	4. B	5. B
6. C	7. A	8. C	9. D	10. D
11. D	12. D	13. B	14. C	15. A
16. A	17. A	18. A	19. B	20. D
21. C	22. B	23. A	24. B	25. A
26. B	27. B	28. A	29. D	30. B
31. C	32. D	33. A	34. D	35. B
36. B	37. A	38. D	39. B	40. A
41. C	42. D	43. C	44. C	45. B
46. B	47. B	48. C	49. B	50. B
51. A	52. C	53. B	54. C	55. C

56. A　57. D　58. C　59. C　60. D
61. C

（二）多选题

1. 根据借贷记账法的会计科目结构，账户贷方登记的内容有（　　）。
A. 收入的增加额　B. 所有者权益的增加额
C. 费用的增加额　D. 负债的增加额

2. 下列等式中，正确的有（　　）。
A. 期初余额=本期增加发生额+期末余额-本期减少发生额
B. 期初余额=本期增加发生额-期末余额-本期减少发生额
C. 期初余额=本期减少发生额+期末余额-本期增加发生额
D. 期末余额=本期增加发生额+期初余额-本期减少发生额

3. 会计分录的基本要素包括（　　）。
A. 会计科目　B. 记账符号
C. 记账时间　D. 金额

4. 下列关于借贷记账法的说法中，正确的有（　　）。
A. 应该根据账户反映的经济业务的性质确定记入账户的方向
B. 可以进行发生额试算平衡和余额试算平衡
C. 以“有借必有贷，借贷必相等”作为记账规则
D. 以“借”“贷”作为记账符号

5. 企业用银行存款偿还所欠货款，引起（　　）。
A. 资产增加　B. 资产减少
C. 负债增加　D. 负债减少

6. 会计分录包括（　　）。
A. 简单分录　B. 复合分录
C. 单式分录　D. 混合分录

7. 下列会计分录形式中，属于复合会计分录的有（　　）。
A. 一借一贷　B. 一借多贷
C. 一贷多借　D. 多借多贷

8. 总分类账户余额试算平衡表中的平衡关系有（　　）。
A. 全部会计科目的本期借方发生额合计=全部会计科目本期贷方发生额合计
B. 全部会计科目的期初借方余额合计=全部会计科目期末贷方余额合计
C. 全部会计科目的期初借方余额合计=全部会计科目期初贷方余额合计
D. 全部会计科目的期末借方余额合计=全部会计科目期末贷方余额合计

9. 在借贷记账法下，当借记“银行存款”科目时，下列会计科目可能成为其对应科目的有（　　）。
A.“实收资本”　B.“库存现金”
C.“预付账款”　D.“本年利润”

10. 总账与明细账平行登记的要点包括（　　）。

A. 所属会计期间相同

B. 借贷方向相同

C. 记入总分类科目的金额与记入所属明细分类科目金额合计数相等

D. 所依据会计凭证相同

11. 在借贷记账法下，账户的贷方应登记（　　）。

A. 负债、收入的增加数　　B. 负债、收入的减少数

C. 资产、成本的减少数　　D. 资产、成本的增加数

12. 对于资产、成本账户而言（　　）。

A. 增加记借方　　B. 增加记贷方

C. 减少记贷方　　D. 期末无余额

13. 年末结账后，下列会计科目中，一定没有余额的有（　　）。

A. “本年利润”　　B. “生产成本”

C. “应付账款”　　D. “主营业务收入”

14. 收到投资者投入的固定资产 20 万元，正确的说法有（　　）。

A. 借记“固定资产”科目 20 万元

B. 贷记“实收资本”科目 20 万元

C. 贷记“固定资产”科目 20 万元

D. 借记“实收资本”科目 20 万元

15. 总分类账户与其所属的明细分类账户平行登记的结果必然是（　　）。

A. 总分类会计科目期末余额 = 所属的明细分类会计科目期末余额之和

B. 总分类会计科目本期贷方发生额 = 所属明细分类科目本期贷方发生额之和

C. 总分类会计科目期初余额 = 所属明细分类会计科目期初余额之和

D. 总分类会计科目本期借方发生额 = 所属明细分类会计科目本期借方发生额之和

16. 经济业务发生后，一般可以编制的会计分录有（　　）。

A. 多借多贷　　B. 一借多贷

C. 一贷多借　　D. 一借一贷

17. 借贷记账法的试算平衡方法包括（　　）。

A. 增加额试算平衡法　　B. 减少额试算平衡法

C. 发生额试算平衡法　　D. 余额试算平衡法

18. 下列经济业务中，会使资产和权益总额同时增加的有（　　）。

A. 用银行存款 500 000 元购入一台机器设备

B. 偿还购入材料的欠款 3 000 元

C. 收到投资者投入的资金 80 000 元并存入银行

D. 购入一批价值 500 000 元的原材料，款项未付

19. 下列会计等式中，正确的有（　　）。
A. 资产=负债+所有者权益
B. 资产=负债+所有者权益+（收入-费用）
C. 资产=负债+所有者权益+利润
D. 资产-负债=所有者权益+利润

20. 资产与负债和所有者权益的恒等关系是（　　）。
A. 复式记账法的理论依据
B. 总账与明细账平行登记的理论依据
C. 设置会计账户的理论依据
D. 编制资产负债表的依据

21. 下列经济业务中，会引起企业资产总额和负债总额同时发生减少变化的有（　　）。
A. 用库存现金支付职工薪酬
B. 从某企业购买材料一批，货款未付
C. 将资本公积转增资本
D. 用银行存款偿还所欠货款

22. 下列公式中，属于会计等式的有（　　）。
A. 本期借方发生额合计=本期贷方发生额合计
B. 本期借方余额合计=本期贷方余额合计
C. 资产=负债+所有者权益
D. 收入-费用=利润

23. 企业的收入可能会导致（　　）。
A. 库存现金的增加
B. 银行存款的增加
C. 企业其他资产的增加
D. 企业负债的减少

24. 下列经济业务中，能引起资产和负债同时增加的有（　　）。
A. 从银行借款存入企业的存款账户
B. 用银行存款偿还所欠货款
C. 企业赊购材料一批
D. 收到投资人的资金存入银行

25. 下列经济业务中，属于资产内部要素增减变动的有（　　）。
A. 购买一批材料，款项尚未支付
B. 购买一批材料，以银行存款支付货款
C. 从银行提现备用
D. 接受现金捐赠，款项存入银行

26. 下列经济业务中，能引起会计等式左右两边会计要素变动的有（　　）。
A. 收到某单位前欠货款存入银行
B. 以银行存款偿还银行借款

C. 收到某单位投入机器设备一台

D. 以银行存款购买材料

27. 企业向银行借款，存入银行，这项业务引起（　　）要素同时增加。

A. 资产　　B. 负债

C. 所有者权益　　D. 收入

28. 下列经济业务中，会使企业资产总额和权益总额同时发生增减变化的有（　　）。

A. 向银行借入半年期的借款，已转入本企业银行存款账户

B. 赊购设备一台，设备已经交付使用

C. 收到某投资者投资，款项已存入银行

D. 用资本公积转增实收资本

29. 根据会计等式可知，下列经济业务中，不会发生的有（　　）。

A. 资产增加，负债减少，所有者权益不变

B. 资产不变，负债增加，所有者权益增加

C. 资产有增有减，权益不变

D. 债权人权益增加，所有者权益减少，资产不变。

30. 下列关于损益类科目的说法中，正确的有（　　）。

A. 收入类账户的增加额记入借方

B. 费用类账户的增加额记入借方

C. 一般情况下期末无余额

D. 年末要结转到“本年利润”账户。

31. 不会影响借贷双方平衡关系的记账错误有（　　）。

A. 从开户银行提取现金 500 元，记账时重复登记一次

B. 收到现金 100 元，但没有登记入账

C. 收到某公司偿还欠款的转账支票 5 000 元，但会计分录的借方科目错记为“库存现金”

D. 到开户银行存入现金 1 000 元，但编制记账凭证时误为借记“库存现金”，贷记“银行存款”

32. 总分类账户和明细分类账户平行登记的要点包括（　　）。

A. 登记次数相同　　B. 登记会计期间相同

C. 登记方向相同　　D. 登记金额相等

33. 某企业 202×年 5 月 1 日资产总额为 300 万元，负债总额为 200 万元。202×年 5 月资产增加 50 万元，资产减少 40 万元；所有者权益增加 60 万元，所有者权益减少 30 万元。下列关于该企业 202×年 5 月 31 日几个指标的表述中，正确的有（　　）。

A. 资产总额为 310 万元　　B. 所有者权益总额为 310 万元

C. 负债总额为 180 万元　　D. 所有者权益总额为 130 万元

34. 能够引起资产与负债（或所有者权益）项目同时等额增加的经济业务有（　　）。

A. 购入价值 10 000 元的固定资产，货款暂欠

B. 收到投资者投入的存款 80 000 元

C. 从银行提取现金 5 000 元

D. 用银行存款支付前欠货款 20 000 元

【参考答案】

1. ABD	2. CD	3. ABD	4. ABCD	5. BD
6. AB	7. BCD	8. CD	9. AB	10. ABCD
11. AC	12. AC	13. AD	14. AB	15. ABCD
16. ABCD	17. CD	18. CD	19. ABCD	20. ACD
21. AD	22. CD	23. ABCD	24. AC	25. BC
26. BC	27. AB	28. ABC	29. AB	30. BCD
31. ABCD	32. BCD	33. ACD	34. AB	

（三）判断题

1. 明细账户应根据总账账户设置。（ ）

2. 复合会计分录应由几个简单会计分录合并而成。（ ）

3. 当采购员预借差旅费时，资产总额就会减少。（ ）

4. 企业应当根据国家统一会计制度的规定和单位交易或事项的具体内容设置明细账。（ ）

5. 二级科目是介于总账科目和明细科目之间的科目，通常可以对明细科目较多的总账科目开设二级科目。（ ）

6. 如果采用发生额试算平衡法，试算表借贷不相等，可以肯定账户记录有错误，如果采用余额试算平衡法，试算表借贷不相等，不一定说明账户记录有错误。（ ）

7. 202×年 1 月 1 日 ABC 公司负债总额为 40 万元，所有者权益总额为 60 万元。1 月该公司销售产品一批，取得价款 10 万元存入银行（不考虑增值税），其成本为7 万元。不考虑其他因素，则 202×年 1 月 31 日该公司资产总额为 110 万元。（ ）

8. 根据“有借必有贷，借贷必相等”的规则，任一账户的借方发生额必然等于其贷方发生额。（ ）

9. 根据收付实现制的要求，当期已经实现的收入和已经发生或应当负担的费用，无论是否收付，都不应当作为当期的收入和费用计入利润表。（ ）

10. 平行登记是指对同一交易或事项，既要在借方登记，又要在贷方登记，并且登记的依据和期间相同，金额相等。（ ）

11. “收入-费用=利润”等式反映了企业一定期间的经营成果，是编制资产负债表的基础。（ ）

12. 在会计处理中，只能编制一借一贷、一借多贷、一贷多借的会计分录，而不能编制多借多贷的会计分录，以避免对应关系混乱。（ ）

13. 运用单式记账法记录经济业务，既可以反映每项经济业务的来龙去脉，又可以检查每笔业务是否合理、合法。（ ）

14. 余额试算平衡是由“资产=负债+所有者权益”的恒等关系决定的。（ ）

15. 一个会计主体一定期间的全部账户的借方发生额合计与贷方发生额合计一定相等。（ ）

16. 借贷记账法的记账规则为“有借必有贷，借贷必相等”，即对于每一笔经济业务都要在账户中以借方和贷方相等的金额进行登记。（ ）

17. 平行登记时，总分类账户登记在借方，其所属明细分类账户可以登记在贷方。（ ）

18. 在借贷记账法下，借方表示增加，贷方表示减少。（ ）

19. 账户的对应关系是指总账与明细账之间的关系。（ ）

20. “制造费用”账户和“管理费用”账户都应当在期末转入“本年利润”账户。（ ）

21. 在借贷记账法下，负债类账户与所有者权益类账户通常都有余额，而且在借方。（ ）

22. 企业可以将不同类型的经济业务合并在一起，这样可以形成复合会计分录。（ ）

23. 核算期间费用的各账户期末结转入“本年利润”账户后应无余额。（ ）

24. 企业以银行存款偿还短期借款，该业务会引起资产与负债同时减少。（ ）

25. 对于每一个账户来说，期初余额只可能在账户的一方，即借方或贷方。（ ）

26. 通过平行登记可以使总分类账户与其所属明细分类账户保持统驭关系，便于核对与检查，纠正错误与遗漏。（ ）

27. 某企业银行存款期初借方余额为 10 万元，本期借方发生额为 5 万元，本期贷方发生额为 3 万元，则期末余额为借方 12 万元。（ ）

28. 复合会计分录是指多借多贷形式的会计分录。（ ）

29. 资产类账户的基本结构是借方登记资产的增加额，贷方登记资产的减少额，期末余额一般在借方。（ ）

30. 无论发生什么经济业务，会计等式始终保持平衡关系。（ ）

31. 复式记账法是以资产与权益平衡关系作为记账基础，对于每一笔经济业务，都要在两个或两个以上相互联系的账户中进行登记，系统地反映资金运动变化的结果的一种记账方法。（ ）

32. 发生额试算平衡是根据资产与权益的恒等关系，检验本期发生额记录是否正确的方法。（ ）

33. 在借贷记账法下，负债类账户与成本类账户的结构截然相反。（ ）

34. “本年利润”账户的余额如果在借方，表示自年初至本期末累计发生的亏损。（ ）

35. 在借方记账法下，损益类账户的借方登记减少数，贷方登记增加数，期末一般无余额。（ ）

36. 企业如果在一定期间内发生了亏损，则期末所有者权益必定减少。（ ）

37. “收入-费用=利润”这一会计等式是复式记账法的理论基础，也是编制资产负债表的依据。（　　）

38. 资产、负债和所有者权益的平衡关系是企业资金运动处于相对静止状态下出现的，如果考虑收入、费用等动态要素，则资产与权益总额的平衡关系必然被破坏。（　　）

39. 经济业务的发生可能引起资产与权益总额发生变化，但是不会破坏会计基本等式的平衡关系。（　　）

40. 账户中上期的期末余额转入本期即为本期的期初余额。（　　）

41. 账户的简单格式分为左、右两方，左方表示增加，右方表示减少。（　　）

42. 账户的余额总是和账户的增加额方向一致。（　　）

43. 目前，企业的总分类账户一般是根据国家有关会计制度规定的会计科目设置的。（　　）

44. 一级账户又称总分类账户，简称总账，总账以下的账户称为明细账。（　　）

45. 账户的本期发生额是动态资料，而期末余额与期初余额是静态资料。（　　）

46. 负债类账户分为左、右两方，左方登记增加，右方登记减少。（　　）

47. 如果某一账户的期初余额为 20 000 元，本期增加发生额为 10 000 元，本期减少发生额为 4 000 元，则期末余额为 6 000 元。（　　）

【参考答案】

1. ×	2. ×	3. ×	4. √	5. √
6. ×	7. ×	8. ×	9. ×	10. ×
11. ×	12. ×	13. ×	14. √	15. √
16. ×	17. ×	18. ×	19. ×	20. ×
21. ×	22. ×	23. √	24. √	25. √
26. √	27. √	28. ×	29. √	30. √
31. √	32. ×	33. √	34. √	35. ×
36. ×	37. ×	38. ×	39. √	40. √
41. ×	42. √	43. √	44. √	45. √
46. ×	47. ×			

（四）不定项选择题

1. 经济业务发生后，必须在有关账户中进行连续、系统地登记，借以反映和监督某一特定单位经济活动的方法是（　　）。

A. 借贷记账法　　B. 复式记账法

C. 单式记账法　　D. 收付记账法

2. 复式记账法的优点包括（　　）。

A. 能够全面反映经济业务内容和资金运动的来龙去脉

B. 能够进行试算平衡，检查账户记录是否正确

C. 能够直观展示资金的增减变化

D. 能够防止会计舞弊

3. 借贷记账法的理论依据是（　　）。
   A. 资产=负债+所有者权益
   B. 收入-费用=利润
   C. 借方发生额=贷方发生额
   D. 期初余额+本期增加数-本期减少数=期末余额
4. 下列选项中，不会引起会计等式两边同时发生变动的业务有（　　）。
   A. 产品已销售货款尚未收到
   B. 收回应收账款
   C. 向银行借款存入开户银行
   D. 以现金发放工资
5. 当所有者权益某项目增加时，可能导致的相应变化有（　　）。
   A. 资产增加　　B. 负债增加
   C. 负债减少　　D. 所有者权益另一项目减少
6. 与资产类账户记账方向相同的账户是（　　）。
   A. 收入类账户　　B. 费用类账户
   C. 利润类账户　　D. 权益类账户
7. 期末余额一定在贷方的账户是（　　）。
   A. “利润分配”　　B. “实收资本”
   C. “本年利润”　　D. “材料成本差异”
8. 在借贷记账法下，借方登记的内容包括（　　）。
   A. 资产增加　　B. 所有者权益减少
   C. 收入增加　　D. 负债增加
9. 期末一般无余额的账户有（　　）。
   A. “管理费用”　　B. “销售费用”
   C. “银行存款”　　D. “应收账款”
10. 发生额试算平衡的依据是（　　）。
   A. 资产=负债+所有者权益
   B. 利润=收入-支出
   C. “有借必有贷，借贷必相等”
   D. 期末余额=期初余额+本期增加额-本期减少额
11. 下列错误中，会影响本期发生额借贷平衡关系的是（　　）。
   A. 漏记或重记某一项经济业务
   B. 颠倒记账方向
   C. 金额无误但所用科目有误
   D. 借方金额数字错位

12. 某企业月末编制的试算平衡表借方余额合计为 150 000 元，贷方余额合计为 180 000元。经认真检查，漏记了一个账户的余额中，漏记的账户（　　）。

A. 为借方余额　　B. 为贷方余额

C. 余额为 15 000 元　　D. 余额为 30 000 元

13. 属于借贷记账法试算平衡内容的有（　　）。

A. 借方发生额试算平衡　　B. 贷方发生额试算平衡

C. 期初余额试算平衡　　D. 期末余额试算平衡

14. 不会引起借贷不平衡的错误有（　　）。

A. 漏记一张记账凭证未登记入账

B. 记入赊购业务的记账凭证中，仅将应付账款登记入账

C. 存货被高估 3 000 元，管理费用同时被低估 3 000 元

D. 从银行提取现金的记账凭证被重复登记两次

15. 具有双重性质的结算账户到底属于资产类还是负债类，可根据（　　）的方向来判断。

A. 平均发生额　　B. 借方发生额

C. 贷方发生额　　D. 期末余额

16. 存在应借应贷关系的账户称为（　　）。

A. 联系账户　　B. 对等账户

C. 对应账户　　D. 平衡账户

17. 可能与“本年利润”账户借方发生对应关系的账户有（　　）。

A.“销售费用”　　B.“制造费用”

C.“管理费用”　　D.“财务费用”

18. 会计分录的构成要素包括（　　）。

A. 账户名称　　B. 记账方向

C. 应记金额　　D. 对应关系

19. 平行登记是同时在（　　）之间登记同一经济业务的方法。

A. 总账及所属明细账　　B. 汇总凭证及有关账户

C. 各有关总分类账户　　D. 各有关明细分类账户

20. 总分类账户和明细分类账户平行登记的要点包括（　　）。

A. 登记的次数　　B. 登记的会计期间相同

C. 登记的方向相同　　D. 登记的金额相同

21. 下列错误中，能通过试算平衡查找的有（　　）。

A. 某项经济业务未入账

B. 某项经济业务重复记账

C. 应借应贷账户中借贷方向颠倒

D. 应借应贷账户中借贷金额不等

22. 下列账户中，不具有对应关系的是（　　）。

A.“银行存款”账户与“应交税费”账户

B.“固定资产”账户与“销售费用”账户

C. “本年利润”账户与“利润分配”账户

D. “预收账款”账户与“主营业务收入”账户

23. 某企业资产总额为 100 万元，负债为 20 万元，在以银行存款 30 万元购进材料，并以银行存款 10 万元偿还借款后，资产总额为（　　）万元。

A. 60　　B. 90　　C. 50　　D. 40

24. “坏账准备”账户期初贷方余额为 5 000 元，本期贷方发生 6 000 元，期末贷方余额为 8 000 元，则该账户本期借方发生额为（　　）元。

A. 9 000　　B. 13 000　　C. 2 000　　D. 3 000

25. 下列各项说法中，不正确的有（　　）。

A. 从某个企业看，其全部借方账户与全部贷方账户之间互为对应账户

B. 从某项会计分录看，其借方账户与贷方账户之间互为对应账户

C. 通过试算平衡，若企业全部账户的借贷方金额合计相等，则账户记录正确

D. 企业不能编制多借多贷的会计分录

26. 现代企业使用的复式记账法的特点是（　　）。

A. 在各个账户中进行记录

B. 在相互关联的账户中进行纪录

C. 以相同的金额在借方与贷方中进行登记

D. 将发生额登记在账户中

27. 下列经济业务中，应确认为债权的有（　　）。

A. 预收销货款　　B. 预付购货款

C. 应收销货款　　D. 预支差旅费

28. 企业赊购原材料 10 万元，这项业务引起（　　）的增减变化。

A. 资产　　B. 负债

C. 所有者权益　　D. 成本

29. 下列表述中，不正确的是（　　）。

A. 开户单位收入的现金一般应于当日送存开户银行

B. 开户单位收入的现金在一般情况下不可以坐支

C. 到外地采购大额货物时，不得直接支付现金

D. 不得“白条抵库”

30. 企业用不符合法律法规规定的单据顶替库存现金，这种行为称为（　　）。

A. 白条抵库　　B. 坐支现金

C. 挪用公款　　D. 公款私存

31. 根据《支付结算办法》的规定，有明确金额起点的支付结算方式是（　　）。

A. 支票　　B. 银行汇票

C. 银行本票　　D. 托收承付

32. 下列选项中，不属于支票特点的是（　　）。

A. 个人不得使用　　B. 日期、金额及收款人不得更改

C. 一律记名　　D. 提示付款期限为出票日起 10 日内

33. 下列表述中，错误的有（　　）。

A. 单位和个人各种款项的结算均可使用汇兑结算方式

B. 每笔托收承付结算的起点金额为 1 000 元

C. 托收承付结算方式不验单付款的承付期为 5 天

D. 无论单位还是个人都可凭已承兑商业汇票、债券、存单等付款人债务证明办理委托收款，收取同城或异地款项。

34. 下列票据中，可以背书转让的有（　　）。

A. 现金支票　　B. 转账支票

C. 银行本票　　D. 银行汇票

35. 为将一批商品及时销售出去，某企业决定在原定价格的基础上优惠 10%。该价格优惠属于（　　）。

A. 销售折让　　B. 销售退回

C. 商业折扣　　D. 现金折扣

36. 应记入“财务费用”账户的有（　　）。

A. 商业折扣　　B. 现金折扣

C. 销售折让　　D. 销售退回

37. 甲企业向乙企业销售产品一批，货款为 10 000 元（不含增值税），增值税税率为 13%，同时用银行存款代垫运杂费 300 元，款项尚未收到。甲企业编制的会计分录的贷方应包括（　　）。

A. 主营业务收入——乙企业　10 000

B. 应交税费——应交增值税（销项税额）　1 300

C. 应收账款——乙企业　300

D. 银行存款　300

38. A 公司对甲生产车间采取定额备用金管理制度。该车间报销日常管理费用支出时，正确的会计分录是（　　）。

A. 借：其他应收款
　　贷：库存现金

B. 借：制造费用
　　贷：库存现金

C. 借：制造费用
　　贷：其他应收款

D. 借：库存现金
　　贷：其他应收款

39. 甲公司为增值税一般纳税人，202×年 10 月 29 日从外地购入 A 材料 23 吨，货款 20 000 元，增值税税额 3 400 元，并以现金支付运费 1 500 元。假定运费的增值税税率为 9%，则 A 材料的采购成本为（　　）元。

A. 20 000　　B. 21 376. 15

C. 21 500　　D. 23 400

40. 下列选项中，属于存货的有（　　）。

A. 已采购但尚未入库的低值易耗品

B. 委托外单位加工而发出的包装物

C. 已销售但客户尚未提货的产成品

D. 制造产品剩下的边角料

41. 下列选项中，应记入“管理费用”账户借方的有（　　）。

A. 经批准转销的存货定额内损耗

B. 专设销售机构人员的工资

C. 经批准转销的因计量差错造成的存货短缺

D. 经批准转销的盘盈存货成本

42. 固定资产盘亏经批准后应记入（　　）账户。

A. “管理费用”　　B. “待处理财产损溢”

C. “营业外支出”　　D. “营业外收入”

43. 某企业202×年4月初应计提折旧的固定资产原值为4 000万元，4月新增固定资产原值300万元，报废固定资产原值200万元；5月新增固定资产原值800万元，报废固定资产原值600万元。另外，原始价值100万元仍在继续使用的一项固定资产在上年末已经提足折旧。5月应计提折旧的固定资产原值是（　　）万元。

A. 3 400　　B. 4 800

C. 4 200　　D. 4 100

44. 对车间管理部门使用的固定资产计提折旧费，应借记（　　）科目，贷记“累计折旧”科目。

A. “管理费用”　　B. “制造费用”

C. “销售费用”　　D. “生产成本”

45. 固定资产应提折旧总额等于（　　）。

A. 固定资产原值-清理费用

B. 固定资产原值+清理费用

C. 固定资产原值+预计净残值

D. 固定资产原值-预计净残值

46. 对于增值税一般纳税人企业，构成固定资产价值的项目有（　　）。

A. 购买固定资产支付的关税

B. 建造期间发生的借款利息

C. 建造固定资产耗用自产产品的生产成本

D. 购买固定资产支付的增值税

47. 直接进行产品生产的工人工资应分配记入（　　）科目。

A. “管理费用”　　B. “生产成本——基本生产成本”

C. “制造费用”　　D. “生产成本——辅助生产成本”

48. 下列选项中，不属于其他应付款核算范围的是（　　）。

A. 暂收其他单位的款项

B. 经营租入固定资产的应付租金

C. 出借包装物收取的押金

D. 购入固定资产的应付款项

49. 甲公司于202×年装修办公楼，装修费共计50 000元。合同规定，项目完工后支付款项95%，另外5%于项目完工1年后支付。甲公司先支付了47 500元，但在1年后按合同支付2 500元余款时，被银行退回，原因是装修公司已经撤销。对于该笔无法支付的款项，甲公司应借记“应付账款”科目，贷记（　　）科目。

A.“营业外收入”　　B.“资本公积”

C.“其他业务收入”　　D.“管理费用”

50. 对于预收货款的会计处理，下列做法中可以选择采用的有（　　）。

A. 单独设“预收账款”账户，预收货款时记入该账户贷方

B. 不单设“预收账款”账户，预收货款时记入“应付账款”账户贷方

C. 不单设“预收账款”账户，预收货款时记入“应收账款”账户贷方

D. 不单设“预收账款”账户，预收货款时记入“其他应收款”账户贷方

51. 应通过“应付账款”账户借方核算的经济业务有（　　）。

A. 开出商业汇票抵付应付账款　　B. 支付赔款

C. 冲销无法支付的应付账款　　D. 支付租金

52. 下列选项中，不属于视同销售业务的是（　　）。

A. 自产产品用于集体福利

B. 将产品无偿捐赠给他人

C. 将原材料用于在建工程

D. 用产成品对外投资

53. 下列选项中，不属于“应交增值税”明细账户专栏的是（　　）。

A.“未交增值税”　　B.“已交税金”

C.“转出未交增值税”　　D.“转出多交增值税”

54. A公司被核定为增值税一般纳税人，适用的增值税税率为13%。A公司为B公司加工零部件10 000个，每个收取加工费70.2元（含税价）。对于该笔业务，A公司应确认的“应交税费——应交增值税（销项税额）”为（　　）元。

A. 80 761.06　　B. 91 260

C. 702 000　　D. 78 000

55. 下列会计分录中，属于增值税一般纳税人缴纳增值税的有（　　）。

A. 借：应交税费——应交增值税（已交税金）

　　贷：银行存款

B. 借：应交税费——未交增值税（已交税金）

　　贷：银行存款

C. 借：应交税费——应交增值税

　　贷：银行存款

D. 借：应交税费——未交增值税

　　贷：银行存款

56. 某公司发生的下列业务中，不能用现金支付的是（　　）。

A. 购买办公用品 900 元

B. 向个人收购农副产品 50 000 元

C. 从某公司购入工业产品 20 000 元

D. 支付职工差旅费 10 000 元

57. 边远地区和交通不便地区的开户单位，其库存现金限额可以按最多不得超过（　　）天日常零星开支所需的现金核定。

A. 30　　B. 20　　C. 15　　D. 10

58. 某企业销售商品一批，该批商品的标价为 10 000 元，适用的增值税税率为 13%，购买方享受的商业折扣为 20%，货款尚未收到。该企业确认的应收账款入账价值为（　　）元。

A. 8 000　　B. 9 040

C. 10 000　　D. 11 300

59. “在途物资”账户借方发生额核算的内容是（　　）。

A. 已入库材料的实际成本　　B. 在途材料的实际成本

C. 已入库材料的计划成本　　D. 在途材料的计划成本

60. 企业购买材料时，采用银行承兑汇票结算材料货款，则支付的银行承兑手续费，应记入（　　）账户。

A. “材料成本”　　B. “应付票据”

C. “管理费用”　　D. “财务费用”

61. 采用加权平均法确定发出材料的实际成本时，不影响本期加权平均单价的因素是（　　）。

A. 期初结存材料的数量　　B. 期末结存材料的数量

C. 期初结存材料的成本　　D. 本期增加材料的成本

62. 下列选项中，不应计入交易性金融资产初始成本的有（　　）。

A. 取得交易性金融资产时支付的税费

B. 取得交易性金融资产时支付的手续费

C. 实际支付的价款中包含的已宣告但尚未领取的现金股利

D. 取得交易性金融资产时支付的买价

63. 下列关于“短期借款”账户的说法中，正确的有（　　）。

A. 属于负债类账户

B. 借方登记偿还借款的本金数额

C. 贷方登记取得借款的本金数额

D. 期末借方余额表示尚未偿还的借款本金数额

64. 企业当年实现的净利润可以进行分配的有（　　）。

A. 提取法定盈余公积　　B. 向企业职工分配股利

C. 提取任意盈余公积　　D. 向投资者分配现金股利

65. 为了核算企业利润分配的过程、去向和结果，企业应设置的账户有（　　）。

A. “利润分配”　　B. “管理费用”

C. “盈余公积”　　D. “资本公积”

66. 按照规定，企业提取的法定盈余公积和任意盈余公积的主要用途有（　　）。

A. 扩大企业生产经营　　B. 弥补企业亏损

C. 盈余公积转增资本　　D. 向投资者分配

67. 下列关于未分配利润会计处理的表述中，正确的有（　　）。

A. 未分配利润应当通过利润分配账户进行会计处理

B. 向投资者分配利润后，剩余部分可以按照规定提取任意盈余公积

C. 年末结账后，未分配利润明细账户贷方余额为未分配利润金额

D. 未分配利润是企业留待以后年度进行分配的结存利润

68. 甲公司202×年8月1日资产总额为500万元，8月发生下列经济业务：

①甲公司向某公司购入材料200 000元已验收入库，货款未付。

②办公室主任张明因出差预借现金4 000元。

③甲公司以银行存款归还银行借款500 000元。

④生产车间领用材料100 000元投入生产。

⑤甲公司收到某股东追加投入资本500 000元存入银行。

⑥甲公司以银行存款发放工资800 000元。

⑦已到期的应付票据25 000元因无力支付转为应付账款；

⑧银行借款500 000元转为股本。

要求：根据上述资料，回答（1）~（5）题。

（1）资金进入企业的业务序号有（　　）。

A. ①　　B. ②

C. ⑤　　D. ⑥

（2）资金占用形态变化的业务序号有（　　）。

A. ①　　B. ②

C. ③　　D. ④

（3）资金权益变化的业务序号有（　　）。

A. ⑤　　B. ⑥

C. ⑦　　D. ⑧

（4）资金退出企业的业务序号有（　　）。

A. ③　　B. ④

C. ⑤　　D. ⑥

（5）甲公司8月末的资产总额为（　　）万元。

A. 580　　B. 440

C. 500　　D. 550

69. 202×年 3 月 1 日，某公司“应收账款”账户借方余额为 560 000 元，两个所属明细账户的余额分别为“W 企业借方余额 300 000 元”和“M 企业借方余额 260 000 元”。3 月 10 日，该公司收到 W 企业归还的账款 200 000 元，存入银行；3 月 16 日，该公司向 M 企业销售商品一批，开出的增值税专用发票上标明价款 100 000 元，增值税13 000元，商品已发出，款项尚未收到。

要求：根据上述资料，回答（1）~（3）题。

（1）关于 202×年 3 月 10 日该公司的应收账款，下列表述正确的有（　　）。

A.“应收账款——W 企业”明细账借方余额为 100 000 元

B.“应收账款——W 企业”明细账借方余额为 300 000 元

C.“应收账款”总账借方余额为 360 000 元

D.“应收账款”所有明细账借方余额之和为 360 000 元

（2）关于 202×年 3 月该公司“应收账款”明细账发生额，下列表述正确的有（　　）。

A.“应收账款——W 企业”明细账借方发生额 200 000 元

B.“应收账款——W 企业”明细账贷方发生额 200 000 元

C.“应收账款——M 企业”明细账借方发生额 100 000 元

D.“应收账款——M 企业”明细账贷方发生额 113 000 元

（3）关于 202×年 3 月该公司应收账款总账，下列表述正确的有（　　）。

A.“应收账款”总账本月借方发生额为 317 000 元

B.“应收账款”总账本月借方发生额为 113 000 元

C.“应收账款”总账本月贷方发生额为 200 000 元

D.“应收账款”总账 3 月末借方余额为 473 000 元

70. 某公司 202×年 1 月末资产负债表（简式）如表 2-1 所示。

表 2-1　资产负债表（简式）

202×年 1 月 31 日　　　　单位：元

资产	金额	负债及所有者权益	金额
银行存款	80 000	应付账款	10 000
原材料	60 000	应付票据	20 000
固定资产	200 000	实收资本	300 000
		资本公积	10 000
合计	340 000	合计	340 000

202×年 2 月，该公司发生下列经济业务：

①以银行存款 20 000 元购买生产用设备。

②将到期无力偿还的应付票据 10 000 元转为应付账款。

③将资本公积 6 000 元转增实收资本。

④购进生产用材料 8 000 元，款项尚未支付。

要求：根据上述资料，回答（1）~（4）题（不考虑其他因素和各种税费）。

（1）下列表述中，正确的有（　　）。

A. 以银行存款 20 000 元购买生产用设备，会引起资产内部的一增一减

B. 将到期无力偿还的应付票据 10 000 元转为应付账款，会引起负债内部的一增一减

C. 将资本公积 6 000 元转增资本，会引起所有者权益内的一增一减

D. 购进生产用材料 8 000 元，款项尚未支付，会引起资产与负债同时增加。

（2）关于该公司 2 月末有关账户的余额，正确的有（　　）。

A.“固定资产”账户借方余额 220 000 元

B.“应付账款”账户贷方余额 28 000 元

C.“实收资本”账户贷方余额 306 000 元

D.“资本公积”账户借方余额 4 000 元

（3）关于该公司资产总额和净资产总额的表述，正确的有（　　）。

A. 2 月末的资产总额为 348 000 元

B. 2 月末的资产总额为 342 000 元

C. 2 月末的净资产总额为 310 000 元

D. 2 月末的净资产总额为 308 000 元

（4）关于该公司 2 月各账户的发生额合计，正确的有（　　）。

A. 借方发生额合计为 348 000 元

B. 借方发生额合计为 44 000 元

C. 贷方发生额合计为 348 000 元

D. 贷方发生额合计为 44 000 元

71. 某企业于 202×年 12 月结账后，有关账户的资料（部分）如表 2-2 所示。

表 2-2　某企业有关账户资料（部分）

202×年 12 月 31 日　　　　单位：元

账户	期初余额		本期发生额		期末余额	
	借	贷	借	贷	借	贷
应收账款	E		5 500	16 300	77 500	
生产成本	18 000		F	45 000	15 000	
库存商品	100 000		G	60 000	H	
主营业务成本			I	J		
实收资本		500 000		K		560 000

要求：根据上述资料，回答（1）~（4）题。

（1）字母 E 和 F 的金额分别为（　　）元和（　　）元。

A. 77 500　　　　B. 7 500

C. 88 300　　　　D. 42 000

（2）字母 G 和 H 的金额分别为（　　）元和（　　）元。

A．45 000　　B．427 500

C．467 500　　D．85 000

（3）字母 I 和 J 的金额分别为（　　）。

A．45 000 元和 60 000 元　　B．45 000 元和 45 000 元

C．60 000 元和 60 000 元　　D．85 000 元和 85 000 元

（4）字母 K 的金额为（　　）元。

A．30 000　　B．50 000

C．60 000　　D．80 000

72. 某公司“应收账款”总分类账设有金星公司和宏伟公司两个明细账，202×年 7 月尚未完成的总分类账和明细分类账如表 2–3、表 2–4、表 2–5 所示。

表 2–3　应收账款总分类账　　单位：元

202×年		凭证编号	摘要	借方	贷方	借或贷	余额
月	日						
7	1	略	期初余额			D	E
	5	收字第 8 号	收到金星公司和宏伟公司款项				
	10	转字第 266 号	向宏伟公司销售产品一批，货款尚未收到				
	18	转字第 288 号	应收金星公司款项无法收回，经批准确认为坏账				
	23		宏伟公司到期商业汇票无法支付，转为应收账款				
	31		月结			F	G

表 2–4　应收账款明细分类账

金星公司　　单位：元

202×年		凭证编号	摘要	借方	贷方	借或贷	余额
月	日						
7	1	略	期初余额			借	500 000
	5	收字第 8 号	收到偿还的货款45 万元				
	18	转字第 288 号	应收款项 5 万元无法收回，经批准确认为坏账				
	31		月结			H	I

表 2-5　应收账款明细分类账

宏伟公司　　　　单位：元

202×年		凭证编号	摘要	借方	贷方	借或贷	余额
月	日						
7	1	略	期初余额			借	900 000
	5	收字第 8 号	收到偿还的货款30 万元				
	10	转字第 266 号	赊销产品，应收 11.7 万元				
	23	转字第 300 号	到期商业汇票 20 万元转为应收账款				
	31		月结				

要求：根据上述资料，回答（1）~（3）题。

（1）字母 D 和 E 的内容分别为（　　）和（　　）元。

A. 借　　B. 贷

C. 1 400 000　　D. 400 000

（2）字母 F 和 G 的内容分别为（　　）和（　　）元。

A. 借　　B. 贷

C. 717 000　　D. 917 000

（3）字母 H 和 I 的内容分别为（　　）和（　　）元。

A. 借　　B. 平

C. 0　　D. 5

【参考答案】

1. B	2. AB	3. A	4. B	5. ACD
6. B	7. B	8. AB	9. AB	10. C
11. D	12. AD	13. CD	14. ACD	15. D
16. C	17. ACD	18. ABC	19. A	20. BCD
21. D	22. B	23. B	24. D	25. ACD
26. BCD	27. BCD	28. AB	29. C	30. A
31. D	32. A	33. BC	34. BCD	35. C
36. B	37. ABD	38. B	39. B	40. ABD
41. C	42. C	43. D	44. B	45. D
46. ABC	47. B	48. D	49. A	50. AC
51. AC	52. C	53. A	54. D	55. AD
56. C	57. C	58. B	59. B	60. D
61. B	62. ABC	63. ABC	64. ACD	65. AC
66. ABC	67. ACD			
68.（1）C	（2）BD	（3）CD	（4）A	（5）B

69. （1）AC　（2）B　（3）BCD

70. （1）ABCD（2）AC　（3）AC　（4）BD

71. （1）CD　（2）AD　（3）C　（4）C

72. （1）AC　（2）AD　（3）BC

【部分解析】

3. “资产=负债+所有者权益”是借贷记账法的理论依据。

13. 试算平衡分为余额试算平衡和发生额试算平衡。其中，余额试算平衡按时间又分为期初余额试算平衡和期末余额试算平衡。

29. 到外地采购大额货物时，采购人员必须随身携带的差旅费可以直接支付现金。

30. 白条抵库是指用不符合制度的凭证顶替库存现金。

31. 托收承付结算每笔的金额起点为 10 000 元，新华书店系统每笔金额起点为 1 000元。

32. 支票是单位或个人签发的，委托办理支票存款业务的银行在见票时无条件支付确定的金额给收款人或者持票人的票据。

33. 选项 B，托收承付结算每笔的金额起点为 10 000 元；选项 C，采用托收承付结算方式时，验单付款承付期为 3 天，验货付款承付期为 10 天。

34. 现金支票只能用于支取现金。

43. 5 月应计提折旧的固定资产原值=4 000+300−200=4 100（万元）

45. 应计折旧总额是指应当计提折旧的固定资产的原价扣除其预计净残值后的余额。

48. 购入固定资产的应付款项属于应付账款核算范围。

53. 未交增值税属于“应交税费”账户的明细账。

54. 企业销售货物、提供应税劳务时，如果定价时为含税销售价格，应还原为不含税价格作为销售收入，并按不含税销售额计算销项税额。其计算公式如下：

不含税销售额=含税销售额÷(1+适用税率)

当期销项税额=当期应税收入×适用税率

根据本题资料，当期销项税额=(70. 20×10 000)÷(1+13%)×13%

=80 761. 06（元）

55. 企业当月缴纳当月的增值税，通过“应交税费——应交增值税（已交税金）”科目核算；当月缴纳以前各月未交的增值税，通过“应交税费——未交增值税”科目核算。

58. 商业折扣在交易发生时即已确定，应收账款的入账金额按扣除商业折扣后的实际金额确定。

根据本题资料，应收账款的入账价值=10 000×(1−20%)×113%=9 040（元）

59. “在途物资”账户用于核算企业购入尚未到达或尚未验收入库的各种物资的实际成本，其借方登记企业购入的在途物资的实际成本。

61. 加权平均法是以期初存货数量和本期收入存货数量为权数来计算存货的加权平均单价，并据以计算发出存货和期末结存存货实际成本的一种计价方法。

63. 短期借款账户期末贷方余额表示尚未偿还的借款本金数额。

64. 企业实现的净利润不得向企业职工分配股利。

68. 资金占用形态的变化是指企业的资金在企业生产经营过程中分布使用和存在形态的变化。这类交易或事项的发生会引起资产项目之间的此增彼减，但资产总额与权益总额都不会发生变化，不破坏会计基本等式。例如，从银行提取现金2 000元。

资金权益的变化是指资金权益不同项目的增减变化。这类交易或事项的发生会引起不同负债项目的此增彼减、不同所有者权益项目的此增彼减或者负债项目与所有者权益项目的此增彼减，但权益总额和资产总额都不会发生变化，不破坏会计基本等式的平衡关系。例如，资本公积转增资本。

以银行存款发放工资不属于资金退出企业，因为工资结转到产品成本或费用，前者形成资产，后者则通过产品的销售得到弥补，资金仍在企业流转。

考点四　会计凭证

一、复习纲要

1. 会计凭证概述

（1）会计凭证的含义和作用。

（2）会计凭证的种类。

2. 原始凭证

（1）原始凭证的种类。

（2）原始凭证的基本内容。

（3）原始凭证的填制要求。

（4）原始凭证的审核。

（5）原始凭证错误的更正。

（6）原始凭证填制与审核实例。

3. 记账凭证

（1）记账凭证的种类。

（2）记账凭证的基本内容。

（3）记账凭证的填制要求。

（4）记账凭证的审核。

（5）记账凭证填制与审核实例。

4. 会计凭证的传递和保管

（1）会计凭证的传递。

（2）会计凭证的保管。

二、相关习题

（一）单选题

1. 乙公司向甲公司购买材料一批。乙公司在付款时发现，发票的正确金额应该是5 000元，甲公司却误填为50 000 元。正确的做法是（　　）。

A. 由甲公司更正，并在更正处加盖甲公司的印章

B. 由乙公司更正，并在更正处加盖甲公司的印章

C. 甲公司有权拒绝重新开具发票

D. 由甲公司重新开具发票

2. 发料汇总表属于（　　）。

A. 分录凭证　　B. 汇总凭证

C. 联合凭证　　D. 单式凭证

3. 下列选项中，属于自制凭证的是（　　）。

A. 材料请购单　　B. 购货合同

C. 收料单　　D. 火车票

4. 出纳人员根据收款凭证或根据付款凭证付款后，为避免重收重付，应（　　）。

A. 在凭证上加盖“收讫”或“付讫”戳记

B. 由收款人员或付款人员在备查簿上签名

C. 由出纳人员在备查簿登记

D. 由出纳人员在凭证上划线注销

5. 出纳人员付出货币资金的依据是（　　）。

A. 收款凭证　　B. 付款凭证

C. 转账凭证　　D. 原始凭证

6. 经济业务发生或完成时取得或填制的凭证是（　　）。

A. 原始凭证　　B. 记账凭证

C. 收款凭证　　D. 付款凭证

7. 记账凭证的主要作用是对原始凭证进行分类整理，按照复式记账的要求，运用会计科目，编制会计分录，据以（　　）。

A. 归纳汇总　　B. 详细审查

C. 登记账簿　　D. 金额计算

8. 原始凭证不得外借，其他单位如有特殊原因需要使用时，经本单位领导批准后方可（　　）。

A. 外借　　B. 赠阅　　C. 购买　　D. 复制

9. A 企业销售产品一批，产品已发，发票已交给购货方，货款尚未收到，会计人员应根据有关原始凭证编制（　　）。

A. 收款凭证　　B. 付款凭证

C. 转账凭证　　D. 汇总凭证

10. 下列选项中，不属于记账凭证审核内容的是（　　）。

A. 凭证所载内容是否符合有关的计划和预算

B. 会计科目使用是否正确

C. 凭证金额与所附原始凭证的金额是否一致

D. 凭证内容与所附原始凭证的内容是否一致

11. 发料凭证汇总表不能提供的信息是（　　）。

A. 领料金额　　B. 领料人

C. 借方科目　　D. 领料单张数

12. 现金收款凭证上的日期应当是（　　）。

A. 编制收款凭证的日期　　B. 收取现金的日期

C. 所附原始凭证上注明的日期　　D. 登记现金总账的日期

13. 对于需要几个单位共同负担的一张原始凭证上的支出，应根据其他单位负担的部分为其提供（　　）。

A. 原始凭证复印件　　B. 原始凭证汇总表

C. 原始凭证分割单　　D. 原始凭证交割单

14. 编制记账凭证的根本目的是（　　）。

A. 取代原始凭证　　B. 便于编制会计报表

C. 确定会计分录，便于登账　　D. 便于审核原始凭证

15. 联合凭证属于（　　）。

A. 分录凭证　　B. 原始凭证

C. 转账凭证　　D. 记账凭证

16. 由出纳人员根据审核无误的原始凭证填制的，用来记录现金和银行存款收款业务的凭证是（　　）。

A. 记账凭证　　B. 转账凭证

C. 原始凭证　　D. 收款凭证

17. 会计凭证按照其（　　）的不同，分为原始凭证和记账凭证。

A. 填制程序和用途　　B. 填制手续

C. 来源　　D. 填制人员

18. 差旅费报销单按取得的来源分类，属于原始凭证中的（　　）。

A. 外来原始凭证　　B. 通用原始凭证

C. 自制原始凭证　　D. 专用原始凭证

19. 在填制会计凭证时，￥1 516.54 的大写金额数字为（　　）。

A. 壹仟伍佰壹拾陆圆伍角肆分

B. 壹仟伍佰拾陆圆伍角肆分整

C. 壹仟伍佰壹拾陆圆伍角肆分整

D. 壹仟伍佰拾陆圆伍角肆分

20. 下列选项中，不属于原始凭证审核内容的是（　　）。

A. 凭证是否加盖单位的公章和填制人员签章

B. 凭证是否符合规定的审核程序

C. 凭证是否符合有关计划和预算

D. 会计科目使用是否正确

21. 付款凭证左上角的“贷方科目”可能登记的科目是（　　）。

A.“应付账款”　　B.“银行存款”

C.“预付账款”　　D.“企业应付款”

22. 仓库保管人员填制的产品入库单属于企业的（　　）。

A. 外来原始凭证　　B. 自制原始凭证

C. 累计原始凭证　　D. 汇总原始凭证

23.（　　）是记录经济业务发生或完成情况的书面证明，也是登记账簿的依据。

A. 科目汇总表　　B. 原始凭证

C. 会计凭证　　D. 记账凭证

24. 出纳人员在办理收款或付款后，应在（　　）上加盖“收讫”或“付讫”的戳记，以避免重收重付。

A. 记账凭证　　B. 原始凭证

C. 收款凭证　　D. 付款凭证

25. 下列业务中，应该填制库存现金收款凭证的是（　　）。

A. 将现金存入银行

B. 从银行提取现金

C. 出售产品一批，收到一张转账支票

D. 出售多余材料，收到现金

26. 下列原始凭证中，属于通用凭证的是（　　）。

A. 领料单　　B. 差旅费报销单

C. 折旧计算表　　D. 银行转账结算凭证

27. 会计凭证的传递是指（　　），在单位内部有关部门及人员之间的传递程序。

A. 会计凭证的填制或取得时起至归档保管过程中

B. 会计凭证的填制到登记账簿止

C. 会计凭证审核后到归档止

D. 会计凭证的填制或取得汇总登记账簿止

28. 会计机构和会计人员对真实、合法、合理，但内容不准确、不完整的原始凭证应当（　　）。

A. 不予受理　　B. 予以受理

C. 予以纠正　　D. 予以退回，要求更正、补充

29. 已经登记入账的记账凭证，在当年内发现有误，可以用红字填写一张与原内容相同的记账凭证，在摘要栏注明（　　），以冲销原错误的记账凭证。

A. 注销某月某日某号凭证　　B. 订正某月某日某号凭证

C. 经济业务的内容　　D. 对方单位

30. 某会计人员在审核记账凭证时，发现误将 8 000 元写成 800 元，尚未入账，一般应采用（　　）改正。

A. 重新编制记账凭证　　B. 红字更正法

C. 补充登记法　　D. 冲账法

31. 记账凭证的填制是由（　　）完成的。

A. 出纳人员　　B. 会计人员

C. 经办人员　　D. 主管人员

32. 审核原始凭证所记录的经济业务是否符合企业生产经营活动的需要，是否符合有关的计划和预算，属于（　　）审核。

A. 合理性　　B. 合法性

C. 真实性　　D. 完整性

33. 会计机构和会计人员对不真实、不合法的原始凭证和违法收支应当（　　）。

A. 不予接受　　B. 予以退回

C. 予以纠正　　D. 不予接受，并向单位负责人报告

34. 各种原始凭证，除由经办业务的有关部门审核以外，最后都要由（　　）进行审核。

A. 财政部门　　B. 董事会

C. 总经理　　D. 会计部门

35. 记账凭证应根据审核无误的（　　）编制。

A. 收款凭证　　B. 付款凭证

C. 转账凭证　　D. 原始凭证

36. 下列选项中，可以不附原始凭证的记账凭证是（　　）。

A. 更正错误的记账凭证　　B. 从银行提取现金的记账凭证

C. 以现金发放工资的记账凭证　　D. 职工临时性借款的记账凭证

37. 5 月 25 日，行政管理人员将标明日期为 4 月 25 日的发票拿来报销，经审核后会计人员依据该发票编制记账凭证时，记账凭证的日期应为（　　）。

A. 5 月 1 日　　B. 4 月 25 日

C. 5 月 25 日　　D. 4 月 30 日

38. 接受外单位投资的材料一批，应填制（　　）。

A. 收款凭证　　B. 付款凭证

C. 转账凭证　　D. 汇总凭证

39. 会计核算工作的起点是（　　）。

A. 登记会计账簿

B. 合法地取得、正确地填制和审核会计凭证

C. 进行财产清查

D. 编制财务报表

40. 将记账凭证分为收款凭证、付款凭证和转账凭证的依据是（　　）。

A. 凭证用途不同　　B. 凭证填制手续的不同

C. 内容的不同　　D. 所包括的会计科目是否单一

41. 下列选项中，不属于记账凭证的基本要素的是（　　）。

A. 经济业务事项的内容摘要　　B. 交易或事项的数量、单价

C. 相关会计分录　　D. 凭证的编号

42. 某企业根据一项不涉及库存现金与银行存款的会计业务编制记账凭证，由于涉及项目较多，需填制两张记账凭证，则记账凭证编号为（　　）。

A. 转字第×号

B. 收字第×号

C. 转字第 1/2 号和转字第 2/2 号

D. 收字第 1/2 号和转字第 2/2 号

43. 记账凭证填制完毕加计合计数以后，如有空行应（　　）。

A. 空置不填　　B. 划线注销

C. 盖章注销　　D. 签字注销

44. 用转账支票支付前欠货款应填制（　　）。

A. 转账凭证　　B. 收款凭证

C. 付款凭证　　D. 原始凭证

45. 对于“企业赊购一批原材料，已经验收入库”的经济业务，应当编制（　　）。

A. 收款凭证　　B. 付款凭证

C. 转账凭证　　D. 付款凭证或转账凭证

46. 收款凭证左上角“借方科目”应填列的会计科目是（　　）。

A.“银行存款”　　B.“库存现金”

C.“主营业务收入”　　D.“银行存款”或“库存现金”

47. 库存现金收款凭证上的填写日期应当是（　　）。

A. 收取现金的日期　　B. 编制收款凭证的日期

C. 原始凭证上注明的日期　　D. 登记总账的日期

48. 在原始凭证上书写阿拉伯数字，错误的做法是（　　）。

A. 金额数字前书写货币币种符号

B. 币种符号与金额数字之间要留有空白

C. 币种符号与金额数字之间不得留有空白

D. 数字前写有币种符号的，数字后不再写货币单位

49. 记账凭证的编制依据是（　　）。

A. 会计分录　　B. 经济业务

C. 原始凭证　　D. 账簿记录

50. 下列凭证中，属于外来原始凭证的是（　　）。

A. 收料单　　B. 发出材料汇总表

C. 购货发票　　D. 领料单

51. 下列选项中，不能作为会计核算的原始凭证的是（　　）。

A. 销售发票　　B. 银行存款余额调节表

C. 现金收据　　D. 差旅费报销单

52. 将库存现金送存银行，应填制的记账凭证是（　　）。

A. 库存现金收款凭证　　B. 库存现金付款凭证

C. 银行存款收款凭证　　D. 银行存款付款凭证

【参考答案】

1. D	2. C	3. C	4. A	5. D
6. A	7. C	8. D	9. C	10. A
11. C	12. A	13. C	14. C	15. D
16. D	17. A	18. C	19. A	20. D
21. B	22. B	23. C	24. B	25. D
26. D	27. A	28. D	29. A	30. A
31. B	32. A	33. D	34. D	35. D
36. A	37. C	38. C	39. B	40. C
41. B	42. C	43. B	44. C	45. C
46. D	47. B	48. B	49. C	50. C
51. B	52. B			

【部分解析】

2. 联合凭证是指既有原始凭证或原始凭证汇总表的内容，同时又有记账凭证内容的一种凭证。例如，在自制的原始凭证上同时印上对应科目，用来代替记账凭证，这样就形成了联合凭证，可以作为记账的依据，如收料凭证汇总表。

15. 记账凭证按其用途分可以分为分录凭证、汇总凭证、累计凭证和联合凭证。

（二）多选题

1. 收款凭证的借方科目有可能是（　　）科目。

A. “应收账款”　　B. “库存现金”

C. “银行存款”　　D. “应付账款”

2. 下列说法中，正确的有（　　）。

A. 会计凭证应定期装订成册，防止散失

B. 原始凭证不得外借

C. 会计凭证期满前不得任意销毁

D. 会计主管人员和保管人员应在封面上签章

3. 原始凭证的审核内容包括审核原始凭证（　　）等方面。

A. 真实性　　B. 合法性、合理性

C. 正确性、及时性　　D. 完整性

4. 对于原始凭证发生的错误，正确的更正方法有（　　）。

A. 由出具单位重开或更正

B. 由本单位的会计人员代为更正

C. 金额发生错误的，可由出具单位在原始凭证上更正

D. 金额发生错误的，应当由出具单位重开

5. 下列选项中，属于原始凭证所必须具备的基本内容有（　　）。

A. 凭证名称、填制日期

B. 经济业务的基本内容

C. 对应的记账凭证号数

D. 填制、经办人员的签字、盖章

6. 下列原始凭证中，属于单位自制原始凭证的有（　　）。

A. 收料单　　B. 限额领料单

C. 产品入库单　　D. 领料单

7. 记账凭证按内容分为（　　）。

A. 收款凭证　　B. 付款凭证

C. 转账凭证　　D. 结算凭证

8. 涉及库存现金与银行存款之间的划款业务时，可以编制的记账凭证有（　　）。

A. 银行存款收款凭证　　B. 银行存款付款凭证

C. 库存现金收款凭证　　D. 库存现金付款凭证

9. 下列人员中，应在记账凭证上签名或盖章的有（　　）。

A. 审核人员　　B. 会计主管人员

C. 记账人员　　D. 制单人员

10. 下列经济业务中，应填制付款凭证的有（　　）。

A. 提取现金备用　　B. 购买材料预付订金

C. 购买材料未付款　　D. 以银行存款支付单位货款

11. 王明出差回来，报销差旅费 1 000 元，原预借 1 500 元，交回剩余现金 500 元。这笔业务应该编制的记账凭证有（　　）。

A. 汇总原始凭证　　B. 收款凭证

C. 付款凭证　　D. 转账凭证

12. 记账凭证的编制必须做到记录真实、内容完整、填制及时、书写清楚外，还必须符合（　　）的要求。

A. 如有空行，应当在空行处划线注销

B. 填制记账凭证时发生错误应当重新编制

C. 必须连续编号

D. 书写应清楚、规范

13. 记账凭证的填制可以根据（　　）填制。

A. 每一张原始凭证　　B. 若干张同类原始凭证

C. 原始凭证汇总表　　D. 不同内容和类别的原始凭证

14. 原始凭证审核的内容包括（　　）。

A. 经济业务内容是否真实

B. 原始凭证的内容和填制手续是否完整

C. 凭证上的有关数量、单价和金额是否正确无误

D. 经济业务是否有违法乱纪行为

15. 下列凭证中，属于外来原始凭证的有（　　）。
A. 增值税专用发票
B. 银行转来的各种结算凭证
C. 工资发放明细表
D. 出差人员车票
16. 记账凭证审核的主要内容有（　　）。
A. 内容是否真实
B. 科目是否正确
C. 金额是否正确
D. 数量是否正确
17. 其他单位因特殊原因需要使用本单位的原始凭证，正确的做法有（　　）。
A. 可以外借
B. 将外借的会计凭证拆封抽出
C. 不得外借，经本单位会计机构负责人、会计主管人员批准，可以复制
D. 将向外单位提供的凭证复印件在专设的登记簿上登记
18. 在原始凭证上书写阿拉伯数字，正确的有（　　）。
A. 金额数字一律填写到角、分
B. 无角无分的，角位和分位可写“00”或者符号“—”
C. 有角无分的，分位应当写“0”
D. 有角无分的，分位也可以用符号“—”代替
19. 下列说法中，正确的有（　　）。
A. 已经登记入账的记账凭证，在当年发现填写错误时，直接用蓝字重新填写一张正确的记账凭证即可
B. 发现以前年度记账凭证有错误的，可以用红字填写一张与原内容相同的记账凭证，再用蓝字重新填写一张正确的记账凭证
C. 如果会计科目没有错误只是金额错误，也可以将正确数字与错误数字之间的差额，另填写一张调整的记账凭证，调增金额用蓝字，调减金额月红字
D. 发现以前年度记账凭证有错误的，应当用蓝字填制一张更正的记账凭证
20. 下列有关会计凭证的表述中，正确的有（　　）。
A. 会计凭证是记录经济业务的书面证明
B. 会计凭证可以明确经济业务
C. 会计凭证是编制报表的直接依据
D. 会计凭证是登记账簿的依据
21. 下列项目中，符合填制会计凭证要求的有（　　）。
A. 汉字大小写金额必须相符且填写规范
B. 阿拉伯数字可以连笔书写
C. 阿拉伯数字前面的人民币符号写为“￥”
D. 大写金额有分的，分字后面不写“整”字
22. 会计凭证的作用有（　　）。
A. 记录经济业务，提供记账依据
B. 明确经济责任，强化内部控制

C. 控制会计科目，保证记账正确

D. 监督经济活动，控制经济运行

23. 属于一次凭证的有（　　）。

A. 收料单　　B. 销货发票

C. 工资结算单　　D. 限额领料单

24. 收款凭证左上角的借方科目可能是（　　）科目。

A. “银行存款”　　B. “银行借款”

C. “库存现金”　　D. “货币资金”

25. 202×年 3 月 10 日，泰宝公司材料仓库根据领料单发出甲材料一批。其中，车间生产产品用材料 1 500 件，车间管理部门用材料 50 件，企业管理部门用材料 160 件。该领料单属于（　　）。

A. 外来原始凭证　　B. 自制原始凭证

C. 执行凭证　　D. 一次凭证

26. 属于自制原始凭证的有（　　）。

A. 工资计划　　B. 收料单

C. 购货发票　　D. 产品入库单

【参考答案】

1. BC	2. ABCD	3. ABCD	4. AD	5. ABD
6. ABCD	7. ABC	8. BD	9. ABCD	10. ABD
11. BD	12. ABCD	13. ABC	14. ABCD	15. ABD
16. ABC	17. CD	18. ABC	19. CD	20. ABD
21. ACD	22. ABD	23. ABC	24. AC	25. BCD
26. BD				

【部分解析】

3. 原始凭证的审核内容包括审核原始凭证的真实性、合法性、合理性、正确性、及时性和完整性，共六个方面的内容。

4. 原始凭证有错误的，应当由出具原始凭证的单位重开或更正，更正处应当加盖出具原始凭证单位的印章。原始凭证金额有错误的不得更正，只能由出具原始凭证的单位重开。

5. 原始凭证的基本内容包括：①名称；②日期和编号；③填制和接受原始凭证的单位名称；④经济业务的基本内容（含数量、单价、金额等）；⑤填制原始凭证的单位签章；⑥有关人员签章；⑦凭证附件。

6. 自制原始凭证是指由本单位内部经办业务的部门或个人在执行或完成某项经济业务时自行填制的，仅供本单位内部使用的原始凭证，如收料单、领料单、限额领料单、产品入库单、产品出库单、借款单、工资发放明细表和折旧计算表等。

7. 记账凭证按其内容可分为收款凭证、付款凭证和转账凭证。

8. 从银行提取现金只编制银行付款凭证，经现金存入银行只编制库存现金付款凭证。

9. 审核人员、会计主管人员、记账人员和制单人员都应该在记账凭证上签名或盖章。

11. 报销差旅费时，应填制转账凭证。交回剩余现金时，应填制收款凭证。

12. 记账凭证的编制要求包括：①内容完整；②连续编号；③书写清楚、规范；④记账凭证可以根据每一张原始凭证填制或根据若干张同类原始凭证汇总编制，也可以根据原始凭证汇总表进行编制，但不得将不同内容和类别的原始凭证汇总填制在一张记账凭证上；⑤除结账和更正错误的记账凭证可以不附原始凭证外，其他的记账凭证必须附有原始凭证，应该注明所附原始凭证的张数；⑥填制记账凭证时发生错误应当重新填制；⑦记账凭证填制完经济业务事项后，如有空行，应当在空行处划线注销。

15. 外来原始凭证是指从其他单位或个人那里直接取得的原始凭证，如购买材料时取得的增值税专用发票，银行转来的各种结算凭证，对外支付款项时取得的收据，职工出差取得的飞机票、车船票等。工资发放明细表属于自制原始凭证。

16. 记账凭证审核的内容包括：①内容是否真实；②项目是否齐全；③科目是否正确；④金额是否正确；⑤书写是否正确。

17. 会计凭证不得外借，其他单位如因特殊原因需要使用原始凭证时，经本单位会计机构负责人、会计主管人员批准，可以复制。向外单位提供的原始凭证复印件，应当在专设的登记簿上登记，并由提供人员和收取人员共同签名、盖章。

18. 有角无分，分位写“0”，不得用符号“—”代替。

19. 已经登记入账的记账凭证在当年发现填写错误时，可以用红字填写一张与原内容相同的记账凭证，在摘要栏注明“注销某月某日某号凭证”字样，同时再用蓝字重新填写一张正确的记账凭证，注明“订正某月某日某号凭证”字样；发现以前年度记账凭证有错误的，应当用蓝字填制一张更正的记账凭证。

21. 阿拉伯数字不可以连笔书写。

22. 会计凭证的作用包括：①记录经济业务，提供记账依据；②明确经济责任，强化内部控制；③监督经济活动，控制经济运行。

25. 执行凭证是用来证明某项经济业务已经完成的原始凭证。例如，增值税专用发票就属于执行凭证。

26. 工资计划不是原始凭证，原始凭证是实际发生业务的证据，工资计划是对未来要发生事项的预计。

（三）判断题

1. 原始凭证有错误的，正确的更正方法是由出具单位在原始凭证上更正。（　　）

2. 审核无误的原始凭证是登记账簿的直接依据。（　　）

3. 填制会计凭证，所有以元为单位的阿拉伯数字，除单价等情况外，一般填写到角分，分位应当写“0”或用符号“—”代替。（　　）

4. 记账凭证上的日期是经济业务发生的日期。（　　）

5. 将现金存入银行时，为避免重复记账，只能编制银行存款收款凭证，不编制库存现金付款凭证。（　　）

6. 从外单位取得的原始凭证，可以没公章，但必须有经办人员的签字和盖章。（　）

7. 记账人员根据记账凭证记账后，在“记账”栏内作“√”记号，表示该笔金额已存入有关账户，以免漏记或重记。（　）

8. 已登记入账的记账凭证在当年内发生填写错误时，可以用红字填写一张与原内容相同的记账凭证，在摘要栏注明“注销某月某日某号凭证”字样，同时再用蓝字重新填制一张正确的记账凭证，注明“订正某月某日某号凭证”字样。（　）

9. 会计凭证的传递是指从原始凭证的填制或取得起到会计凭证归档保管止，在财会部门内部按规定的路线进行传递和处理的程序。（　）

10. 发现以前年度记账凭证有错误的，应先用红字冲销然后用蓝字填制一张更正的记账凭证。（　）

11. 会计凭证上填写的“人民币”字样或符号“￥”与汉字大写金额数字或阿拉伯金额数字之间应留有空白。（　）

12. 转账凭证只登记与库存现金和银行存款收付无关的经济业务。（　）

13. 填制原始凭证，汉字大写金额数字一律用正楷或行书字书写，汉字大写金额数字到元位或角位为止的，后面应写“整”字，分位后面不写“整”字。（　）

14. 企业的各种原始凭证都不得涂改、刮擦和变造，如果发生错误，应采用划线更正法予以更正。（　）

15. 原始凭证的编制可以由非财会部门和人员填写，但记账凭证的编制只能由财会部门的人员填写。（　）

16. 如果原始凭证已预先印定编号，在写坏作废时，应加盖“作废”戳记，妥善保管，不得撕毁。（　）

17. 为了简化工作手续，可以将不同内容和类别的原始凭证汇总，填制在一张记账凭证上。（　）

18. 会计部门应于记账之后，定期对各种会计凭证进行分类整理，并将各种记账凭证按编号顺序排列，连同所附的原始凭证一起加具封面、封底，装订成册。（　）

19. 原始凭证金额有错误的，应当由出具单位重开，不得在原始凭证上更正。（　）

20. 凡是库存现金或银行存款增加的经纪业务须填制收款凭证。（　）

21. 已经登记入账的记账凭证，在当年内发现填写错误时，可以用红字填写凭证冲销，同时再用蓝字重新填制一张正确的记账凭证。（　）

22. 凭证中最具法律效力的是原始凭证。（　）

23. 根据规定，记账凭证必须附有原始凭证，但是结账和更正错误的记账凭证可以不附原始凭证。（　）

24. 从外单位取得的原始凭证遗失时，应取得原签发单位盖有公章的证明，并注明原始凭证的号码、金额、内容等，由经办单位会计机构负责人、会计主管人员审核签章后，才能作为原始凭证。（　）

25. 在特定情况下，原始凭证经过批准可以涂改、挖补。（　）

26. 所有记账凭证都必须附有原始凭证。（　　）

27. 对原始凭证的审核，就是审核凭证的合法性与合理性。（　　）

28. 付款凭证上的会计分录只能是一借一贷的简单分录或一贷多借的复合会计分录。（　　）

29. 为避免跳号、重号，会计人员必须在填写凭证的当日同时填写记账凭证编号。（　　）

30. 如果遗失了从外单位取得的原始凭证，应及时向开具单位要求重新开具。（　　）

31. 原始凭证所要求填列的项目必须逐项填列齐全，不得遗漏和省略，需要填写数联的原始凭证，应逐联填写。（　　）

32. 更正错误的记账凭证可以不附原始凭证。（　　）

33. 收款凭证、付款凭证和转账凭证属于复式记账凭证，由于这种凭证将每一笔经济业务或事项所涉及的全部会计科目及其发生额在同一张记账凭证中反映，便于了解有关经济业务的全貌，便于汇总计算科目发生额。（　　）

34. 外来原始凭证一般都属于一次凭证，自制原始凭证一般都属于累计凭证。（　　）

35. 会计凭证传递越快越好。（　　）

36. 记账凭证的日期一般为编制记账凭证当天的日期，对于月末结转业务，记账凭证的日期则为当月最后一天的日期。（　　）

37. 收款凭证又分为现金收款凭证和银行存款收款凭证，应分别根据库存现金和银行存款付出的原始凭证填制。（　　）

38. 张明出差归来报销差旅费，经整理共有机票、火车票、市内公交车票等共计20张，张明填制了报销清单并粘贴妥当，经领导签字审批后，出纳员当即给予报销。会计人员在根据该项业务编制记账凭证时，记账凭证的附件数量应填为20张。（　　）

39. 如果一张原始凭证列出需要几个单位共同负担，应根据其他单位负担的部分分别给对方原始凭证分割单进行结算，并将该原始凭证及分割单副本附在记账凭证后面。（　　）

【参考答案】

1. ×	2. ×	3. ×	4. ×	5. ×
6. ×	7. √	8. √	9. ×	10. ×
11. ×	12. √	13. √	14. ×	15. √
16. √	17. ×	18. √	19. √	20. ×
21. √	22. √	23. √	24. ×	25. ×
26. ×	27. ×	28. √	29. ×	30. ×
31. ×	32. √	33. ×	34. ×	35. ×
36. √	37. ×	38. ×	39. √	

【部分解析】

9. 会计凭证的传递是指从会计凭证的取得或填制时起至归档保管过程中，在单位内部有关部门和人员之间的传递程序。

24. 从外单位取得的原始凭证遗失时，应取得原签发单位盖有公章的证明，并注明原始凭证的号码、金额、内容等，由经办单位会计机构负责人、会计主管人员和单位负责人批准后，才能代作原始凭证。若确实无法取得证明的，如车票丢失，则应由当事人写明详细情况，由经办单位会计机构负责人、会计主管人员和单位负责人批准后，代作原始凭证。

33. 单式记账凭证也称单项记账凭证，简称单式凭证。将一项经济业务涉及的各个会计科目分别填制凭证，即一张凭证中只填列经济业务事项所涉及的一个会计科目及其金额的记账凭证。填列借方科目的称为借项凭证，填列贷方科目的称为贷项账证。借项记账凭证与贷项记账凭证一般多用不同颜色的纸张印制以示区分。采用单式记账凭证便于汇总每一会计科目的借方发生额和贷方发生额，便于分工记账，但不能在一张凭证上反映一项经济业务的全貌，不便于查账，而且记账凭证的数量和填制工作都很大。

复式记账凭证简称复式凭证，是将一项经济业务所涉及的应借、应贷的各个会计科目都集中填列在一张凭证中的记账凭证。复式记账凭证可以在一张凭证上集中反映一项经济业务会计科目的对应关系，便于了解有关经济业务会计科目的对应关系，便于了解有关经济业务的全貌，便于检查会计分录的正确性，但不便于汇总计算每一会计科目的发生额。例如，收款凭证、付款凭证、转账凭证、通用记账凭证都属于复式凭证。

（四）不定项选择题

1. 甲公司销售一批产品，产品已经发出，销货发票也已经开具给对方，但款项尚未收到。会计人员应根据有关原始凭证填制（　　）。

A. 收款凭证　　B. 付款凭证
C. 转账凭证　　D. 汇总凭证

2. 下列选项中，属于自制原始凭证的有（　　）。

A. 收料单　　B. 领料单
C. 工资结算单　　D. 付款凭证

3. 对于库存现金和银行存款之间的相互划转业务，正确的处理方法是（　　）。

A. 只填制付款凭证
B. 只填制收款凭证
C. 既可填制收款凭证，也可填制付款凭证
D. 同时填制收款凭证和付款凭证

4. 记账凭证只有经审核无误，才能据以（　　）。

A. 编制凭证　　B. 登记账簿
C. 编制报表　　D. 金额确认

5. 原始凭证分为自制原始凭证和外来原始凭证的依据是（　　）。

A. 适用的经济业务　　B. 取得的来源

C. 填制的程序和用途　　D. 填制手续

6. 记账凭证分为复式记账凭证和单式记账凭证的依据是（　　）。

A. 按凭证取得的来源　　B. 按凭证所记录经济业务的内容

C. 按凭证填制的程序和用途　　D. 按凭证的填制方法不同

7. 会计人员在审核原始凭证的过程中，对于手续不完备的原始凭证按规定应（　　）。

A. 扣留原始凭证　　B. 拒绝执行

C. 向上级机关反映　　D. 退回出具单位，要求补办手续

8. 从银行提取现金应编制的专用记账凭证是（　　）。

A. 银行存款收款凭证　　B. 现金收款凭证

C. 转账凭证　　D. 银行存款付款凭证

9. 若记账凭证过账后发生登账差错需要更正时，可以采用的更正方法是（　　）。

A. 划线更正法　　B. 红字更正法

C. 补充登记法　　D. 蓝字更正法

10. 将经济业务所涉及的会计科目全部填列在一张凭证上的记账凭证是（　　）。

A. 单式记账凭证　　B. 复式记账凭证

C. 一次凭证　　D. 累计凭证

11. 下列内容中，不属于记账凭证审核内容的是（　　）。

A. 所附的原始凭证是否正确

B. 使用的会计科目是否正确

C. 凭证所列的事项是否符合计划与预算

D. 凭证项目是否填写齐全

12. 填制和审核会计凭证的作用有（　　）。

A. 及时、正确地反映各项经济业务的完成情况

B. 可以有效地发挥会计监督作用

C. 便于分清经济责任

D. 便于会计核算工作有条不紊地进行

13. 下列各项中，属于会计凭证的有（　　）。

A. 领料单　　B. 转账凭证

C. 制造费用分配表　　D. 银行对账单

14. 下列各项中，属于原始凭证的有（　　）。

A. 限额领料单　　B. 银行对账单

C. 制造费用分配表　　D. 购销合同书

15. 下列各项中，属于一次性原始凭证的有（　　）。

A. 收料单　　B. 购货发票

C. 限额领料单　　D. 销货发票

16. 收款凭证的左上角可填制的会计账户有（　　）。

A. “库存现金”　　B. “银行存款”

C. “应收账款”　　D. “其他货币资金”

【参考答案】

1. C	2. ABC	3. A	4. B	5. B
6. D	7. D	8. D	9. A	10. B
11. C	12. ABCD	13. ABCD	14. ABC	15. ABD
16. AB				

【部分解析】

6. 记账凭证没有按来源分类，按经济业务内容不同分为收款凭证、付款凭证和转账凭证。

13. 会计凭证包括原始凭证和记账凭证，领料单和制造费用分配表属于原始凭证，转账凭证是记账凭证。银行对账单是企业从银行获取的用于对账的依据，一般不作为入账的依据，但却是外来的原始凭证。不同的是，银行存款余额调节表不能够作为调整本单位银行存款日记账记录的原始凭证，不是原始凭证。

14. 原始凭证又称单据，是在经济业务发生或完成时取得或填制的，用以记录或证明经济业务的发生或完成情况的文字凭据。原始凭证不仅能用来记录经济业务发生或完成情况，还可以明确经济责任，是进行会计核算工作的原始资料和重要依据，是会计资料中最具有法律效力的一种文件。工作令号、购销合同、购料申请单等不能证明经济业务发生或完成情况的各种单证不能作为原始凭证并据以记账。

考点五　会计账簿

一、复习纲要

1. 会计账簿概述

（1）会计账簿的概念。

（2）会计账簿的作用。

（3）会计账簿的种类。

2. 会计账簿的内容、启用与登记规则

3. 会计账簿的格式和登记方法

4. 对账

（1）对账的含义。

（2）对账的内容。

5. 错账查找和更正方法

6. 结账

7. 会计账簿的更换与保管

二、相关习题

（一）单选题

1. 账簿按（　　）不同，可分为两栏式账簿、三栏式账簿、多栏式账簿和数量金额式账簿。

A. 用途　　B. 作用
C. 账页格式　　D. 外形特征

2. 下列账户中，必须采用订本式账簿的是（　　）。

A. 原材料明细账　　B. 库存商品明细账
C. 银行存款日记账　　D. 固定资产登记簿

3. 下列选项中，不属于账实核对内容的是（　　）。

A. 库存现金日记账余额与库存现金数核对
B. 银行存款日记账余额与银行对账单余额核对
C. 账簿记录与原始凭证核对
D. 债权债务明细账账面余额与对方单位的账面记录核对

4. 对账时，账账核对不包括（　　）。

A. 总账有关账户余额的核对　　B. 总账与明细账之间的核对
C. 总账与备查簿之间的核对　　D. 总账与日记账的核对

5. 填制记账凭证时无误，根据记账凭证登记账簿时，将 20 000 元误记为 2 000 元，已登记入账，更正时应采用（　　）。

A. 划线更正法　　B. 红字更正法
C. 补充登记法　　D. 更换账页法

6. 下列各账簿中，必须逐日逐笔登记的是（　　）。

A. 库存现金总账　　B. 银行存款日记账
C. 应收账款明细账　　D. 应收票据登记簿

7. 企业开出转账支票 1 680 元购买办公用品，编制记账凭证时，误记金额为1 860 元，科目及方向无误并已记账，应采用的更正方法是（　　）。

A. 补充登记 180 元　　B. 红字冲销 180 元
C. 在凭证中划线更正　　D. 把错误凭证撕掉重编

8. 在登记账簿的过程中，每一账页的最后一行及下一页都要办理转页手续，是为了（　　）。

A. 便于查账　　B. 防止遗漏
C. 防止隔页　　D. 保持记录的连续性

9. 记账之后，发现记账凭证中将 20 000 元误写为 1 500 元，会计科目名称及应记方向无误，应采用的错账更正方法是（　　）。

A. 划线更正法　　B. 红字更正法
C. 补充登记法　　D. 红字冲销法

10. 下列对账工作中，属于账实核对的是（　　）。
A. 银行存款日记账与银行对账单核对
B. 总分类账与所属明细分类账核对
C. 会计部门的财产物资明细账与财产物资保管部门的有关明细账核对
D. 总分类账与日记账核对

11. 错账更正时，划线更正法的适用范围是（　　）。
A. 记账凭证中会计科目或借贷方向错误，导致账簿记录错误
B. 记账凭证正确，登记账簿时发生文字或数字错误
C. 记账凭证中会计科目或借贷方向正确，所记金额大于应记金额，导致账簿记录错误
D. 记账凭证中会计科目或借贷方向正确，所记金额小于应记金额，导致账簿记录错误

12. 企业生产车间产品领用材料 10 000 元，在填制记账凭证时，将借方科目记为“管理费用”并已登记入账，应采用的错账更正方法是（　　）。
A. 划线更正法　　B. 红字更正法
C. 补充登记法　　D. 重填记账凭证法

13. 下列选项中，属于账证核对内容的是（　　）。
A. 会计账簿与记账凭证核对
B. 总分类账簿与所属明细分类账簿核对
C. 原始凭证与记账凭证核对
D. 银行存款日记账与银行对账单核对

14. 生产成本明细账应采用（　　）账簿。
A. 三栏式　　B. 多栏式
C. 数量金额式　　D. 横向登记式

15. 总分类账及各种日记账的外形特征一般为（　　）。
A. 活页式　　B. 卡片式
C. 订本式　　D. 任意外形

16. 账簿按（　　）的不同，可分为订本账、活页账和卡片账。
A. 作用　　B. 账页格式
C. 用途　　D. 外表形式

17. 对全部经济业务事项按照会计要素的具体类别而设置的分类账户进行登记的账簿称为（　　）。
A. 备查账簿　　B. 序时账簿
C. 分类账簿　　D. 三栏式账簿

18. 库存商品明细账一般都采用（　　）。
A. 订本账簿　　B. 三栏式账簿
C. 分类账簿　　D. 数量金额式账簿

19. 下列选项中，既可以作为登记总账依据，又可以作为登记明细账依据的是（ ）。

A. 记账凭证　　B. 汇总记账凭证

C. 原始凭证　　D. 汇总原始凭证

20. 租入固定资产登记簿属于（ ）。

A. 分类账簿　　B. 序时账簿

C. 备查账簿　　D. 卡片账簿

21. 下列做法中，不符合会计账簿记账规则的是（ ）。

A. 使用圆珠笔登账

B. 账簿中书写的文字和数字一般应占格距的1/2

C. 登记后在记账凭证上注明已经登账的符号

D. 按账簿页次顺序连续登记，不得跳行隔页

22. 卡片账一般在（ ）采用。

A. 无形资产总分类核算　　B. 固定资产明细分类核算

C. 原材料总分类核算　　D. 原材料明细账分类核算

23. 下列选项中，不属于账账核对的是（ ）。

A. 明细分类账之间的核对

B. 总分类账簿与所属明细账簿之间的核对

C. 总分类账簿与序时账簿之间的核对

D. 会计账簿与原始凭证之间的核对

24. 会计账簿暂由本单位财务会计部门保管（ ）年，期满后由财务会计部门编造清册移交本单位的档案部门保管。

A. 1　　B. 3

C. 5　　D. 10

25. 登记会计账簿的依据是（ ）。

A. 经济业务　　B. 会计凭证

C. 会计分录　　D. 会计科目

26. 设置和登记账簿是（ ）的基础。

A. 复式记账　　B. 填制记账凭证

C. 编制会计分录　　D. 编制财务报表

27. 按照经济业务发生或完成时间的先后顺序逐日逐笔进行登记的账簿称为（ ）。

A. 日记账簿　　B. 总分类账簿

C. 明细分类账簿　　D. 备查账簿

28. 编制财务报表的主要依据是（ ）提供的核算信息。

A. 日记账　　B. 分类账簿

C. 备查账簿　　D. 科目汇总表

29. 将账簿划分为日记账簿、分类账簿和备查账簿的依据是（　　）。

A. 账簿的用途　　B. 账页的格式

C. 账簿的外形特征　　D. 账簿的性质

30. 记账后在当年内发现记账凭证所记的会计科目错误，从而引起记账错误的，应采用（　　）进行更正。

A. 划线更正法　　B. 红字更正法

C. 补充登记法　　D. 平行登记法

31. 对某些在日记账簿和分类账簿等主要账簿中都不予登记或登记不够详细的经济业务事项进行补充登记使用的账簿称为（　　）。

A. 日记账　　B. 总分类账簿

C. 备查账簿　　D. 联合账簿

32. 总分类账一般采用的账页格式为（　　）。

A. 两栏式　　B. 三栏式

C. 多栏式　　D. 数量金额式

33. 原材料明细账一般采用的账页格式为（　　）。

A. 两栏式　　B. 三栏式

C. 多栏式　　D. 数量金额式

34. 在账簿的两个基本栏目借方和贷方都需要分别设若干专栏的账簿称为（　　）。

A. 横线登记式　　B. 三栏式

C. 多栏式　　D. 数量金额式

35. 在启用之前就已将账页装订在一起，并对账页进行了连续编号的账簿称为（　　）。

A. 订本账　　B. 活页账

C. 卡片账　　D. 联合式账

36. 下列账簿中，一般采用活页形式的是（　　）。

A. 日记账　　B. 总分类账

C. 明细分类账　　D. 备查账

37. 下列错账中，可以采用补充登记法更正的是（　　）。

A. 记账后发现记账凭证填写的会计科目无误，只是所记金额小于应记金额

B. 在结账前发现账簿记录有文字或数字错误，而记账凭证没有错误

C. 记账后在当年内发现记账凭证所记的会计分录错误

D. 记账后在当年内发现记账凭证所记金额大于应记金额

38. 下列明细分类账中，一般不宜采用三栏式账页格式的是（　　）明细账。

A. 应收账款　　B. 应付账款

C. 实收资本　　D. 原材料

39. 账簿中书写的文字和数字一般应占格距的（　　）。

A. 1/3　　B. 1/2

C. 2/3　　D. 3/4

40. 出纳人员每天工作结束前都要将库存现金日记账结清并与库存现金实存数核对，这属于（　　）核对。

A. 账账　　B. 账证

C. 账实　　D. 账表

41. 错账的更正方法不包括（　　）。

A. 划线更正法　　B. 蓝字更正法

C. 红字更正法　　D. 补充登记法

42. 固定资产明细账一般采用（　　）。

A. 平行式账簿　　B. 活页式账簿

C. 订本式账簿　　D. 卡片式账簿

43. 年末结账时，应在“本年累计”行下划（　　）。

A. 通栏单红线　　B. 通栏双红线

C. 半栏单红线　　D. 半栏双红线

44. 下列选项中，属于所有者权益的是（　　）。

A. 股票投资　　B. 债券投资

C. 盈余公积　　D. 应付债券

45. “除法律、行政法规和国家统一的会计制度另有规定者外，企业不得自行调整其账面价值。”上述规定所遵守的会计计量属性是（　　）。

A. 公允价值　　B. 重置成本

C. 可变现净值　　D. 历史成本

46. B 公司用转账支票归还原欠 A 公司的货款 50 000 元，会计人员所编记账凭证的会计分录为借记“应收账款”50 000 元，贷记“银行存款”50 000 元，审核完毕并已登记入账，该记账凭证（　　）。

A. 没有错误　　B. 有错误，使用划线更正法更正

C. 有错误，使用红字更正法更正　　D. 有错误，使用补充登记法更正

47. 划线更正法适用于（　　）的情况。

A. 记账凭证上会计科目或记账方向错误

B. 记账凭证正确，在记账时发现错误

C. 记账凭证上会计科目和记账方向正确，但所记金额大于应记金额

D. 记账凭证上会计科目和记账方向正确，但所记金额小于应记金额

48. 下列选项中，不需要采用订本式账簿的是（　　）。

A. 总分类账　　B. 固定资产明细账

C. 库存现金日记账　　D. 银行存款日记账

49. 会计人员在编制记账凭证时，将领用的属于行政管理部门用材料误记入“制造费用”账户，并已登记入账，应采用的错账更正方法是（　　）。

A. 划线更正法　　B. 补充登记法

C. 红字更正法　　D. 抽换凭证法

50. 代管商品物资登记簿属于（　　）。

A. 流水账　　B. 序时账

C. 分类账　　D. 备查账

51. 某企业结账日为月末。202×年 6 月 20 日会计人员发现应收账款明细账中将 3 800元误计为 3 600 元，但记账凭证正确无误。正确的更正方法是（　　）。

A. 补充登记法　　B. 划线更正法

C. 红字更正法　　D. 重新登记法

52. 结账时应划通栏双红线的情形是（　　）。

A. 月结　　B. 季结

C. 半年结　　D. 年结

53. 制造费用明细账一般采用（　　）。

A. 数量金额式明细账　　B. 平行登记式明细账

C. 三栏式明细账　　D. 多栏式明细账

54. 下列关于账簿的表述中，错误的是（　　）。

A. 账簿可以为定期编制会计报表提供资料

B. 登记账簿是会计核算的一种重要方法

C. 总账可以提供每一项交易的发生日期

D. 账簿是考核企业经营成果，加强经济核算的重要依据

55. 下列选项中，应采用三栏式明细账的是（　　）。

A. 应付账款明细账　　B. 生产成本明细账

C. 主营业务收入明细账　　D. 在途物资明细账

56. 可以跨年度继续使用而不必每年更换的账簿是（　　）。

A. 原材料总账　　B. 库存现金日记账

C. 生产成本明细账　　D. 固定资产明细账

57. 下列对账工作中，属于账账核对的是（　　）。

A. 财务部门的各种财产物资明细分类期末余额与财产物资保管和使用部门的财产物资明细账结存数的核对

B. 银行存款日记账账面余额与银行对账单的核对

C. 各种账簿记录与各种汇总表的核对

D. 总分类账户余额与会计报表的核对

58. ABC 公司用现金发放工资 50 000 元，记账后发现记账凭证中应记科目、借贷方向无误，但金额误记为 5 000 元。更正该错误的正确方法是（　　）。

A. 编制一张与原错误记账凭证应记科目、借贷方向相同，金额为 45 000 元的蓝字记账凭证，并据以登记入账

B. 编制一张与原错误记账凭证应记科目、借贷方向相同，金额为 45 000 元的红字记账凭证，并据以登记入账

C. 编制一张与原错误记账凭证应记科目、借贷方向相同，金额为 50 000 元的蓝字记账凭证，并据以登记入账

D. 编制一张与原错误记账凭证应记科目、借贷方向相同，金额为 50 000 元的红字记账凭证，并据以登记入账

【参考答案】

1. C	2. C	3. C	4. C	5. A
6. B	7. B	8. D	9. C	10. A
11. B	12. B	13. A	14. B	15. C
16. D	17. C	18. D	19. A	20. C
21. A	22. B	23. D	24. A	25. B
26. D	27. A	28. B	29. A	30. B
31. C	32. B	33. D	34. C	35. A
36. C	37. A	38. D	39. B	40. C
41. B	42. D	43. B	44. C	45. D
46. C	47. B	48. B	49. C	50. D
51. B	52. D	53. D	54. C	55. A
56. D	57. A	58. A		

（二）多选题

1. 账簿启用和经营管理人员一览表的基本内容包括（　　）。

A. 启用日期　　B. 账簿页数

C. 账簿编号　　D. 移交日期

2. 可以跨年度继续使用的账簿有（　　）。

A. 总分类账簿　　B. 固定资产明细账

C. 应收账款明细账　　D. 银行存款日记账

3. 账簿组成的基本内容包括（　　）。

A. 单位名称　　B. 账簿封面

C. 账簿扉页　　D. 账页

4. 可以用红色墨水记录的业务或者事项有（　　）。

A. 记账凭证上会计科目、记账方向均正确，但所记金额小于应记金额致使账簿记录发生少记错误时的更正

B. 在不设借贷等栏的多栏式账户中登记负数余额

C. 在未印明余额方向的三栏式账户中登记负数余额

D. 记账凭证上会计科目、记账方向均正确，但所记金额大于应记金额致使账簿记录发生多记错误时的更正

5. 下列对账工作中，属于账实核对的有（　　）。

A. 库存现金日记账账面余额与实存数的核对

B. 银行存款日记账账面余额与银行对账单的核对

C. 各种应收、应付款项明细账余额与有关债务人、债权人账面余额的核对

D. 各种财产物资明细账账面余额与实存数的核对

6. 登记账簿时，除银行的复写账簿外，不得使用（　　）书写。

A. 蓝黑墨水　　B. 碳素墨水

C. 圆珠笔　　D. 铅笔

7. 下列登记总账的方法中，正确的有（　　）。

A. 根据记账凭证逐笔登记总账　　B. 根据原始凭证逐笔登记总账

C. 根据科目汇总表登记总账　　D. 根据明细账逐笔登记总账

8. 下列对账工作中，属于账账核对的有（　　）。

A. 银行存款日记账与银行对账单的核对

B. 应收、应付账款明细账账面余额与债权债务单位账项核对

C. 财产物资明细账与财产物资保管明细账核对

D. 库存现金日记账余额与库存现金总账余额核对

9. 记账后发现记账凭证中应借、应贷会计科目正确，只是金额发生错误，可采用的错账更正方法有（　　）。

A. 划线更正法　　B. 横线登记法

C. 红字更正法　　D. 补充登记法

10. 下列说法中，正确的有（　　）。

A. 总账账户平时只需结出月末余额

B. 年度终了结账时，有余额的账户，要将其余额结转下年

C. 对不需按月结计本期发生额的账户，要将其余额结转下年

D. 库存现金日记账需要按月结计发生额

11. 下列选项中，不符合登记账簿要求的有（　　）。

A. 为防止篡改，文字书写要占满格

B. 数字书写一般要占格距的 1/2

C. 将登记中不慎出现的空页撕掉

D. 根据红字冲账的记账凭证，用红字冲销错误记录

12. 下列说法中，不正确的有（　　）。

A. 日记账必须采用三栏账

B. 总账最常用的格式为三栏账

C. 三栏式明细分类账适用于成本、费用类科目的明细核算

D. 银行存款日记账应按企业在银行开立的账户和币种分别设置，每个银行账户设置一本日记账

13. 下列选项中，根据企业会计制度，应当建立备查账簿登记的有（　　）。

A. 银行存款　　B. 融资租入设备

C. 经营租入设备　　D. 代销商品

14. 会计账簿按经济用途的不同，可以分为（　　）账簿。

A. 日记　　B. 分类

C. 联合　　D. 备查

15. 下列登记银行存款日记账的方法中，正确的有（　　）。

A. 逐日逐笔登记并逐日结出余额

B. 根据企业在银行开立的账户和币种分别设置日记账

C. 使用订本账

D. 业务量少的单位用银行对账单代替日记账

16. 银行存款日记账可以采用的账页格式有（　　）。

A. 三栏式　　B. 多栏式

C. 数量金额式　　D. 两栏式

17. 明细分类账可以采用的账页格式有（　　）。

A. 三栏式　　B. 多栏式

C. 数量金额式　　D. 两栏式

18. 下列说法中，正确的有（　　）。

A. 短期借款明细账应采用三栏式账页格式

B. 应收账款明细账应采用订本式账簿

C. 多栏式明细账一般适用于成本、费用、收入和利润的明细账

D. 对账的内容包括账证核对、账账核对、账实核对和账表核对

19. 下列账户中，只需反映金额指标的有（　　）。

A. “实收资本”　　B. “原材料”

C. “库存商品”　　D. “短期借款”

20. 下列选项中，属于结账工作的有（　　）。

A. 结算有关科目的本期发生额及期末余额

B. 编制试算平衡表

C. 清点库存现金

D. 按照权责发生制对有关账项进行调整

21. 下列选项中，必须采用订本账的有（　　）。

A. 总分类账　　B. 明细分类账

C. 库存现金日记账　　D. 银行存款日记账

22. 账簿按外表形式可分为（　　）。

A. 订本式账簿　　B. 多栏式账簿

C. 活页式账簿　　D. 卡片式账簿

23. 下列有关登记会计账簿的说法中，正确的有（　　）。

A. 一律使用圆珠笔书写

B. 月末结账划线可用红色墨水水笔

C. 在某些特定条件下可使用铅笔

D. 在规定范围内可以使用红色墨水

24. 下列明细账中，一般采用多栏式明细分类账的有（　　）。

A. 应收账款　　B. 库存商品

C. 生产成本　　D. 本年利润

25. 库存现金日记账可以采用的账页格式有（　　）。

A. 三栏式　　B. 多栏式

C. 数量金额式　　D. 横线登记式

26. 下列选项中，可以作为登记明细账依据的有（　　）。

A. 记账凭证　　B. 原始凭证

C. 汇总原始凭证　　D. 汇总记账凭证

27. 数量金额式账簿的收入、发出和结存三大栏内，都分设（　　）三个小栏。

A. 数量　　B. 种类

C. 单价　　D. 金额

28. 会计账簿的基本内容有（　　）。

A. 封面　　B. 封底

C. 扉页　　D. 账页

29. 下列账簿中，一般采用多栏式的有（　　）。

A. 收入明细账　　B. 债权明细账

C. 费用明细账　　D. 债务明细账

30. 下列账簿中，一般采用数量金额式的有（　　）。

A. 原材料明细账　　B. 库存商品明细账

C. 应收账款明细账　　D. 应交税费等往来结算账户

31. 对账的内容一般包括（　　）核对。

A. 账证　　B. 账账

C. 账实　　D. 账表

32. 错账更正的方法一般有（　　）。

A. 平行登记法　　B. 划线更正法

C. 补充登记法　　D. 红字更正法

33. 下列情况中，可以用红色墨水记账的有（　　）。

A. 在不设借、贷等栏的多栏式账页中，登记减少数

B. 按照红字冲账的记账凭证，冲销错误记录

C. 在三栏式账户的余额栏前，如未印明余额方向的，在余额栏内登记负数余额

D. 根据国家统一的会计制度的规定可以用红字登记的其他会计记录

【参考答案】

1. ABCD	2. BC	3. BCD	4. BCD	5. ABCD
6. CD	7. AC	8. CD	9. CD	10. ABCD
11. AC	12. AC	13. CD	14. ABD	15. ABC
16. AB	17. ABC	18. AC	19. AD	20. AD
21. ACD	22. ACD	23. BD	24. CD	25. AB
26. ABC	27. ACD	28. ACD	29. AC	30. AB
31. ABC	32. BCD	33. ABCD		

（三）判断题

1. 会计人员在记账以后，若发现所依据的记账凭证中的应借、应贷会计科目有误，应该采用红字更正法进行更正。（　　）

2. 期末应将有关收入（收益）、费用（损失）转入“本年利润”科目，结平所有损益类科目。（　　）

3. 会计账簿可以由本单位财务会计部门长期保管。（　　）

4. 明细分类账的登记依据只能是记账凭证。（　　）

5. 除结账和更正错账外，一律不得使用红色墨水登记账簿。（　　）

6. 各种日记账、总账以及资本、债权债务明细账都可采用三栏式账簿。（　　）

7. 账簿中的每一账页是账户的存在形式和载体，而账户是账簿的真实内容，因此账户与账簿的关系是形式与内容的关系。（　　）

8. 年度终了，各种账户在结转下年、建立新账后，一般都要把旧账送交总账会计集中统一管理。（　　）

9. 由于记账凭证错误而造成的账簿记录错误，应采用划线更正法进行更正。（　　）

10. 在会计核算中，红笔一般只在划线、改错、冲销和表示负数金额的时候使用。（　　）

11. 设置和登记账簿是编制财务报表的基础，是连接会计凭证与会计报表的中心环节。（　　）

12. 原材料明细账应采用数量金额式的活页账。（　　）

13. 在我国，单位一般只对原材料的明细核算采用卡片账。（　　）

14. 备查账簿不必每年更换新账。（　　）

15. 所有账簿每年必须更换新账。（　　）

16. 总分类账一般采用订本账，明细分类账一般采用活页账。（　　）

17. 会计部门的财产物资明细账期末余额与财产物资使用部门的财产物资明细账期末余额相核对，属于账实核对。（　　）

18. 库存现金日记账的账页格式均为三栏式，而且必须使用订本账。（　　）

19. 登记账簿要用蓝黑墨水或碳素墨水书写，不得使用铅笔书写，但可使用钢笔或圆珠笔书写。（　　）

20. 如果在结账前发现账簿记录有文字或数字错误，而记账凭证没有错误，则可以采用划线更正法，也可采用红字更正法。（　　）

21. 总分类账户平时不必每日结出余额，只需每月结出月末余额。（　　）

22. 主要账簿中不予登记或登记不详细的经济业务可以在备查账簿中予以登记。（　　）

23. 红字更正法适用于记账凭证所记会计科目错误，或者会计科目无误而所记金额大于应记金额，从而引起的记账错误。（　　）

24. 库存商品明细账一般都采用多栏式账簿。（　　）

25. 补充登记法一般适用于记账凭证所记会计科目无误，只是所记金额大于应记金额，从而引起的记账错误。（　　）

26. 活页账无论是在账簿登记完毕之前还是之后，账页都不固定装订在一起，而是装在活页账夹中。（　　）

27. 对需要按月进行结算的账簿，结账时，应在“本月合计”字样下面通栏划红单线，而不是划红双线。 （　）

28. 启用账簿时，应当在账簿封面上写明单位名称和账簿名称，并在账簿扉页上附启用表。 （　）

29. 凡是三栏式账簿在摘要栏和借方科目之间均有“对方科目”一栏。 （　）

30. 费用明细账一般均采用三栏式账簿。 （　）

31. 每年年初，除了少数明细账不必更换新账外，总账、日记账和大部分明细账都必须更换新账。 （　）

32. 每一账页登记完毕结转下页时，应当结出本页合计数及余额，写在本页最后一行和下页第一行有关栏内，并在摘要栏内注明“过次页”和“承前页”字样。 （　）

33. 分类账是会计账簿的主体，是编制会计报表的主要依据。 （　）

34. 采用划线更正法时，应仅仅划去错误的文字或数字并更正为正确的文字或数字。 （　）

35. 为及时编制会计报表，企业应在月末提前结账。 （　）

36. 库存现金日记账和银行存款日记账必须采用订本式账簿。 （　）

37. 原材料明细分类账应采用平行式明细分类账。 （　）

38. 备查账与其他账簿之间不存在相互依存的勾稽关系。 （　）

39. 登记总分类账的直接依据只能是记账凭证。 （　）

40. 对于没有余额的账户，结账后在“借或贷”栏及余额栏均不做标示。 （　）

41. 对于记账前发现的记账凭证填制错误，会计人员可以重新填制。 （　）

42. 我国会计制度规定，任何单位都必须设置库存现金日记账和银行存款日记账。 （　）

43. 账簿中“过次页”的发生额应是自月初起至本页末止的发生额合计数。 （　）

44. 生产成本、制造费用、销售费用、管理费用均属于损益类账户，期末结转后一般无余额。 （　）

45. 为全面、系统、连续、详细地反映有关现金的收支情况，所有单位均应设置库存现金日记账，并由出纳人员根据审核无误的收款凭证、付款凭证和转账凭证，按照业务发生的先后顺序逐日逐笔登记。 （　）

46. 通常所说的“日清”，就是企业每天都要登记库存现金日记账、结出余额，并将库存现金日记账余额与实有库存现金进行核对。 （　）

47. 如果企业银行存款日记账余额与银行对账单余额相等，即说明不存在未达账项。 （　）

48. 账簿的扉页主要载明“账簿启用及交接表”和“账户目录”。 （　）

49. 未达账项并非错账、漏账，应在银行存款余额调节表中进行调节，并据以进行账务处理。 （　）

【参考答案】

1. √	2. √	3. ×	4. ×	5. ×
6. √	7. ×	8. √	9. ×	10. √
11. √	12. √	13. ×	14. √	15. ×
16. √	17. ×	18. ×	19. ×	20. ×
21. √	22. √	23. √	24. ×	25. ×
26. ×	27. √	28. √	29. ×	30. ×
31. √	32. √	33. √	34. ×	35. ×
36. √	37. ×	38. √	39. ×	40. ×
41. √	42. √	43. ×	44. ×	45. ×
46. √	47. ×	48. ×	49. ×	

（四）不定项选择题

1. 下列账簿中，属于会计账簿主体而且是编制会计报表主要依据的是（　　）。
   A. 日记账　　B. 分类账
   C. 备查账　　D. 订本账

2. 关于银行存款日记账，下列说法中，不正确的是（　　）。
   A. 按不同银行分别设置
   B. 按业务发生时间先后次序逐日逐笔登记
   C. 根据审核无误的银行收、付款凭证及现金收、付款凭证登记
   D. 应定期与银行对账单核对

3. 库存现金日记账和银行存款日记账应采用的账簿格式是（　　）。
   A. 活页式　　B. 备查式
   C. 卡片式　　D. 订本式

4. 租入固定资产登记簿属于（　　）。
   A. 日记账　　B. 分类账
   C. 备查账　　D. 明细账

5. 下列选项中，可以使用卡片账进行明细核算的是（　　）。
   A. 库存现金　　B. 固定资产
   C. 原材料　　D. 其他应收款

6. 其他应收款明细账一般采用（　　）。
   A. 平行式账簿　　B. 三栏式账簿
   C. 多栏式账簿　　D. 数量金额式账簿

7. 记账以后，发现记账凭证中科目方向均正确，但所记金额大于应记金额，正确的更正方法是（　　）。
   A. 红字更正法　　B. 补充登记法
   C. 划线更正法　　D. 以上三种方法均可

8. 红字更正法适用于（　　）。

A. 记账凭证中应记科目、借贷方向或金额错误

B. 登记账簿后发现的记账凭证中应记科目、借贷方向或金额错误

C. 登记账簿后发现的记账凭证中应记科目、借贷方向正确，但所记金额大于应记金额

D. 登记账簿后发现的记账凭证中应记科目、借贷方向正确，但所记金额小于应记金额

9. 下列对账工作中，不属于账账核对的是（　　）。

A. 总账各账户余额之间的核对

B. 总账与明细账之间的核对

C. 总账与各备查账之间的核对

D. 总账与日记账之间的核对

10. 下列账簿中，一般情况下不需根据记账凭证登记的账簿是（　　）。

A. 日记账　　B. 总分类账

C. 明细分类账　　D. 备查账

11. 库存现金日记账和银行存款日记账应当（　　）。

A. 定期登记　　B. 序时登记

C. 汇总登记　　D. 合并登记

12. 记账人员根据记账凭证登记完毕账簿后，要在记账凭证上注明已记账的符号，主要是为了（　　）。

A. 便于明确记账责任　　B. 避免错行或隔页

C. 避免重记或漏记　　D. 防止凭证丢失

13. 库存现金日记账和银行存款日记账每一账页登记完毕结转下页时，结计“过次页”的本页合计数应当为（　　）的发生额合计数。

A. 本页　　B. 自本月初起至本月末止

C. 本月　　D. 自本年初起至本页末止

14. 下列登账错误中，适合划线更正法进行更正的是（　　）。

A. 记账凭证多记，导致账簿登记错误

B. 记账凭证少记，导致账簿登记错误

C. 记账凭证借贷方向正确，登账时相反记账导致账簿登记错误

D. 记账凭证借贷方向相反记账，导致账簿登记错误

15. 记账凭证填制正确，记账时文字或数字发生笔误引起的错账，应采用（　　）进行更正。

A. 划线更正法　　B. 重新登记法

C. 红字更正法　　D. 补充登记法

16. 记账人员在登记账簿后，发现所依据的记账凭证中使用的会计科目有误，则更正时采用的更正方法是（　　）。

A. 涂改更正法　　B. 划线更正法

C. 红字更正法　　D. 补充登记法

17. 下列账簿中，仍可延用上年账簿的是（　　）。

A. 库存现金日记账　　B. 银行存款日记账

C. 总分类账　　D. 固定资产明细账

18. 关于会计账簿的意义，下列说法中，正确的有（　　）。

A. 通过账簿的设置和登记，记载、储存会计信息

B. 通过账簿的设置和登记，分类、汇总会计信息

C. 通过账簿的设置和登记，检查、校正会计信息

D. 通过账簿的设置和登记，编报、输出会计信息

19. 下列账簿中，应采用数量金额式账簿的有（　　）。

A. 在途物资明细账　　B. 原材料明组账

C. 库存商品明细账　　D. 固定资产明细账

20. 下列错账中，适用于红字更正法更正的有（　　）。

A. 记账凭证中将 96 000 元写成 69 000 元，导致账簿错误

B. 记账凭证中将 5 000 元写成 50 000 元，导致账簿错误

C. 记账凭证中将 78 元写成 87 元，导致账簿错误

D. 记账凭证正确，但登账发生错误

21. 下列对账工作中，属于账账核对的有（　　）。

A. 银行存款日记账与银行对账单的核对

B. 总账账户与所属明细账户的核对

C. 应收款项明细账与债务人账项的核对

D. 会计部门的财产物资明细账与财产物资保管、使用部门明细账的核对

22. 账实核对的主要内容包括（　　）。

A. 库存现金日记账账面金额与现金实际库存数核对

B. 银行存款日记账账面余额与银行对账单余额核对

C. 财产物资明细账账面余额结存数与财产物资实存数核对

D. 各种应收账款明细账账面余额与有关债务单位或个人核对

23. 下列账簿中，可以跨年度连续使用的有（　　）。

A. 银行存款日记账　　B. 应付账款明细账

C. 固定资产卡片账　　D. 租入固定资产登记簿

【参考答案】

1. B	2. C	3. D	4. C	5. B
6. B	7. A	8. BC	9. C	10. D
11. B	12. C	13. D	14. C	15. A
16. C	17. D	18. ABCD	19. BC	20. BC
21. BD	22. ABCD	23. CD		

（五）计算分析题

某公司设有一个基本生产车间。202×年 3 月该基本生产车间发生如下经济业务，

请据以编制会计分录，并登记制造费用明细账。

（1）8 日，车间领用一般性消耗材料 3 400 元。

（2）20 日，该公司为进行车间管理发生零星支出 1 200 元，款项通过银行转账支付。

（3）31 日，该公司结算本月工资，其中生产工人工资 200 000 元，车间管理人员工资15 000元，企业管理部门人员工资 30 000 元。

（4）31 日，该公司计提车间用固定资产折旧 5 000 元。

（5）31 日，该公司结转本月制造费用，其中甲产品应负担 60%，乙产品应负担 40%。

【参考答案】

（1）借：制造费用　　3 400
　　贷：原材料　　3 400

（2）借：制造费用　　1 200
　　贷：银行存款　　1 200

（3）借：制造费用　　15 000
　　生产成本　　200 000
　　管理费用　　30 000
　　贷：应付职工薪酬　　245 000

（4）借：制造费用　　5 000
　　贷：累计折旧　　5 000

（5）本月发生的制造费用总额 = 3 400+1 200+15 000+5 000 = 24 600（元）

甲产品应承担的制造费用 = 24 600×60% = 14 760（元）

乙产品应承担的制造费用 = 24 600×40% = 9 840（元）

借：生产成本——基本生产成本（甲产品）　　14 760
　　——基本生产成本（乙产品）　　9 840
　贷：制造费用　　24 600

制造费用明细分类账如表 2-6 所示。

表 2-6　制造费用明细分类账

明细科目：制造费用　　　　单位：元

时间		凭证号码	摘要	借方				贷方	余额
月	日			机物料	薪金	折旧	其他		
3	8	略	耗用材料	3 400					3 400
	20		零星支出				1 200		4 600
	31		工资		15 000				19 600
	31		折旧			5 000			24 600
	31		结转					24 600	0
	31		本月合计	3 400	15 000	5 000	1 200	24 600	0

考点六　账务处理程序

一、复习纲要

1. 记账凭证账务处理程序

（1）一般步骤。

（2）实例。

（3）优缺点和适用范围。

2. 汇总记账凭证账务处理程序

（1）一般步骤。

（2）实例。

（3）优缺点和适用范围。

3. 科目汇总表账务处理程序

（1）一般步骤。

（2）实例。

（3）优缺点和适用范围。

二、相关习题

（一）单选题

1. （　　）账务处理程序是一种最基本的账务处理程序。

A. 日记总账　　　　B. 汇总记账凭证

C. 科目汇总表　　　　D. 记账凭证

2. 科目汇总表的缺点是不能反映（　　）。

A. 借方发生额　　　　B. 贷方发生额

C. 账户发生额　　　　D. 账户对应关系

3. 直接根据记账凭证逐笔登记总分类账的账务处理程序是（　　）。

A. 记账凭证账务处理程序　　　　B. 汇总记账凭证账务处理程序

C. 科目汇总表账务处理程序　　　　D. 日记总账账务处理程序

4. 下列关于汇总记账凭证账务处理程序的说法中，错误的是（　　）。

A. 根据记账凭证定期编制汇总记账凭证

B. 根据原始凭证或汇总原始凭证登记总账

C. 根据汇总记账凭证登记总账

D. 汇总转账凭证应当按照每一账户的贷方分别设置，并按其对应的借方账户归类汇总

5. 下列关于科目汇总表账务处理程序的说法中，正确的是（　　）。

A. 登记总账的直接依据是记账凭证

B. 登记总账的直接依据是科目汇总表

C. 编制财务报表的直接依据是科目汇总表

D. 与记账凭证账务处理程序相比较，增加了一道编制汇总记账凭证的程序

6. 下列关于记账凭证账务处理程序的说法中，不正确的是（　　）。

A. 根据记账凭证逐笔登记总分类账是最基本的账务处理程序

B. 简单明了、易于理解，总分类账可以较详细地反映经济业务的发生情况

C. 登记总分类账的工作量较大

D. 适用于规模较大、经济业务量较多的单位

7. 汇总记账凭证是依据（　　）编制的。

A. 记账凭证　　B. 原始凭证

C. 原始凭证汇总表　　D. 各种总账

8. 汇总记账凭证账务处理程序的优点是（　　）。

A. 详细反映经济业务的发生情况　　B. 可以做到试算平衡

C. 反映账户之间的对应关系　　D. 处理程序简单

9. 下列选项中，不属于科目汇总表账务处理程序优点的是（　　）。

A. 科目汇总表的编制和使用较为简便，易学易做

B. 可以清晰地反映科目之间的对应关系

C. 可以大大减少登记总分类账的工作量

D. 科目汇总表可以起到试算平衡的作用，保证总账登记的正确性

10. 下列选项中，属于记账凭证账务处理程序优点的是（　　）。

A. 总分类账反映经济业务较详细　　B. 减轻了登记总分类账的工作量

C. 有利于会计核算的日常分工　　D. 便于核对账目和进行试算平衡

11. 汇总记账凭证账务处理程序的特点是根据（　　）登记总账。

A. 记账凭证　　B. 汇总记账凭证

C. 科目汇总表　　D. 原始凭证

12. 汇总记账凭证账务处理程序与科目汇总表账务处理程序的相同点是（　　）。

A. 登记总账的依据相同　　B. 记账凭证的汇总方法相同

C. 保持了账户间的对应关系　　D. 简化了登记总分类账的工作量

13. 科目汇总表是依据（　　）编制的。

A. 记账凭证　　B. 原始凭证

C. 原始凭证汇总表　　D. 各种总账

14. 下列选项中，属于汇总记账凭证账务处理程序主要缺点的是（　　）。

A. 登记总账的工作量较大

B. 登记汇总转账凭证的工作量较大

C. 不便于体现账户之间的对应关系

D. 不便于进行账目的核对

15. 在各种账务处理程序中，不能作为登记总账依据的是（　　）。

A. 记账凭证　　B. 汇总记账凭证

C. 汇总原始凭证　　D. 科目汇总表

16. 下列选项中，属于科目汇总表账务处理程序缺点的是（　　）。
A. 增加了会计核算的账务处理程序
B. 增加了登记总分类账的工作量
C. 不便于检查、核对账目
D. 不便于进行试算平衡

17. 记账凭证账务处理程序的特点是根据记账凭证逐笔登记（　　）。
A. 日记账　　B. 明细分类账
C. 总分类账　　D. 总分类账和明细分类账

18. 各种账务处理程序之间的区别主要在于（　　）。
A. 总账的格式不同　　B. 编制会计报表的依据不同
C. 登记总账的依据和方法不同　　D. 总分类账和明细分类账

19. 财务报表是根据（　　）资料编制的。
A. 日记账、总账和明细账　　B. 日记账和明细分类账
C. 明细分类账和总分类账　　D. 日记账和总分类账

20. 汇总记账凭证账务处理程序的适用范围是（　　）。
A. 规模较小、业务较少的单位　　B. 规模较小、业务较多的单位
C. 规模较大、业务较多的单位　　D. 规模较大、业务较少的单位

21. 根据科目汇总表登记总账，在简化登记总账工作的同时也起到了（　　）的作用。
A. 简化报表编制工作　　B. 反映账户对应关系
C. 简化明细账工作　　D. 发生额试算平衡

22. 采用科目汇总表账务处理程序，（　　）是其登记总账的直接依据。
A. 汇总记账凭证　　B. 科目汇总表
C. 记账凭证　　D. 原始凭证

23. 对于汇总记账凭证账务处理程序的下列说法中，正确的是（　　）。
A. 登记总账的工作量大
B. 不能体现账户之间的对应关系
C. 按每一借方科目编制汇总转账凭证
D. 汇总转账凭证的编制工作量较大

24. 下列选项中，属于记账凭证账务处理程序主要缺点的是（　　）。
A. 不便于体现账户的对应关系　　B. 不便于会计合理分工
C. 方法不易掌握　　D. 登记总账的工作量较大

【参考答案】

1. D	2. D	3. A	4. B	5. B
6. D	7. A	8. C	9. B	10. A
11. B	12. D	13. A	14. B	15. C
16. C	17. C	18. C	19. C	20. C
21. D	22. B	23. D	24. D	

（二）多选题

1. 记账凭证账务处理程序、汇总记账凭证账务处理程序和科目汇总表账务处理程序应共同遵循的程序有（　　）。

A. 根据原始凭证、汇总原始凭证和记账凭证登记各种明细分类账

B. 期末，库存现金日记账、银行存款日记账和明细分类账的余额同有关总分类账的余额核对相符

C. 根据记账凭证逐笔登记总分类账

D. 根据总分类账和明细分类账的记录，编制财务报表

2. 不同账务处理程序所具有的相同之处有（　　）。

A. 编制记账凭证的直接依据相同

B. 编制财务报表的直接依据相同

C. 登记明细分类账簿的直接依据相同

D. 登记总分类账的直接依据相同

3. 在科目汇总表账务处理程序下，月末应将（　　）与总分类账进行核对。

A. 库存现金日记账　　B. 银行存款日记账

C. 明细分类账　　D. 备查账

4. 在科目汇总表账务处理程序下，记账凭证是用来（　　）的依据。

A. 登记库存现金日记账　　B. 登记总分类账

C. 登记明细分类账　　D. 编制科目汇总表

5. 下列选项中，属于记账凭证账务处理程序优点的有（　　）。

A. 简单明了，易于了解

B. 总分类账可较详细地记录经济业务的内容

C. 便于进行会计科目的试算平衡

D. 减轻了登记总分类账的工作量

6. 在我国，常用的账务处理程序主要有（　　）。

A. 记账凭证账务处理程序

B. 汇总记账凭证账务处理程序

C. 多栏式日记账账务处理程序

D. 科目汇总表账务处理程序

7. 下列选项中，属于汇总记账凭证账务处理程序特点的有（　　）。

A. 根据原始凭证编制汇总记账凭证

B. 根据记账凭证定期编制汇总记账凭证

C. 根据记账凭证定期编制科目汇总表

D. 根据汇总记账凭证登记总账

8. 科目汇总表账务处理程序的优点有（　　）。

A. 科目汇总表的编制和使用较为简便，易学易做

B. 可以清晰地反映科目之间的对应关系

C. 便于查对账目

D. 科目汇总表可以起到试算平衡的作用，保证总账登记的正确性

9. 下列选项中，属于汇总记账凭证账务处理程序优点的有（　　）。

A. 能保持账户之间的对应关系　　B. 便于查对账目

C. 能减少登记总账的工作量　　D. 能起到试算平衡作用

10. 账务处理程序是指（　　）相结合的方式和方法。

A. 会计凭证　　B. 会计账簿

C. 财务报告　　D. 会计科目

11. 下列选项中，不属于科目汇总表账务处理程序优点的有（　　）。

A. 便于反映各账户间的对应关系　　B. 便于进行试算平衡

C. 便于检查核对账目　　D. 简化登记总账的工作量

12. 在不同的账务处理程序下，登记总账的依据可以有（　　）。

A. 记账凭证　　B. 汇总记账凭证

C. 科目汇总表　　D. 汇总原始凭证

13. 在各种账务处理程序下，登记明细账的依据可能有（　　）。

A. 原始凭证　　B. 汇总原始凭证

C. 记账凭证　　D. 汇总记账凭证

14. 在科目汇总表账务处理程序下，不能作为登记总账直接依据的有（　　）。

A. 原始凭证　　B. 汇总记账凭证

C. 科目汇总表　　D. 记账凭证

15. 在汇总记账凭证账务处理程序下，月末应与总账核对的内容有（　　）。

A. 银行存款日记账　　B. 财务报表

C. 明细账　　D. 记账凭证

16. 对于汇总记账凭证账务处理程序，下列说法中，错误的有（　　）。

A. 登记总账的工作量大

B. 不能体现账户之间的对应关系

C. 明细账与总账无法核对

D. 当转账凭证较多时，汇总转账凭证的编制工作量较大

17. 在常见的账务处理程序中，共同的账务处理工作有（　　）。

A. 均应填制和取得原始凭证　　B. 均应编制记账凭证

C. 均应填制汇总记账凭证　　D. 均应设置和登记总账

18. 在记账凭证账务处理程序下，不能作为登记总账直接依据的有（　　）。

A. 原始凭证　　B. 记账凭证

C. 汇总原始凭证　　D. 汇总记账凭证

19. 无论采用何种账务处理程序，登记明细账的依据都有（　　）。

A. 原始凭证　　B. 原始凭证汇总表

C. 记账凭证　　D. 汇总原始凭证

20. 某企业202×年3月共发生如下经济业务：

①3日，该企业从银行提取现金5 000元。

②10日，该企业报销办公费用600元，以现金支付。

③20日，该企业为进行产品生产领用原材料3 000元。

④26日，该企业将现金20 000元存入银行。

如果该企业采用科目汇总表账务处理程序，科目汇总表采用全月一次汇总法，则下列表述正确的有（　　）。

A. 本月科目汇总表借方发生额为28 600元，贷方发生额为28 600元

B. 本月科目汇总表借方发生额为28 600元，贷方发生额为20 000元

C. 本月“库存现金”账户借方发生额为5 000元，贷方发生额为20 600元

D. 本月“库存现金”账户借方发生额为20 600元，贷方发生额为20 600元

21. 202×年3月，丁公司“原材料”总分类账户的借方发生额为8 800元，涉及的三张记账凭证分别是：1号付款凭证“原材料”总分类账户的借方发生额为3 000元；10号付款凭证“原材料”总分类账户的借方发生额为2 000元；5号转账凭证“原材料”总分类账户的借方发生额为3 800元。下列表述正确的有（　　）。

A. 丁公司若采用记账凭证账务处理程序，“原材料”总分类账户3月的借方登记次数为1次，金额为8 800元

B. 丁公司若采用记账凭证账务处理程序，“原材料”总分类账户3月的借方登记次数为3次，金额分别为3 000元、2 000元、3 800元

C. 丁公司若采用科目汇总表账务处理程序且采用全月一次汇总法，“原材料”总分类账户3月的借方登记次数为1次，金额为8 800元

D. 丁公司若采用科目汇总表账务处理程序且采用全月一次汇总法，“原材料”总分类账户3月的借方登记次数为3次，金额分别为3 000元、2 000元、3 800元。

【参考答案】

1. ABD	2. ABC	3. ABC	4. ACD	5. AB
6. ABD	7. BD	8. AD	9. ABC	10. ABC
11. AC	12. ABC	13. ABC	14. ABD	15. AC
16. ABC	17. ABD	18. ACD	19. ABC	20. AC
21. BC				

（三）判断题

1. 科目汇总表账务处理程序只适用于经济业务不太复杂的小型企业。（　　）

2. 所谓账务处理程序，是指会计凭证、会计账簿、会计报表相结合的方式，包括会计凭证和账簿的种类、格式、会计凭证与账簿之间的联系方法，由原始凭证到编制记账凭证、登记明细账和总分类账以及编制会计报表的工作程序和方法等。（　　）

3. 企业采用的账务处理程序不同，编制会计报表的依据也不相同。（　　）

4. 在实际工作中，科目汇总表中所有科目本期借方发生额合计数可能不等于所有科目本期贷方发生额合计数。（　　）

5. 记账凭证账务处理程序直接根据记账凭证登记总账，易于理解，登记总分类账的工作量较小，适用于经营规模较大的企业。（　　）

6. 为了减轻登记总分类账的工作量，便于了解账户之间的对应关系，规模较大、经济业务较多的企业应该采用汇总记账凭证账务处理程序。（　　）

7. 在不同的账务处理程序中，登记总账的依据相同。（　　）

8. 汇总记账凭证账务处理程序既能保持账户的对应关系，又能减轻登记总分类账的工作量。（　　）

9. 记账凭证账务处理程序的主要特点就是直接根据各种记账凭证登记总账。（　　）

10. 汇总记账凭证账务处理程序和科目汇总表账务处理程序都适用于经济业务较多的单位。（　　）

11. 汇总记账凭证账务处理程序就是将各种原始凭证汇总后填制记账凭证，据以登记总账的账务处理程序。（　　）

12. 汇总记账凭证账务处理程序适合规模小、业务量少的单位。（　　）

13. 科目汇总表账务处理程序能科学地反映账户的对应关系，并且便于账目核对。（　　）

14. 科目汇总表账务处理程序的主要特点是根据记账凭证编制科目汇总表，并根据科目汇总表填制财务报表。（　　）

15. 库存现金日记账和银行存款日记账不论在何种账务处理程序下，都是根据收款凭证和付款凭证逐日逐笔顺序登记的。（　　）

16. 科目汇总表账务处理程序不仅可以减轻登记总分类账的工作量，还可以起到试算平衡作用，从而保证总账登记的正确性。（　　）

17. 科目汇总表账务处理程序只适用于经济业务不太复杂的中小型单位。（　　）

18. 各种账务处理程序的共同点之一是编制财务报表的方法相同。（　　）

19. 记账凭证账务处理程序一般适用于规模小、业务杂、凭证多的单位。（　　）

20. 汇总记账凭证账务处理程序编制汇总记账凭证的工作量比较大，对汇总过程中可能存在的错误难以发现。（　　）

21. 科目汇总表账务处理程序可以反映账户与账户之间的对应关系，但不能起到试算平衡的作用。（　　）

22. 科目汇总表账务处理程序与汇总记账凭证账务处理程序的适用范围是完全相同的。（　　）

23. 记账凭证账务处理程序的特点是直接根据记账凭证逐笔登记总分类账，是最基本的账务处理程序。（　　）

24. 汇总记账凭证账务处理程序可以清晰地反映科目之间的对应关系，可以做到试算平衡，保证总账登记的正确性。（　　）

25. 各种账务处理程序的不同之处在于登记明细账的直接依据不同。（　　）

26. 科目汇总表账务处理程序又称记账凭证汇总表账务处理程序。（　　）

27. 在各种账务处理程序下，登记库存现金日记账的直接依据都是相同的。（　　）

【参考答案】

1. ×	2. √	3. ×	4. ×	5. ×
6. √	7. ×	8. √	9. √	10. √
11. ×	12. ×	13. ×	14. ×	15. √
16. √	17. ×	18. √	19. ×	20. √
21. ×	22. ×	23. √	24. ×	25. ×
26. √	27. √			

（四）不定项选择题

1. 记账凭证账务处理程序的主要缺点是（　　）。

A. 不便于会计合理分工

B. 登记总账的工作量较大

C. 无法反映账户的对应关系

D. 方法不易掌握

2. 各种账务处理程序最主要的差别是（　　）。

A. 编制会计凭证的依据和方法不同

B. 登记库存现金日记账和银行存款日记账的依据和方法不同

C. 登记各种明细分类账的依据和方法不同

D. 登记总账的依据和方法不同

3. 编制科目汇总表的直接依据是（　　）。

A. 原始凭证　　B. 记账凭证

C. 原始凭证汇总表　　D. 记账凭证汇总表

4. 记账凭证账务处理程序的主要特点是（　　）。

A. 根据各种记账凭证编制汇总记账凭证

B. 根据各种记账凭证逐笔登记总分类账

C. 根据各种记账凭证编制科目汇总表

D. 根据各种汇总记账凭证登记总分类账

5. 各种账务处理程序的主要区别是（　　）。

A. 登记明细分类账的依据和方法不同

B. 登记总账的依据和方法不同

C. 总账的格式不同

D. 编制会计报表的依据不同

6. 既能汇总登记总分类账，减轻总账登记工作，又能明确反映账户对应关系，便于查账、对账的账务处理程序是（　　）。

A. 科目汇总表账务处理程序

B. 汇总记账凭证账务处理程序

C. 多栏式日记账账务处理程序
D. 日记总账账务处理程序

7. 在记账凭证账务处理程序下，不需设置（　　）。
A. 收款、付款、转账凭证或通用记账凭证
B. 科目汇总表或汇总记账凭证
C. 库存现金日记账和银行存款日记账
D. 总分类账和若干明细分类账

8. 记账凭证账务处理程序与汇总记账凭证账务处理程序的区别有（　　）。
A. 原始凭证的种类不同
B. 记账凭证的种类不同
C. 明细账簿的记账依据不同
D. 总账的记账依据不同

9. 关于科目汇总表账务处理程序，下列说法中，正确的是（　　）。
A. 科目汇总表账务处理程序可以大大减轻总账的登记工作
B. 科目汇总表账务处理程序可以对发生额进行试算平衡
C. 在科目汇总表账务处理程序下，总分类账能明确反映账户的对应关系
D. 科目汇总表账务处理程序适用于规模较大、业务量较多的大中型企业

10. 在不同的账务处理程序下，下列可以作为登记总分类账依据的有（　　）。
A. 记账凭证　　　　B. 科目汇总表
C. 汇总记账凭证　　D. 多栏式日记账

11. 在汇总记账凭证账务处理程序下，会计凭证方面除设置收款凭证、付款凭证、转账凭证外，还应设置（　　）。
A. 科目汇总表　　　B. 汇总收款凭证
C. 汇总付款凭证　　D. 汇总转账凭证

12. 汇总记账凭证账务处理程序的优点有（　　）。
A. 总分类账的登记工作量相对较小
B. 便于会计核算的日常分工
C. 便于了解账户之间的对应关系
D. 编制汇总转账凭证的工作量较小

13. 某公司采用科目汇总表账务处理程序，202×年3月发生的部分经济业务如下：

①3日，销售部门张文出差，预借现金1 500元。

②4日，行政部门以现金800元购买办公用品一批。

③6日，该公司销售产品一件，售价900元，增值税117元，产品已发出，货款通过现金收讫，该产品的成本550元同时结转。

④8日，该公司用库存现金支付第一生产车间维修费用200元。

⑤10日，该公司领用甲材料一批60 000元。其中，生产产品用55 000元，行政管理部门用3 000元，车间管理用2 000元。

要求：根据上述资料，回答（1）~（3）题。

（1）根据上述业务按月编制的科目汇总表中，“库存现金”账户发生额分别为（　　）。

A. 借方发生额 1 053 元　　B. 借方发生额 900 元

C. 贷方发生额 2 500 元　　D. 贷方发生额 2 300 元

（2）根据上述经济业务编制的科目汇总表中，所有账户的发生额合计分别为（　　）。

A. 借方发生额 63 553 元　　B. 借方发生额 64 103 元

C. 贷方发生额 63 553 元　　D. 贷方发生额 64 103 元

（3）3 月 10 日，该公司领用甲材料的会计分录涉及的账户有（　　）。

A. “原材料”　　B. “生产成本”

C. “管理费用”　　D. “制造费用”

14. 某公司采用科目汇总表账务处理程序，并采取全月一次汇总的方法编制科目汇总表。202×年 7 月，该公司根据所有记账凭证编制的科目汇总表如表 2-7 所示。

表 2-7　科目汇总表

科汇 07 号　　202×年 7 月　　单位：元

会计科目	本期发生额	
	借方	贷方
银行存款	251 000	249 200
应收账款	100 000	
原材料	50 000	90 000
生产成本	170 000	210 000
制造费用	60 000	60 000
库存商品	210 000	220 000
固定资产	21 000	
累计折旧		4 600
固定资产清理	56 300	
应付职工薪酬	40 000	40 000
应交税费	66 500	76 000
本年利润	E	F
主营业务收入	300 000	300 000
主营业务成本	220 000	220 000
销售费用	20 000	20 000
财务费用	700	700

表2-7（续）

会计科目	本期发生额	
	借方	贷方
管理费用	4 600	4 600
营业外收入	56 300	56 300
营业外支出	11 000	11 000
所得税费用	25 000	25 000
合计	G	H

要求：根据上述资料，回答（1）~（5）题。

（1）下列选项中，正确的有（　　）。

A. 字母 E 的金额为 281 300 元　　B. 字母 E 的金额为 356 300 元

C. 字母 F 的金额为 256 300 元　　D. 字母 F 的金额为 356 300 元

（2）下列选项中，不正确的有（　　）。

A. 所有总账的本月发生额均只有一行记录

B. 所有明细账的本月发生额均只有一行记录

C. 所有总账的“凭证号码”一栏均为“科汇 07”

D. 所有明细账的“凭证号码”一栏均为“科汇 07”

（3）下列选项中，正确的有（　　）。

A. 本月营业利润为 54 700 元　　B. 本月营业利润为 45 300 元

C. 本月利润总额为 100 000 元　　D. 本月净利润为 75 000 元

（4）下列选项中，正确的有（　　）。

A. 本月所有者权益减少 356 300 元　　B. 本月所有者权益减少 256 300 元

C. 本月所有者权益增加 75 000 元　　D. 本月所有者权益增加 100 000 元

（5）字母 G 和 H 的金额均为（　　）元。

A. 1 768 700　　B. 1 943 700

C. 918 300　　D. 1 000 000

【参考答案】

1. B　2. D　3. B　4. B　5. B

6. B　7. B　8. D　9. ABD　10. ABC

11. BCD　12. AC

13.（1）AC　（2）BD　（3）ABCD

14.（1）AD　（2）BD　（3）ACD　（4）C　（5）B

考点七　财产清查

一、复习纲要

1. 财产清查概述
（1）含义和分类。
（2）意义。
（3）一般程序。
（4）盘存制度。
2. 财产清查的方法
（1）货币资金的清查方法。
（2）实物资产的清查方法。
（3）往来款项的清查方法。
3. 财产清查结果的处理
（1）处理要求。
（2）处理的步骤和方法。

二、相关习题

（一）单选题

1. 下列资产中，可以采用发函询证方法进行清查的是（　　）。
A. 煤炭　　B. 银行存款
C. 固定资产　　D. 应收账款
2. 企业在存货清查中，发生盘盈的存货，按规定手续报经批准后，应记入（　　）账户。
A.“营业外收入”　　B.“管理费用”
C.“其他业务收入”　　D.“营业外支出”
3. 一般来说，在企业撤销、合并和改变隶属关系时，应对财产进行（　　）。
A. 全面清查　　B. 局部清查
C. 实地盘点　　D. 定期清查
4. 对于大量堆积的煤炭清查，一般采用（　　）方法进行清查。
A. 实地盘点　　B. 抽查检验
C. 技术推算　　D. 查询核对
5. 下列记录中，可以作为调整账面数字的原始凭证的是（　　）。
A. 盘存单　　B. 实存账存对比表
C. 银行存款余额调节表　　D. 往来款项对账单

6. 月末，企业银行存款日记账余额为 180 000 元，银行对账单余额为 170 000 元，经过未达账项调节后的余额为 160 000 元，则对账日企业可以动用的银行存款实有数额为（　　）。

A. 180 000 元　　B. 160 000 元

C. 170 000 元　　D. 不能确定

7. 下列选项中，不属于财产清查基本程序的是（　　）。

A. 清查前的准备工作　　B. 账项核对和实地盘点

C. 清查结果处理　　D. 复查报告

8. 在财产清查中发现盘亏一台设备，其账面原值为 80 000 元，已提折旧 20 000 元，则该企业记入“待处理财产损溢”账户的金额为（　　）元。

A. 80 000　　B. 20 000

C. 60 000　　D. 100 000

9. 银行存款余额调节表调节后的余额是（　　）。

A. 银行存款账面余额

B. 对账单余额和日记账余额的平均数

C. 对账日企业可以动用的银行存款实有数额

D. 银行方面的账面余额

10. 盘盈的固定资产经批准后，一般应记入（　　）账户。

A. “本年利润”　　B. “以前年度损益调整”

C. “投资收益”　　D. “其他业务收入”

11. 对盘亏的固定资产净损失经批准后可记入（　　）账户的借方。

A. “制造费用”　　B. “生产成本”

C. “营业外支出”　　D. “管理费用”

12. 对银行存款进行清查时，应将（　　）与银行对账单逐单逐笔核对。

A. 银行存款总账　　B. 银行存款日记账

C. 银行支票备查簿　　D. 库存现金日记账

13. 库存现金清查中对无法查明原因的长款，经批准应记入（　　）账户。

A. “其他应收款”　　B. “其他应付款”

C. “营业外收入”　　D. “管理费用”

14. 财产清查是用来检查（　　）的一种专门方法。

A. 账实是否相符　　B. 账账是否相符

C. 账表是否相符　　D. 账证是否相符

15. 某企业在遭受洪灾后，对其受损的财产物资进行的清查，属于（　　）。

A. 局部清查和定期清查　　B. 全面清查和定期清查

C. 局部清查和不定期清查　　D. 全面清查和不定期清查

16. 下列情况中，宜采用局部清查的是（　　）。

A. 年终结算前进行的清查

B. 企业清查核资时进行的清查

C. 企业更换财产保管人员时进行的清查

D. 企业改组为股份制试点企业进行的清查

17. 某企业 12 月 31 日银行存款日记账的余额为 150 000 元，经逐笔核对，未达账项如下：

①银行已收、企业未收的 92 000 元。

②银行已付、企业未付的 2 000 元。

调整后的企业银行存款余额应为（　　）元。

A. 240 000　　B. 60 000

C. 56 000　　D. 244 000

18. 某企业仓库本期期末盘亏原材料价值 500 元，原因已查明，属于自然损耗，经批准后，会计人员应编制的会计分录为（　　）。

A. 借：待处理财产损溢　500
　　贷：原材料　500

B. 借：待处理财产损溢　500
　　贷：管理费用　500

C. 借：管理费用　500
　　贷：待处理财产损溢　500

D. 借：营业外支出　500
　　贷：待处理财产损溢　500

19. 在财产清查中，实物盘点的结果应如实登记在（　　）上。

A. 盘存单　　B. 实存账存对比表

C. 对账单　　D. 盘盈盘亏报告表

20. 下列选项中，采用与对方核对账目的清查方法是（　　）。

A. 固定资产　　B. 存货

C. 库存现金　　D. 往来款项

21. 在企业与银行双方记账无误的情况下，银行存款日记账与银行对账单余额不一致是由于有（　　）的存在。

A. 应收账款　　B. 应付账款

C. 未达账项　　D. 其他货币资金

22. 银行存款日记账余额为 56 000 元，调整前银行已收、企业未收的款项为 2 000 元，企业已收、银行未收款项为 1 200 元，银行已付、企业未付款项为 3 000 元。调整后银行存款余额为（　　）元。

A. 56 200　　B. 55 000

C. 58 000　　D. 51 200

23. 某企业上期发生的盘亏原材料价值 300 元，现查明原因，属于自然灾害导致，经批准后，会计人员应编制的会计分录为（　　）。

A. 借：待处理财产损溢　300
　　贷：原材料　300

B. 借：待处理财产损溢　300
　　贷：管理费用　300

C. 借：管理费用　300
　　贷：待处理财产损溢　300

D. 借：营业外支出　300
　　贷：待处理财产损溢　300

24. 出纳人员发生变动时，应对其保管的库存现金进行清查，这种财产清查属于（　　）。

A. 全面清查和定期清查　　B. 局部清查和不定期清查

C. 全面清查和不定期清查　　D. 局部清查和定期清查

25. 单位主要领导调离工作前进行的财产清查属于（　　）。

A. 重点清查　　B. 全面清查

C. 局部清查　　D. 定期清查

26. 库存现金清查盘点时，（　　）必须在场。

A. 记账人员　　B. 出纳人员

C. 单位领导　　D. 会计主管

27. 单位撤销、合并所进行的清查按时间分类属于（　　）。

A. 全面清查　　B. 局部清查

C. 定期清查　　D. 不定期清查

28. 对企业与其开户银行之间的未达账项进行账务处理的时间是（　　）。

A. 编好银行存款余额调节表时　　B. 查明未达账项时

C. 收到银行对账单时　　D. 实际收到有关结算凭证时

29. 下列选项中，清查时应采用实地盘点法的是（　　）。

A. 应收账款　　B. 应付账款

C. 银行存款　　D. 固定资产

30. 库存现金盘点时发现短缺，则应借记的会计科目是（　　）。

A. “库存现金”　　B. “其他应付款”

C. “待处理财产损溢”　　D. “其他应收款”

31. 因管理不善而导致的存货的盘亏，应记入（　　）账户。

A. “其他应收款”　　B. “管理费用”

C. “营业外支出”　　D. “财务费用”

32. 对库存现金的清查应采用的方法是（　　）。

A. 实地盘点法　　B. 检查库存现金日记账

C. 倒挤法　　D. 抽查现金

33. 在清查中发现库存现金短缺时，应贷记（　　）科目。

A. “待处理财产损溢”　　B. “库存现金”

C. “其他应收款”　　D. “管理费用”

34. 清查往来款项应采用的方法是（　　）。

A. 实地盘点法　　B. 发函询证法

C. 技术推算法　　D. 抽查法

35. 以下各项中，不会导致企业银行存款日记账余额小于银行对账单余额的事项是（　　）。

A. 企业开出支票，收款方尚未到银行兑现

B. 银行误将其他企业的存款记入本企业存款账户

C. 银行代扣本企业水电费，企业尚未接到付款通知

D. 银行收到委托收款结算方式下的结算款项，企业尚未收到收款通知

36. 年终结算前，企业应（　　）。

A. 对所有财产进行实物盘点　　B. 对重要财产进行局部清查

C. 对所有财产进行全面清查　　D. 对货币性财产进行重点清查

37. 乙公司盘亏固定资产一项，其账面原价为 30 000 元，账面价值为 16 000 元，经批准后记入“营业外支出”账户的金额为（　　）元。

A. 30 000　　B. 16 000　　C. 14 000　　D. 46 000

38. 盘亏是指（　　）。

A. 账存数大于实存数　　B. 实存数等于账存数

C. 账存数小于实存数　　D. 以上各项都不是

39. 企业发生固定资产盘盈，应通过（　　）账户进行核算。

A.“待处理财产损溢”　　B.“营业外收入”

C.“营业外支出”　　D.“以前年度损益调整”

40. “待处理财产损溢”账户期末（　　）。

A. 可能有借方余额　　B. 可能有贷方余额

C. 无余额　　D. 以上各项都不对

41. 某公司在清查时发现现金长款 2 000 元，在批准处理前应编制的正确会计分录是（　　）。

A. 借：库存现金　　2 000
　　贷：管理费用　　2 000

B. 借：库存现金　　2 000
　　贷：待处理财产损溢　　2 000

C. 借：管理费用　　2 000
　　贷：库存现金　　2 000

D. 借：待处理财产损溢　　2 000
　　贷：库存现金　　2 000

42. 202×年 3 月 31 日，D 公司编制的银行存款余额调节表显示，调节后的余额均为 2 596 000 元，企业和银行均不存在记账错误。经逐笔勾对，发现 3 月存在以下两笔未达账项：

①D 公司购买原材料开出支票支付货款 25 000 元，并已登记入账，但持票人尚未向银行办理进账手续，银行尚未记账。

②银行已为企业收取货款 60 000 元，但 D 公司尚未收到收款通知，尚未记账。

202×年 3 月 31 日，D 公司账面存款余额和银行对账单存款余额分别是（　　）。

A. 2 561 000 元、2 656 000 元　　B. 2 536 000 元、2 621 000 元

C. 2 571 000 元、2 656 000 元　　D. 2 656 000 元、2 621 000 元

43. 某企业进行现金清查时，发现现金实有数比账面余额多 100 元。经反复核查，长款原因不明。正确的处理方法是（　　）。

A. 归出纳员个人所有　　B. 冲减管理费用

C. 确认为其他业务收入　　D. 确认为营业外收入

44. 固定资产盘盈应通过（　　）账户核算。

A. “待处理财产损溢”　　B. “营业外收入”

C. “营业外支出”　　D. “以前年度损益调整”

【参考答案】

1. D	2. B	3. A	4. C	5. B
6. B	7. D	8. C	9. C	10. B
11. C	12. B	13. C	14. A	15. C
16. C	17. A	18. C	19. A	20. D
21. C	22. B	23. D	24. B	25. B
26. B	27. D	28. D	29. D	30. C
31. B	32. A	33. B	34. B	35. C
36. C	37. B	38. A	39. D	40. C
41. B	42. B	43. D	44. D	

【部分解析】

19. 在财产清查时，实物盘点的结果应逐一填制盘存单，并同账面余额记录核对，确认盘盈或盘亏数，填制实存账存对比表，作为调整账面记录的原始凭证。

（二）多选题

1. 某单位 202×年 6 月 3 日库存现金日记账的余额大于实地盘点数，导致账实不符的原因可能有（　　）。

A. 记账时将相邻两位数字颠倒　　B. 记账时将相邻三位数字颠倒

C. 记账时以小记大的错位差错　　D. 记账时以大记小的错位差错

2. 需要进行全面清查的形式有（　　）。

A. 年终结算前　　B. 企业破产清算

C. 会计机构负责人调离工作　　D. 清产核资

3. 按财产清查的时间可将财产清查方法分为（　　）。

A. 定期清查　　B. 不定期清查

C. 局部清查　　D. 全面清查

4. 下列关于库存现金清查的说法中，错误的有（　　）。

A. 库存现金只需要定期清查

B. 库存现金清查时出纳人员应该回避

C. 清查人员应该自己动手亲自盘点库存现金

D. 库存现金清查后，如果存在账实不符也不得调整库存现金日记账

5. 下列情况中，会影响管理费用的有（　　）。

A. 企业盘点库存现金，发生无法查明原因的库存现金盘亏

B. 存货盘点，发现由于管理不善造成存货盘亏

C. 固定资产盘点，发现固定资产盘亏，盘亏的净损失

D. 库存现金盘点，发现库存现金盘点的净收益

6. “待处理财产损溢”账户借方核算的内容有（　　）。

A. 待处理财产盘亏金额

B. 待处理财产盘盈金额

C. 根据批准的处理意见结转待处理财产盘亏数

D. 根据批准的处理意见结转待处理财产盘盈数

7. 银行存款日记账余额与银行对账单余额不一致，原因可能有（　　）。

A. 银行存款日记账有误　　B. 银行记账有误

C. 存在未达账项　　D. 存在企业与银行均未付款的款项

8. 出纳人员每天工作结束前都要将库存现金日记账结清并与库存现金实存数核对，这属于（　　）。

A. 定期清查　　B. 不定期清查

C. 全面清查　　D. 局部清查

9. 下列情况中，企业应对其财产进行全面清查的有（　　）。

A. 年终结算前　　B. 企业进行股份制改制前

C. 更换仓库保管员　　D. 企业破产

10. 下列记录中，可以作为调整账面数字的原始凭证的有（　　）。

A. 盘存单　　B. 实存账存对比表

C. 银行存款余额调节表　　D. 库存现金盘点报告表

11. 对于盘亏、毁损的存货，经批准后进行账务处理时，可能涉及的借方账户有（　　）。

A. “其他应收款”　　B. “营业外支出”

C. “管理费用”　　D. “营业外收入”

12. 下列选项中，（　　）的清查宜采用发函询证的方法。

A. 应收账款　　B. 应付账款

C. 存货　　D. 预付账款

13. 下列情况中，需要对财产物资进行不定期的局部清查的有（　　）。

A. 库存现金、财产物资保管人员更换时

B. 企业变更隶属关系时

C. 发生非常灾害造成财产物资损失时

D. 企业进行清产核资时

14. 下列业务中，需要通过“待处理财产损溢”账户核算的有（　　）。

A. 库存现金盘亏　　B. 原材料盘亏

C. 发现账外固定资产　　D. 应收账款无法收回

15. 与“待处理财产损溢”账户借方发生额有对应关系的账户可能有（　　）。

A. “原材料”　　B. “固定资产”

C. “应收账款”　　D. “库存商品”

16. 使企业银行存款日记账的余额小于银行对账单余额的未达账项有（　　）。

A. 企业已收款记账而银行尚未收款记账

B. 企业已付款记账而银行尚未付款记账

C. 银行已收款记账而企业尚未收款记账

D. 银行已付款记账而企业尚未付款记账

17. 财产清查按清查的时间可以分为（　　）。

A. 定期清查　　B. 不定期清查

C. 全面清查　　D. 局部清查

18. 财产清查按清查的范围可以分为（　　）。

A. 定期清查　　B. 不定期清查

C. 全面清查　　D. 局部清查

19. 下列情形中，应该对财产进行不定期清查的有（　　）。

A. 发现库存现金被盗　　B. 与其他企业合并

C. 年终结算时　　D. 自然灾害造成部分财产损失

20. 关于银行存款余额调节表，下列说法中正确的有（　　）。

A. 调节后的余额表示企业可以实际动用的银行存款数额

B. 该表是通知银行更正错误的依据

C. 不能够作为调整本单位银行存款日记账记录的原始凭证

D. 是更正本单位银行存款日记账记录的依据

21. 采用技术推算法清查的实物资产应具备的特点有（　　）。

A. 数量大　　B. 逐一清点有困难

C. 不便于用计算器计量　　D. 价值低

22. 财产清查的意义有（　　）。

A. 提高会计资料的准确性　　B. 保障财产物资的安全完整

C. 提高资金使用效果　　D. 加速资金周转

23. 单位年终结算时进行的清查属于（　　）。

A. 全面清查　　B. 局部清查

C. 定期清查　　D. 不定期清查

24. 企业编制银行存款余额调节表，在调整银行存款日记账余额时，应考虑的情况有（　　）。

A. 企业已收、银行未收的款项　　B. 银行已收、企业未收的款项
C. 银行已付、企业未付的款项　　D. 企业已付、银行未付的款项

25. 常用的实物资产的清查方法包括（　　）。
A. 技术推算法　　B. 实地盘点法
C. 函证核对法　　D. 抽样盘点法

26. 下列情形中，需要进行全面清查的有（　　）。
A. 单位进行撤并时　　B. 更换出纳人员时
C. 开展清产核资时　　D. 单位负责人调离时

27. 财产清查结果的处理要求包括（　　）。
A. 查明盘盈盘亏产生的原因　　B. 建立和健全财产管理制度
C. 积极处理积压物资　　D. 对财产盘盈盘亏做出账务处理

【参考答案】

1. ABC	2. ABD	3. AB	4. ABCD	5. AB
6. AD	7. ABC	8. AD	9. ABD	10. BD
11. ABC	12. ABD	13. AC	14. AB	15. ABD
16. BC	17. AB	18. CD	19. ABD	20. AC
21. ABCD	22. ABCD	23. AC	24. BC	25. ABD
26. ACD	27. ABCD			

（三）判断题

1. 财产清查结果应该根据审批意见进行差异处理，但不得调整账项。（　　）

2. 银行存款余额调节表不是记账凭证，不能据以调整账簿记录。（　　）

3. 从财产清查的对象和范围来看，全面清查只有在年终进行。（　　）

4. 经批准转销固定资产盘亏净损失时，账务处理应借记“营业外支出”科目，贷记“固定资产清理”科目。（　　）

5. 企业对于与外部往来款项的清查，一般采取编制对账单寄给对方的方式进行，因此属于账账核对。（　　）

6. 银行存款余额调节表只是为了核对账目，并不能作为调整银行存款账面余额的原始凭证。（　　）

7. 库存现金的清查包括出纳人员每日的清点核对和清查小组定期和不定期的检查。（　　）

8. 对仓库中的所有存货进行盘点属于全面清查。（　　）

9. 存货盘亏、毁损的净损失一律记入“管理费用”科目。（　　）

10. 财产清查中，对于银行存款、各种往来款项至少每月与银行或有关单位核对一次。（　　）

11. 对银行存款进行清查时，如果存在账实不符现象，肯定是由于未达账项引起的。（　　）

12. 实物盘点后，应将“实存账存对比表”作为调整账面余额记录的原始依据。（　　）

13. 定期财产清查一般在结账以后进行。（　）

14. 盘点实物时，发现账面数大于实存数，即为盘盈。（　）

15. 对堆放的砂石，应采用技术推算法进行盘点，确定其实存数。（　）

16. 未达账项仅仅是指企业未收到凭证而未入账的款项。（　）

17. 应付账款应采用与对方核对账目的方法进行清查。（　）

18. 全面清查对企业所有财产物资进行全面的盘点和核对，包括各种存货、委托外单位加工、保管的材料。（　）

19. 单位撤销、合并或改变隶属关系、更换财产物资保管人员时，需要进行全面清查。（　）

20. 库存现金清查包括出纳人员每日终了前进行的库存现金账款核对和清查小组进行的定期或不定期的现金盘点、核对。清查小组清查时，出纳人员可以不在场。（　）

21. 企业的银行存款日记账与银行对账单所记的内容是相同的，都是反映企业的银行存款增减变动情况。（　）

22. 银行已经付款记账而企业尚未付款记账，会使开户单位银行存款账面余额小于银行对账单的存款余额。（　）

23. 转销已批准处理的财产盘盈数登记在“待处理财产损溢”账户的贷方。（　）

24. 对于盘盈、盘亏的财产物资，需在期末结账前处理完毕，如在期末结账前尚未经批准处理的，等批准后进行处理。（　）

25. 技术推算法是指利用技术方法推算财产物资账存数的方法。（　）

26. 因平时计量误差所导致的存货盘盈，经批准后应冲减管理费用。（　）

27. 除2法是指以差错数除以2，用得出的商数来查找账簿中记错方向的数字，可用于现金长款、短款的查找。（　）

28. 盘盈的存货应当按照同类或类似存货的重置成本作为实际成本。（　）

29. 在“银行存款余额调节表”中，根据“企业账面存款余额”调节后的存款余额必定等于根据“银行对账单存款余额”调节后的存款余额。（　）

30. 盘亏的固定资产，按同类或类似固定资产的重置价值减去根据其新旧程度估计的已提折旧后的余额作为入账价值。（　）

31. 在清查现金时，对于尚未入账的临时性借条及暂未领取的代保管现金，均不得计入实存数，对于存放在不同地点的现金备用金，盘点应在同一时间进行。（　）

32. 某企业在财产清查时查明盘亏固定资产一项，原价为56 000元，累计折旧为20 000元，报经批准处理后将导致营业利润减少36 000元。（　）

【参考答案】

1. ×	2. √	3. ×	4. ×	5. ×
6. √	7. √	8. √	9. ×	10. ×
11. ×	12. √	13. ×	14. ×	15. √

16. ×　　17. √　　18. √　　19. ×　　20. ×
21. ×　　22. ×　　23. ×　　24. √　　25. √
26. √　　27. ×　　28. √　　29. ×　　30. √
31. ×　　32. ×

【部分解析】

10. 对于银行存款至少每月与银行核对一次；对于往来款项不一定每月都需要与有关单位核对，视具体情况而定，但每年至少同对方核对1~2次。

32. 将导致利润总额减少36 000元，而不是营业利润。固定资产盘亏记入“营业外支出”账户，不影响营业利润，只影响利润总额。

（四）不定项选择题

1. 实地盘存制在登记账簿方面的特点是（　　）。

A. 只在账簿中登记发出数

B. 只在账簿中登记收入数

C. 既登记收入数又登记发出数

D. 既不登记收入数又不登记发出数

2. 采用永续盘存制，平时财产物资的记录是（　　）。

A. 只登记收入　　B. 既登记收入又登记发出

C. 只登记发出　　D. 以上都不是

3. 在实地盘存制下，正确的存货数量关系式为（　　）。

A. 期初账面结存数+本期收入数−本期发出数=期末账面结存数

B. 期初账面结存数+本期收入数−期末账面结存数=本期发出数

C. 期初余额+本期增加额−本期减少额=期末余额

D. 期初余额+本期增加额−期末余额=本期减少额

4. 现金出纳员每日清点现金属于（　　）。

A. 定期清查　　B. 全面清查

C. 局部清查　　D. 不定期清查

5. 企业仓库发生火灾，为查明原因立即进行清查盘点。按清查时间分类，上述财产清查属于（　　）。

A. 定期清查　　B. 不定期清查

C. 全面清查　　D. 局部清查

6. 对于企业已付款并入账但银行尚未入账的未达账项，在编制“银行存款余额调节表”时，应在（　　）。

A. 银行对账单余额方调减　　B. 企业存款余额方调减

C. 银行对账单余额方调增　　D. 企业存款余额方调增

7. 库存现金清查应采用的方法是（　　）。

A. 核对账目　　B. 核对凭证

C. 实地盘点　　D. 技术推算

8. 月末存在未达账项时，企业实际可动用的银行存款数额应该是（　　）。
A. 企业银行存款日记账上的存款余额
B. 银行存款余额调节表中调节后的存款余额
C. 银行对账单上的存款余额
D. 以上表述均不正确

9. 对于银行已经入账而企业尚未入账的未达账项应（　　）。
A. 在编制银行存款余额调节表的同时入账
B. 根据银行对账单记录的金额入账
C. 待有关凭证到达后入账
D. 查明未达账项的原因后根据批准的数额入账

10. 下列属于银行存款清查方式的是（　　）。
A. 银行存款余额调节表与银行对账单核对
B. 银行存款总分类账与银行对账单核对
C. 银行存款日记账与银行对账单核对
D. 以上表述均不正确

11. 下列属于未达账项的情况有（　　）。
A. 企业已收，银行未收
B. 企业已付，银行未付
C. 企业未收，银行已收
D. 企业未付，银行已付

12. 企业发生的盘盈盘亏事项经批准处理后，“待处理财产损溢”账户（　　）。
A. 可能有借方余额
B. 可能有贷方余额
C. 可能有借方或贷方余额
D. 应当无余额

13. 盘盈的存货批准后应冲减（　　）。
A. 管理费用
B. 财务费用
C. 原材料
D. 库存商品

14. 如果商品短缺系工作人员收发错误而致，经批准后应记入（　　）账户。
A.“管理费用”
B.“其他应收款”
C.“生产成本”
D.“营业外支出”

15. 存货盘盈经批准后所编制会计分录的贷方科目是（　　）。
A.“营业外支出”
B.“管理费用”
C.“待处理财产损溢”
D.“营业外收入”

16. 盘盈的存货，其入账价值应当是（　　）。
A. 历史成本
B. 账面价值
C. 同类或类似存货的市场价格
D. 公允价值

17. 企业进行实物财产清查后，可以作为分析差异原因及明确经济责任依据的原始凭证是（　　）。
A. 材料物资入库单
B. 材料物资出库单
C. 实存账存对比表
D. 往来款项清查表

18. 某企业发生的材料盘亏现已查明属于自然损耗，应编制的会计分录是（　　）

A. 借：待处理财产损溢
　　贷：原材料

B. 借：制造费用
　　贷：待处理财产损溢

C. 借：管理费用
　　贷：待处理财产损溢

D. 借：营业外支出
　　贷：待处理财产损溢

19. 因意外灾害所造成的材料损失，按规定报经批准后所编制的会计分录应是（　　）。

A. 借记“待处理财产损溢”科目　　B. 借记“营业外支出”科目
C. 贷记“待处理财产损溢”科目　　D. 贷记“原材料”科目

20. “待处理财产损溢”账户的借方反映（　　）。

A. 尚未处理的各种财产的净溢余
B. 尚未处理的各种财产的净损失
C. 批准处理的各种财产的净损失
D. 批准处理的各种财产的净溢余

21. 下列有关未达账项的论述中，错误的是（　　）。

A. 未达账项既不是企业的错账，又不是企业的漏账
B. 未达账项只有在银行存款余额调节表中进行调节
C. 未达账项无论何时均不能据以进行任何账务处理
D. 未达账项是企业与银行结算凭证传递时间差所产生

22. 下列情况中，需要进行全面清查的有（　　）。

A. 企业进行清产核资　　B. 企业改变隶属关系
C. 企业进行资产重组　　D. 更换物资保管人

23. 下列各项中，属于财产物资盘存制度的有（　　）。

A. 权责发生制　　B. 实地盘点制
C. 永续盘存制　　D. 实地盘存制

24. 下列有关企业进行库存现金盘点清查的做法中，正确的是（　　）。

A. 库存现金的清查方法采用实地盘点法
B. 盘点库存现金时，出纳人员必须在场
C. 代保管现金可计入库存现金的实存数
D. 现金盘点报告表由出纳人员签章生效

25. 编制“银行存款余额调节表”时，应调整该表中“企业账面存款余额”项目的未达账项是（　　）。

A. 银行已收，企业未收　　B. 银行已付，企业未付
C. 企业已收，银行未收　　D. 企业已付，银行未付

26. 企业对银行存款清查时，应逐笔进行核对的是（　　）。

A. 银行存款总分类账　　B. 银行对账单

C. 银行存款日记账　　D. 库存现金日记账

27. 下列关于往来款项清查的论述中，正确的是（　　）。

A. 往来款项的清查主要对应收款、应付款、暂收款等款项的清查

B. 往来款项的清查一般采用向对方单位发函询证的方法进行核对

C. 在保证往来账户记录完整正确的基础上向对方单位填发对账单

D. 收到对方单位回单后，应据此编制调整有关往来款项账户记录

28. 企业财产清查过程中，造成账实不符的原因有（　　）。

A. 财产物资存储中的自然损耗　　B. 财产物资发生毁损、被盗

C. 财产物资日常收发计量错误　　D. 财产物资账簿的漏记、重记

29. 在财产清查过程中形成的下列资料中，可以作为原始凭证的是（　　）。

A. 库存现金盘点报告表　　B. 银行存款余额调节表

C. 实存账存对比表　　D. 往来款项对账单

30. 某公司202×年9月30日银行存款日记账余额为149 300元，银行发来的对账单余额为162 500元。经核对发现以下未达账项：

①委托银行代收的销货款8 000元，银行已收到入账，但企业尚未收到银行收款通知书。

②企业于月末交存银行的转账支票16 400元，银行尚未入账。

③银行代扣企业借款利息1 800元，企业尚未收到付款通知。

④企业于月末开出转账支票20 000元，持票人尚未到银行办理转账手续。

该公司银行存款余额调节表如表2-8所示。

表2-8　银行存款余额调节表

存款种类：结算户存款　　202×年9月30日　　单位：元

项目	金额	项目	金额
企业账面存款余额	149 300	银行对账单存款余额	162 500
加：银行已收，企业未收款项	E	加：企业已收，银行未收款项	H
减：银行已付，企业未付款项	F	减：企业已付，银行未付款项	I
调节后余额	G	调节后余额	J

要求：根据上述资料，回答（1）~（4）题。

（1）字母E和F的金额分别为（　　）元。

A. 8 000、1 800　　B. 1 800、8 000

C. 16 400、20 000　　D. 20 000、16 400

（2）字母H和I的金额分别为（　　）元。

A. 8 000、1 800　　B. 1 800、8 000

C. 16 400、20 000　　D. 20 000、16 400

（3）字母 G 和 J 的金额分别为（　　）元。

A. 149 300、162 500　　B. 162 500、149 300

C. 158 900、155 500　　D. 155 500、158 900

（4）下列表述正确的有（　　）。

A. 可能存在尚未核对出的其他未达账项

B. 企业的银行存款日记账可能存在记账差错

C. 银行对企业存款的记账可能存在差错

D. 企业或银行的账簿记录正确无误

【参考答案】

1. B	2. B	3. B	4. C	5. B
6. A	7. C	8. B	9. C	10. C
11. ABCD	12. D	13. A	14. B	15. B
16. C	17. C	18. C	19. BC	20. BD
21. C	22. ABC	23. CD	24. AB	25. AB
26. BC	27. ABC	28. ABCD	29. AC	
30. （1）A	（2）C	（3）D	（4）ABC	

【部分解析】

16. 对盘盈的存货应按估计成本作为入账价值，该估计成本可按同类或类似存货的市场价格确定。

24. 由清查小组对库存现金进行定期或不定期清查，出纳人员必须在场，现金由出纳人员经手盘点，代保管现金不得计入库存现金的实存数；现金盘点报告应由盘点人员和出纳人员共同签章生效。

27. 不能在收到对方单位回单后根据对方单位回单调整有关往来款项账户记录。在收到对方单位回单后，应据此编制“往来款项清查表”，并及时催收该收回的款项，积极处理呆账悬案。

考点八　财务会计报告

一、复习纲要

1. 财务会计报告概述

（1）含义和目标。

（2）构成。

（3）编制要求。

2. 资产负债表

（1）概念和意义。

（2）格式。

（3）编制方法。

（4）实例。

3. 利润表

（1）概念和意义。

（2）格式。

（3）编制方法。

（4）实例。

二、相关习题

（一）单选题

1. 资产负债表中，可以根据总账科目余额直接填列的项目是（　　）。
   A. 交易性金融资产　　B. 预收账款
   C. 预付账款　　D. 其他应收款

2. 我国企业资产负债表采用（　　）结构。
   A. 多步式　　B. 单步式
   C. 报告式　　D. 账户式

3. 利润表是反映企业一定时期（　　）的会计报表。
   A. 财务状况　　B. 经营成果
   C. 现金流量　　D. 资本变化

4. 资产负债表中所有者权益各项目自上而下的排列顺序是（　　）。
   A. 盈余公积、资本公积、未分配利润、实收资本
   B. 实收资本、盈余公积、资本公积、未分配利润
   C. 实收资本、盈余公积、未分配利润、实收资本
   D. 实收资本、资本公积、盈余公积、未分配利润

5. 资产负债表中，资产项目按照（　　）排列。
   A. 相关性大小　　B. 重要性大小
   C. 可比性高低　　D. 流动性高低

6. 可以根据总账账户期末余额直接填列的资产负债表项目是（　　）
   A. 应付职工薪酬　　B. 货币资金
   C. 存货　　D. 固定资产

7. 资产负债表中的存货项目，应根据材料采购（或在途物资）、原材料、周转材料、库存商品、委托加工物资、生产成本等账户的期末余额之和，减去（　　）账户期末余额后的金额填列。
   A.“存货跌价准备”　　B.“累计折旧”
   C.“资产减值损失”　　D.“累计摊销”

8. 财务会计报告的装订顺序为（　　）。
   A. 封面→各种会计报表→编制说明→会计报表附注→封底
   B. 封面→编制说明→各种会计报表→会计报表附注→封底

C. 封面→各种会计报表→会计报表附注→编制说明→封底

D. 封面→编制说明→会计报表附注→各种会计报表→封底

9. 某企业会计年度的期末应收账款所属明细账户借方余额之和为 500 800 元，所属明细账户贷方余额之和为 9 800 元，总账为借方余额 491 000 元。在当期资产负债表“应收账款”项目所填列的数额为（　　）元。

A. 500 800　　B. 9 800

C. 491 000　　D. 510 600

10. 某企业本月利润表中的营业收入为 450 000 元，营业成本为 216 000 元，税金及附加为 9 000 元，管理费用为 10 000 元，财务费用为 5 000 元，销售费用为 8 000 元，则其营业利润为（　　）元。

A. 217 000　　B. 225 000

C. 234 000　　D. 202 000

11. 下列有关附注的说法中，不正确的是（　　）。

A. 附注不属于财务会计报告的组成部分

B. 或有事项应在附注中说明

C. 企业的基本情况应在附注中说明

D. 附注是财务会计报告的组成部分

12. 依据我国的会计准则，利润表采用的格式为（　　）。

A. 单步式　　B. 多步式

C. 账户式　　D. 混合式

13. 财务报表编制的依据和编制财务会计报告的主要目的是（　　）。

A. 原始凭证和综合反映企业的现金流动情况

B. 科目汇总表和综合反映企业的财务状况

C. 记账凭证和综合反映企业的经营成果

D. 账簿记录和为财务会计报告使用者进行决策提供会计信息

14. 资产负债表是反映企业（　　）财务状况的财务报表。

A. 某一特定日期　　B. 一定时期内

C. 某一年内　　D. 某一月内

15. 下列各个财务报表中，属于企业对外提供的静态报表是（　　）。

A. 利润表　　B. 所有者权益变动表

C. 现金流量表　　D. 资产负债表

16. 某年 12 月 31 日编制的年度利润表中，“本期金额”一栏反映了（　　）。

A. 12 月 1 日利润或亏损的形成情况

B. 12 月累计利润或亏损的形成情况

C. 本年度利润或亏损的形成情况

D. 第四季度利润或亏损的形成情况

17. “应收账款”科目所属明细科目如有贷方余额，应在资产负债表（　　）项目中反映。

A. 预付账款　　B. 预收款项

C. 应收账款　　D. 应付账款

18. 编制财务报表时，以“资产=负债+所有者权益”这一会计等式作为编制依据的财务报表是（ ）。

A. 利润表　　B. 所有者权益变动表

C. 资产负债表　　D. 现金流量表

19. 编制财务报表时，以“收入-费用=利润”这一会计等式作为编制依据的财务报表是（ ）。

A. 利润表　　B. 所有者权益变动表

C. 资产负债表　　D. 现金流量表

20. 资产负债表中的各项目的填列方法是（ ）。

A. 都按有关账户期末余额直接填列

B. 必须对账户发生额和余额进行分析和计算才能填列

C. 应根据有关账户的发生额填列

D. 有的项目可以直接根据账户期末余额填列，有的项目需要根据有关账户期末余额计算分析填列

21. 某企业“应付账款”明细账期末余额情况如下：“应付账款——X 企业”贷方余额为 200 000 元，“应付账款——Y 企业”借方余额为 180 000 元，“应付账款——Z 企业”贷方余额为 300 000 元。假如该企业“预付账款”明细账均为借方佘额，则根据以上数据计算的反映在资产负债表上“应付账款”项目的数额为（ ）元。

A. 680 000　　B. 320 000

C. 500 000　　D. 80 000

22. 下列选项中，直接根据总分类账户余额填列资产负债表项目的是（ ）。

A. 应付票据　　B. 应收账款

C. 未分配利润　　D. 存货

23. 在资产负债表中资产按照其流动性排列时，下列排列方法中，正确的是（ ）。

A. 存货、无形资产、交易性金融资产、金融资产

B. 交易性金融资产、存货、无形资产、货币资金

C. 无形资产、货币资金、交易性金融资产、存货

D. 货币资金、交易性金融资产、存货、无形资产

24. 按照财务报表反映的经济内容分类，资产负债表属于反映（ ）的报表。

A. 某一特定日期财务状况　　B. 经营成果

C. 对外报表　　D. 月报

25. 资产负债表的下列项目中，需要根据几个总账科目的期末余额进行汇总填列的是（ ）。

A. 应付职工薪酬　　B. 短期借款

C. 货币资金　　D. 资本公积

26. 资产负债表中的存货项目应根据（　　）。
   A. 存货类账户的期末借方余额的合计数填列
   B. 原材料账户的期末借方余额直接填列
   C. “原材料”“生产成本”“库存商品”等账户的期末借方余额之和减去“存货跌价准备”账户余额填列
   D. “原材料”“在产品”“库存商品”等账户的期末借方余额之和填列
27. 可以反映企业的短期偿债能力和长期偿债能力的报表是（　　）。
   A. 利润表　　B. 利润分配表
   C. 资产负债表　　D. 现金流量表
28. 编制利润表主要是根据（　　）。
   A. 资产、负债和所有者权益各账户的本期发生额
   B. 资产、负债和所有者权益各账户的期末余额
   C. 损益类各账户的本期发生额
   D. 损益类各账户的期末余额
29. 资产负债表中的资产项目应按（　　）大小顺序排列。
   A. 流动性　　B. 重要性
   C. 变动性　　D. 盈利性
30. 财务报表中各项目数字的直接来源是（　　）。
   A. 原始凭证　　B. 日记账
   C. 记账凭证　　D. 账簿记录
31. 资产负债表中的应付账款项目应（　　）。
   A. 直接根据“应付账款”账户的期末贷方余额填列
   B. 根据“应付账款”账户的期末贷方余额和“应收账款”账户的期末借方余额填列
   C. 根据“应付账款”账户的期末贷方余额和“应收账款”账户的期末贷方余额填列
   D. 根据“应付账款”和“预付账款”账户所属相关明细账户的贷方余额计算填列
32. 在利润表中，利润总额减去（　　）得出净利润。
   A. 管理费用　　B. 增值税
   C. 营业外支出　　D. 所得税费用

33. H公司年末“应收账款”账户所属明细账户的借方余额为100万元，“预收账款”账户的贷方余额为150万元。其中，明细账的借方余额为15万元，贷方余额为165万元。“应收账款”账户对应的“坏账准备”账户期末余额为8万元。该企业年末资产负债表中应收账款项目的金额为（　　）万元。
   A. 163　　B. 100
   C. 115　　D. 107
34. 下列选项中，不会引起利润总额增减变化的是（　　）。
   A. 销售费用　　B. 管理费用
   C. 所得税费用　　D. 营业外支出

35.（　　）是指企业对外提供的反映企业某一特定日期财务状况和某一会计期间经营成果、现金流量情况的书面文件。

A. 资产负债表　　B. 利润表

C. 会计报表附注　　D. 财务会计报告

36. 下列资产项目中，属于非流动资产项目的是（　　）。

A. 应收票据　　B. 交易性金融资产

C. 长期待摊费用　　D. 存货

37. 下列资产项目中，属于非流动负债项目的是（　　）。

A. 应付票据　　B. 长期借款

C. 应付股利　　D. 应付职工薪酬

【参考答案】

1. A	2. D	3. B	4. D	5. D
6. A	7. A	8. B	9. A	10. D
11. A	12. B	13. D	14. A	15. D
16. C	17. B	18. C	19. A	20. D
21. C	22. A	23. D	24. A	25. C
26. C	27. C	28. C	29. A	30. D
31. D	32. D	33. D	34. C	35. D
36. C	37. B			

（二）多选题

1. 财务会计报告应当包括（　　）。

A. 资产负债表　　B. 附注

C. 所有者权益变动表　　D. 现金流量表

2. 按编制时间分类可将财务报表分为（　　）。

A. 月报　　B. 季报

C. 半年报　　D. 日报

3. 下列选项中，属于资产负债表项目的有（　　）。

A. 营业成本　　B. 工程物资

C. 实收资本　　D. 未分配利润

4. 下列选项中，正确的有（　　）。

A. 净利润=利润总额-所得税费用

B. 营业利润=营业收入-营业成本-税金及附加-销售费用-管理费用-财务费用-资产减值损失+公允价值变动收益+投资收益

C. 营业收入=主营业务收入+其他业务收入

D. 营业成本=主营业务成本+税金及附加

5. 在利润表中，“营业成本”项目填列的依据有（　　）。

A.“营业外支出”账户发生额

B.“主营业务成本”账户发生额

C.“其他业务成本”账户发生额

D.“税金及附加”账户发生额

6. 下列选项中，属于利润表提供的信息有（　　）。

A. 实现的营业收入　　B. 发生的营业成本

C. 营业利润　　D. 企业的利润或亏损总额

7. 下列选项中，属于资产负债表中流动资产项目的有（　　）。

A. 货币资金　　B. 预收账款

C. 应收账款　　D. 存货

8. 编制资产负债表时，需根据有关总账科目期末余额分析，计算填列的项目有（　　）。

A. 货币资金　　B. 预付账款

C. 存货　　D. 短期借款

9. 多步式利润表可以反映企业的（　　）等项目。

A. 所得税费用　　B. 营业利润

C. 利润总额　　D. 净利润

10. 下列等式中，正确的有（　　）。

A. 资产=负债+所有者权益

B. 营业利润=主营业务收入+其他业务收入-主营业务成本-其他业务成本+投资收益+公允价值变动收益

C. 利润总额=营业利润+营业外收入-营业外支出

D. 净利润=利润总额-所得税费用

11. 下列账户中，可能影响资产负债表中应付账款项目金额的有（　　）。

A.“应收账款”　　B.“预收账款”

C.“应付账款”　　D.“预付账款”

12. 资产负债表中，预收账款项目应根据（　　）总分类账户所属明细分类账户期末贷方余额合计填列。

A.“预付账款”　　B.“应收账款”

C.“应付账款”　　D.“预收账款”

13. 资产负债表的数据来源可以根据（　　）取得。

A. 总账科目余额直接填列　　B. 总账科目余额计算填列

C. 记账凭证直接填列　　D. 明细科目余额计算填列

14. 企业财务报表按其编报的时间不同，分为（　　）。

A. 半年度报表　　B. 月度报表

C. 季度报表　　D. 年度报表

15. 下列选项中，列示在资产负债表左方的有（　　）。

A. 固定资产　　B. 无形资产

C. 非流动资产　　D. 流动资产

16. 下列选项中，列示在资产负债表右方的有（ ）。

A. 非流动资产　　B. 非流动负债

C. 流动负债　　D. 所有者权益

17. 下列选项中，会影响营业利润计算的有（ ）。

A. 营业外收入　　B. 税金及附加

C. 营业成本　　D. 销售费用

18. 下列选项中，会影响利润总额计算的有（ ）。

A. 营业收入　　B. 营业外支出

C. 营业外收入　　D. 投资收益

19. 下列选项中，属于对财务会计报告编制要求的有（ ）。

A. 真实可靠　　B. 编报及时

C. 全面完整　　D. 便于理解

20. 下列选项中，属于资产负债表中流动负债项目的有（ ）。

A. 应付职工薪酬　　B. 应付股利

C. 应交税费　　D. 应付票据

21. 单位编制财务会计报告的主要目的就是为（ ）及社会公众等财务报告的使用者进行决策提供会计信息。

A. 投资者　　B. 债权人

C. 政府及相关机构　　D. 企业管理人员

22. 资产负债表中的预付账款项目应根据（ ）之和填列。

A. 预付账款明细账户的借方余额

B. 预付账款明细账户的贷方余额

C. 应付账款明细账户的贷方余额

D. 应付账款明细账户的借方余额

23. 资产负债表中的应收账款项目应根据（ ）之和减去“坏账准备”账户中有关应收账款计提的坏账准备期末余额填列。

A.“应收账款”科目所属明细账户的借方余额

B.“应收账款”科目所属明细账户的贷方余额

C.“应付账款”科目所属明细账户的贷方余额

D.“预收账款”科目所属明细账户的借方余额

24. 中期财务会计报告包括（ ）。

A. 月度财务会计报告　　B. 半年度财务会计报告

C. 季度财务会计报告　　D. 年度财务会计报告

25. 资产负债表中的货币资金项目应根据（ ）账户期末余额的合计数填列。

A.“应收账款”　　B.“库存现金”

C.“银行存款”　　D.“其他货币资金”

26. 下列表述中，正确的有（　　）。

A. 资产负债表是动态报表

B. 利润表是动态报表

C. 现金流量表是动态报表

D. 会计报表附注是对会计报表项目的补充说明

27. 财务会计报告的内容包括（　　）。

A. 会计报表

B. 会计报表附注

C. 试算平衡表

D. 应在财务会计报表中披露的相关信息和资料

28. 会计报表至少应包括（　　）。

A. 资产负债表　　B. 利润表

C. 现金流量表　　D. 所有者权益变动表

29. 利润表中的营业收入项目应根据（　　）科目的本期发生额计算填列。

A. “主营业务收入”　　B. “营业外收入”

C. “投资收益”　　D. “其他业务收入”

30. 可以根据总账账户期末余额直接填列的资产负债表项目有（　　）。

A. 交易性金融资产　　B. 货币资金

C. 固定资产清理　　D. 实收资本

31. 下列选项中，不属于资产负债表项目的是（　　）。

A. 库存现金　　B. 待处理财产损溢

C. 利润分配——未分配利润　　D. 原材料

【参考答案】

1. ABCD	2. ABC	3. BCD	4. ABC	5. BC
6. ABCD	7. ACD	8. AC	9. ABCD	10. ACD
11. CD	12. BD	13. ABD	14. ABCD	15. ABCD
16. BCD	17. BCD	18. ABCD	19. ABCD	20. ABCD
21. ABCD	22. AD	23. AD	24. ABC	25. BCD
26. BCD	27. ABD	28. ABCD	29. AD	30. ACD
31. ABCD				

（三）判断题

1. 将于一年内到期的非流动负债，在资产负债表中应作为流动负债单独列示。（　　）

2. 现金流量是指企业现金和现金等价物的流入量与流出量。（　　）

3. 现金流量表中的“现金”仅指库存现金。（　　）

4. 资产负债表中的存货项目包括在途物资、原材料、生产成本、库存商品等。（　　）

5. 生产成本是利润表的组成项目。 （ ）

6. 鸿运公司202×年3月主营业务成本和其他业务成本账户的本期发生额分别为450 000元和150 000元，则202×年3月利润表中营业成本项目的本期金额为600 000元。 （ ）

7. 202×年12月31日，嘉瑞公司"长期借款"账户贷方余额为520 000元，其中的200 000元将于202×年7月1日到期。嘉瑞公司202×年12月31日的资产负债表中，长期借款项目的期末余额应为320 000元。 （ ）

8. 财务会计报告使用者包括投资者、债权人、政府及有关部门和社会公众等。 （ ）

9. "生产成本"科目余额应列入损益表。 （ ）

10. 利润表中的营业外收入项目反映直接计入当期利润的利得，包括公允价值变动收益、材料盘盈等。 （ ）

11. 利润表中的税金及附加项目，反映企业日常经营活动应负担的消费税、城市维护建设税、所得税等税金和教育费附加。 （ ）

12. 资产负债表中的应收账款项目应根据"应收账款"账户和"预收账款"账户所属明细账户的期末借方余额合计数，减去"坏账准备"账户期末余额后的金额填列。 （ ）

13. 在现金流量表中，企业应区分经营活动、投资活动和筹资活动列报其现金流量。 （ ）

14. 小企业可以不编制现金流量表。 （ ）

15. 企业的账户式资产负债表左侧的资产项目是按金额大小排列的。 （ ）

16. 实际工作中，为使财务报表及时报送，企业可以提前结账。 （ ）

17. 编制财务会计报告的主要目的就是为财务报告使用者进行决策提供信息。 （ ）

18. 资产负债表的格式主要有账户式和报告式两种，我国采用的是报告式，因此才出现财务会计报告这个名词。 （ ）

19. 资产负债表中的"长期待摊费用"项目应根据"长期待摊费用"账户的余额直接填列。 （ ）

20. 利润表是反映企业在一定会计期间经营成果的报表，属于静态报表。 （ ）

21. 利润表的格式主要有多步式和单步式两种，我国采用多步式结构。 （ ）

22. 营业利润减去管理费用、销售费用、财务费用和所得税费用后得到净利润。 （ ）

23. 财务报表按其反映的内容，可以分为动态财务报表和静态财务报表，资产负债表是反映在某一期间财务状况的财务报表。 （ ）

24. 财务会计报告是由单位根据经过审核的会计凭证编制的。 （ ）

25. 资产负债表的"期末余额"栏各项目主要是根据总账或有关明细账本期发生额直接填列的。 （ ）

26. 资产负债表中货币资金项目应根据银行存款账户的期末余额填列。 （ ）

27. 资产负债表中固定资产项目应根据固定资产账户余额减去累计折旧、固定资产减值准备等账户的期末余额后的金额填列。 （ ）

28. 利润表中营业成本项目反映企业销售产品和提供劳务等主要经营业务的各项销售费用和实际成本。 （ ）

29. 利润表是反映企业一定日期财务状况的财务报表。 （ ）

30. 资产负债表中资产项目是按资产流动性由小到大的顺序排列的。 （ ）

31. 利润表中的各项目应根据有关损益类账户的本期发生额或余额部分计算填列。 （ ）

32. 账户式资产负债表左右两方，右方为负债及所有者权益项目，一般按金额大小顺序排列。 （ ）

33. 财务报表项目数据的直接来源是原始凭证和记账凭证。 （ ）

34. 向不同的会计资料使用者提供财务会计报告，其编制依据应当一致。 （ ）

35. 资产负债表是总括反映企业特定日期资产、负债和所有者权益情况的动态报表。通过资产负债表可以了解企业的资产构成、资金的来源构成和企业债务的偿还能力。 （ ）

36. 中期财务报告是反映以一年的中间日为资产负债表日编制的财务报告。 （ ）

【参考答案】

1. √	2. √	3. ×	4. ×	5. ×
6. √	7. √	8. √	9. ×	10. ×
11. ×	12. √	13. √	14. √	15. ×
16. ×	17. √	18. ×	19. ×	20. ×
21. √	22. ×	23. ×	24. ×	25. ×
26. ×	27. √	28. ×	29. ×	30. ×
31. ×	32. ×	33. ×	34. √	35. ×
36. ×				

【部分解析】

4. 工业企业的存货包括在途物资、原材料、生产成本、库存商品等，商业企业的存货包括在途商品、库存商品、加工商品、出租商品、分期收款发出商品、材料物资、包装物和低值易耗品等。

19. 资产负债表中的长期待摊费用项目应根据“长期待摊费用”账户期末余额减去一年内（含一年）摊销的数额后的金额填列。

（四）不定项选择题

1. 下列账簿中，属于会计账簿主体而且是编制会计报表主要依据的是（ ）。

A. 日记账　　B. 分类账

C. 备查账　　D. 订本账

2. 资产负债表的下列资产项目，自上而下排列顺序正确的是（　　）。

A. 货币资金、应收账款、固定资产、无形资产、长期股权投资

B. 固定资产、货币资金、长期股权投资、应收账款、无形资产

C. 货币资金、应收账款、固定资产、无形资产、长期股权投资

D. 货币资金、应收账款、长期股权投资、固定资产、无形资产

3. “预付账款”科目所属有关明细账户的期末贷方余额，应填列在资产负债表的（　　）项目。

A. 预付账款　　B. 应付账款

C. 预收账款　　D. 应收账款

4. 资产负债表中应根据明细科目余额填列的项目有（　　）。

A. 预收账款　　B. 应收账款

C. 固定资产　　D. 应付账款

5. 不需在资产负债表上单独列示的资产减值准备有（　　）。

A. 无形资产减值准备　　B. 固定资产减值准备

C. 存货跌价准备　　D. 长期股权投资跌价准备

6. 利润总额减去所得税费用后的余额是（　　）。

A. 主营业务利润　　B. 其他业务利润

C. 每股收益　　D. 净利润

7. 影响营业利润的因素有（　　）。

A. 其他业务收入　　B. 财务费用

C. 税金及附加　　D. 营业外收入

8. 资产负债表的作用是（　　）。

A. 反映企业某一时期的经营成果　　B. 反映企业某一时期的财务状况

C. 反映企业某一时点的经营成果　　D. 反映企业某一时点的财务状况

9. 资产负债表中负债项目的排列顺序是按（　　）排列。

A. 项目的重要性程序　　B. 项目的金额大小

C. 项目的支付性大小　　D. 清偿债务的先后

10. 下列关于资产负债表的表述中，错误的是（　　）。

A. 编制的理论依据是“资产=负债+所有者权益”会计平衡公式

B. 各项目按一定的分类标准和一定的顺序予以适当排列设计

C. 可以帮助财务会计报表使用者全面了解企业财务状况的信息

D. 作为对外提供会计报表，仅为企业外部利益关系人提供服务

11. 下列计算公式中，利润总额的计算公式是（　　）。

A. 利润总额=营业利润-营业费用+营业外收入-营业外支出

B. 利润总额=营业利润-管理费用-营业费用-财务费用

C. 利润总额=营业利润+营业外收入-营业外支出-所得税费用

D. 利润总额=营业利润+营业外收入-营业外支出

12. 某企业202×年利润表中，投资收益为18 000元，营业利润为12 800元，营业外收入为14 000元，营业外支出为10 000元，所得税为4 950元。该企业当年利润表中的净利润为（　　）元。

A. 11 850　　B. 16 800

C. 29 850　　D. 34 800

13. 下列项目中，与计算利润表营业利润项目无关的是（　　）。

A. 所得税费用　　B. 销售费用

C. 管理费用　　D. 投资收益

14. 下列选项中，不影响企业现金流量的是（　　）。

A. 取得银行短期借款　　B. 支付给投资者现金股利

C. 偿还银行长期借款　　D. 以某固定资产对外投资

15. 下列会计报表中，属于动态会计报表的有（　　）。

A. 资产负债表　　B. 利润表

C. 现金流量表　　D. 会计报表附注

16. 下列选项中，属于资产负债表流动资产项目的有（　　）。

A. 货币资金　　B. 应收票据

C. 应收账款　　D. 预付账款

17. 下列资产负债表项目中，应根据明细账余额分析填列的有（　　）。

A. 应收账款　　B. 预收账款

C. 固定资产　　D. 应付账款

18. 下列选项中，应在资产负债表存货项目填列的有（　　）。

A. 库存商品　　B. 生产成本

C. 工程材料　　D. 存货跌价准备

19. 编制资产负债表时，可以根据总账余额直接填列的项目有（　　）。

A. 应收账款　　B. 应收股利

C. 短期借款　　D. 实收资本

20. 我国企业利润表采用多步式，其分步计算的指标有（　　）。

A. 营业收入　　B. 营业利润

C. 利润总额　　D. 净利润

21. 下列选项中，属于经营活动现金流出的有（　　）。

A. 缴纳的企业所得税　　B. 缴纳的增值税

C. 支付的借贷款利息　　D. 购买材料支付的现金

22. 下列选项中，属于现金流量表经营活动产生的现金流量项目的有（　　）。

A. 销售商品、提供劳务收到的现金

B. 购买商品、接受劳务支付的现金

C. 分配股利、偿付利息支付的现金

D. 支付给职工以及为职工支付的现金

23. 下列选项中，属于编制财务会计报告应符合的要求有（　　）。

A. 合理谨慎　　B. 真实可靠

C. 内容完整　　D. 相关可比

24. 202×年3月31日，某公司有关账户期末余额及相关经济业务如下：

①“库存现金”账户借方余额2 000元，“银行存款”账户借方余额350 000元，“其他货币资金”账户借方余额500 000元。

②“应收账款总额”账户借方余额350 000元，其所属明细账户借方余额合计为480 000元，所属明细账户贷方余额合计为130 000元，“坏账准备”账户贷方余额为30 000元（均系应收账款计提）。

③“固定资产”账户借方余额8 700 000元，“累计折旧”账户贷方余额2 600 000元，“固定资产减值准备”账户贷方余额600 000元。

④“应付账款”总账账户贷方余额240 000元，其所属明细分类账户贷方余额合计为350 000元，其所属明细账户借方余额合计为110 000元。

⑤“预付账款”总账账户借方余额130 000元，其所属明细分类账户借方余额合计为160 000元，其所属明细账贷方余额合计为30 000元。

⑥本月实现营业收入2 000 000元，营业成本为1 500 000元，税金及附加为240 000元，期间费用为100 000元，营业外收入为20 000元，适用的所得税税率为25%。

要求：根据上述资料，回答（1）~（5）题。

（1）该公司202×年3月31日的资产负债表中“货币资金”项目“期末余额”栏的金额是（　　）元。

A. 852 000　　B. 2 000

C. 352 000　　D. 502 000

（2）该公司202×年3月31日的资产负债表中“应收账款”和“预收账款”两个项目“期末余额”栏的金额分别是（　　）元。

A. 480 000　　B. 450 000

C. 350 000　　D. 130 000

（3）该公司202×年3月31日的资产负债表中“固定资产”项目“期末余额”栏的金额是（　　）元。

A. 8 700 000　　B. 6 100 000

C. 5 500 000　　D. 6 700 000

（4）该公司202×年3月31日的资产负债表中“应付账款”和“预付账款”两个项目“期末余额”栏的金额分别是（　　）元。

A. 240 000　　B. 380 000

C. 270 000　　D. 130 000

（5）该公司202×年3月利润表中的营业利润、利润总额和净利润“本期金额”栏的金额分别是（　　）元。

A. 160 000　　B. 180 000

C. 120 000　　D. 135 000

25. 某公司202×年1月末资产负债表（简式）如表2-9所示。

表2-9 资产负债表（简式）

202×年1月31日 单位：元

资产	金额	负债及所有者权益	金额
银行存款	80 000	应付账款	10 000
原材料	60 000	应付票据	20 000
固定资产	200 000	实收资本	300 000
		资本公积	10 000
合计	340 000	合计	340 000

202×年2月，该公司发生下列经济业务：

①该公司以银行存款20 000元购生产用设备。

②该公司将到期无力偿还的应付票据10 000元转为应付账款。

③该公司将资本公积6 000元转增实收资本。

④该公司购进生产用材料8 000元，款项尚未支付。

要求：根据上述资料，回答（1）~（4）题（不考虑其他因素和各种税费）。

（1）下列表述正确的有（　　）。

A. 以银行存款20 000元购买生产用设备，会引起资产内部的一增一减

B. 将到期无力偿还的应付票据10 000元转为应付账款，会引起负债内部的一增一减

C. 将资本公积6 000元转增资本，会引起所有者权益内的一增一减

D. 购进生产用材料8 000元，款项尚未支付，会引起资产与负债同时增加

（2）关于该公司2月末有关账户的余额，正确的有（　　）。

A.“固定资产”账户借方余额220 000元

B.“应付账款”账户贷方余额28 000元

C.“实收资本”账户贷方余额306 000元

D.“资本公积”账户借方余额4 000元

（3）关于该公司资产总额和净资产总额的表述，正确的有（　　）。

A. 2月末的资产总额为348 000元　　B. 2月末的资产总额为342 000元

C. 2月末的净资产总额为310 000元　　D. 2月末的净资产总额为308 000元

（4）关于该公司2月各账户的发生额合计，正确的有（　　）。

A. 借方发生额合计为348 000元　　B. 借方发生额合计为44 000元

C. 贷方发生额合计为348 000元　　D. 贷方发生额合计为44 000元

【参考答案】

1. B	2. D	3. B	4. ABD	5. ABD
6. D	7. ABC	8. D	9. D	10. D
11. D	12. A	13. A	14. D	15. BC
16. ABCD	17. ABD	18. ABD	19. BCD	20. BCD

21. ABD　　22. ABD　　23. BCD

24. （1）A　（2）BD　（3）C　（4）BC　（5）ABD

25. （1）ABCD（2）ABC　（3）AC　（4）BD

【部分解析】

23. 财务会计报表是企业提供会计信息的重要手段，必须做到真实可靠、相关可比、内容完整、编报及时、便于理解。

考点九　会计档案

一、复习纲要

1. 会计档案概述

（1）概念。

（2）内容。

2. 会计档案保管

（1）装订。

（2）整理立卷。

（3）归档。

（4）保管期限。

（5）查阅和复制。

（6）销毁。

二、相关习题

（一）单选题

1. 会计档案保管期限应从（　　）。

A. 移交档案管理部门之日算起　　B. 会计年度终了后的第一天算起

C. 年度会计报表签发日算起　　D. 下一会计年度首月末之日算起

2. 某企业按规定需要销毁会计档案，监销人员的派出单位应为（　　）。

A. 本企业档案机构和会计机构　　B. 财政部门

C. 审计部门　　D. 主管部门

3. 未设立档案机构的单位，会计档案的保管部门和人员应是（　　）。

A. 人事部门的相关人员　　B. 会计部门的出纳人员

C. 会计部门的非出纳人员　　D. 会计部门的任何人员

4. 按规定保管期限应超过 20 年的会计档案是（　　）。

A. 记账凭证　　B. 会计移交清册

C. 会计档案销毁清册　　D. 辅助账簿

5. 应永久保管的会计档案是（　　）。

A. 原始凭证　　B. 年度财务会计报告（决算）

C. 总账　　D. 日记账

6. 原始凭证和记账凭证的保管期限为（　　）年。

A. 30　　B. 25

C. 3　　D. 10

7. 下列会计资料中，属于会计档案的是（　　）。

A. 库存现金日记账　　B. 公司财务制度

C. 购销合同　　D. 年度财务预算

8. 会计档案是指记录和反映经济业务事项的重要历史（　　）。

A. 凭证　　B. 资料和依据

C. 史料和证据　　D. 材料

9. 企业年度财务报告的保管期限为（　　）。

A. 5 年　　B. 15 年

C. 25 年　　D. 永久

10. 各种会计档案的保管期限，根据其特点分为永久、定期两类。定期保管期限分为（　　）两种。

A. 10 年、20 年　　B. 15 年、25 年

C. 15 年、30 年　　D. 10 年、30 年

11. 下列会计档案中，需要保管 30 年的是（　　）。

A. 银行存款对账单　　B. 银行存款日记账

C. 纳税申报表　　D. 年度财务会计报告

12. 其他单位如果因特殊原因需要使用会计档案时，经上级主管单位批准（　　）。

A. 可以查阅　　B. 只可以查阅不能复制

C. 不可查阅或复制　　D. 可以查阅或复制

13. 下列会计档案中，不需要永久保存的是（　　）。

A. 财政总预算　　B. 税收日记账和总账

C. 会计档案保管清册　　D. 会计档案销毁清册

14. 企业总账的保管期限为（　　）。

A. 30 年　　B. 3 年

C. 25 年　　D. 永久

15. 当年形成的会计档案在会计年度终了后，可暂由本单位会计机构保管（　　）后移交会计档案管理机构。

A. 3 个月　　B. 半年

C. 1 年　　D. 2 年

16. 各单位每年形成的会计档案都应由（　　）负责整理立卷，装订成册，编制会计档案保管清册。

A. 会计机构　　B. 档案部门
C. 人事部门　　D. 指定专人

17. 其他会计核算资料是指与会计核算、会计监督密切相关，由会计部门负责办理的有关数据资料，不包括（　　）。

A. 银行对账单　　B. 会计移交清册
C. 会计档案保管清册　　D. 生产计划书

18. 银行存款余额调节表、银行对账单单位应当保存（　　）。

A. 3 年　　B. 永久
C. 10 年　　D. 15 年

19. 根据《会计档案管理办法》的规定，会计档案保管期限分为永久和定期两类，定期保管的会计档案，其最短期限是（　　）年。

A. 15　　B. 25
C. 10　　D. 30

20. 企业单位和行政单位固定资产卡片的保管期限为（　　）。

A. 固定资产报废清理时　　B. 固定资产报废清理后 1 年
C. 固定资产报废清理后 2 年　　D. 固定资产报废清理后 5 年

21. 企业月、季度财务报告需要保管的期限为（　　）。

A. 15 年　　B. 10 年
C. 25 年　　D. 永久

22. 会计档案保管清册的保管年限为（　　）。

A. 10 年　　B. 15 年
C. 25 年　　D. 永久

23. 国家机关销毁会计档案时，应由（　　）派员参加监销。

A. 同级财政部门　　B. 同级财政部门和审计部门
C. 同级审计部门　　D. 上级财政部门和审计部门

24. 《会计档案管理办法》规定的会计档案保管期限为（　　）。

A. 最高保管期限　　B. 最低保管期限
C. 平均保管期限　　D. 适当保管期限

25. 定期保管的会计档案期限最长为（　　）年。

A. 20　　B. 15
C. 30　　D. 10

【参考答案】

1. B	2. A	3. C	4. C	5. B
6. A	7. A	8. C	9. D	10. D
11. B	12. D	13. B	14. A	15. C
16. A	17. D	18. C	19. C	20. D
21. B	22. D	23. B	24. B	25. C

【部分解析】

7. 公司财务制度、年度财务预算和购销合同均属于文件档案，不属于会计档案。

8. 会计档案是指会计凭证、会计账簿和财务会计报告等会计核算专业材料，是记录和反映单位经济业务的重要史料和证据。

9. 企业年度财务报告（包括文字分析）应当永久保管。

10. 各种会计档案的保管期限，根据其特点分为永久和定期两类，永久保管的会计档案应长期保管，不可以销毁；定期保管的会计档案根据保管期限分为 10 年、30 年两种。

11. 需要保管 30 年的会计档案有各种会计凭证、会计账簿和会计档案移交清册。

13. 税收日记账需要保管 30 年，总账也需要保管 30 年。

16. 根据《会计档案管理办法》的规定，各单位每年形成的会计档案都应由会计机构按照归档的要求，负责整理立卷，装订成册，编制会计档案保管清册。

17. 其他会计核算资料包括银行存款余额调节表、银行对账单、纳税申报表、会计档案移交清册、会计档案销毁清册和会计档案鉴定意见书。

21. 企业月、季度、半年度财务报告需要保管的期限为 10 年。

23. 国家机关销毁会计档案时，应由同级财政部门、审计部门派员参加监销。

（二）多选题

1. 不能销毁的会计档案有（　　）。

A. 项目正在建设的建设单位保管期已满的会计档案

B. 保管期满但未结清的债权债务原始凭证

C. 会计档案销毁清册

D. 已保管 10 年的明细账

2. 应当在会计档案销毁清册上签名的有（　　）。

A. 会计机构负责人　　B. 鉴定小组负责人

C. 单位负责人　　D. 监销人

3. 下列选项中，属于会计档案的有（　　）。

A. 记账凭证汇总表　　B. 备查账

C. 会计报表附注　　D. 银行对账单

4. 下列选项中，属于会计档案中的会计凭证类的有（　　）。

A. 固定资产卡片　　B. 会计移交清册

C. 汇总凭证　　D. 记账凭证

5. 保管期满，不得销毁的会计档案有（　　）。

A. 未结清的债权债务原始凭证

B. 正在建设期间的建设单位的有关会计档案

C. 超过保管期限但尚未报废的固定资产购买凭证

D. 银行存款余额调节表

6. 下列属于会计档案内容的有（　　）。

A. 原始凭证　　B. 总分类账

C. 资产负债表　　D. 会计档案保管清册

7. 下列会计档案中，需要永久保管的有（　　）。

A. 会计移交清册　　B. 会计档案保管清册

C. 库存现金和银行存款日记账　　D. 会计档案销毁清册

8. 保管期限为10年的会计档案有（　　）。

A. 月度财务报告　　B. 季度财务报告

C. 银行对账单　　D. 纳税申报表

9. 会计档案的保管期限分为（　　）。

A. 永久　　B. 定期

C. 临时　　D. 短期

10. 会计档案的定期保管期限可以是（　　）年。

A. 3　　B. 5

C. 10　　D. 30

11. 下列选项中，属于企业会计档案的有（　　）。

A. 会计档案移交清册　　B. 固定资产卡片

C. 银行对账单　　D. 月、季度财务报告

12. 企业的下列会计档案中，保管期限为30年的应有（　　）。

A. 往来款项明细账　　B. 存货总账

C. 银行存款余额调节表　　D. 长期股权投资总账

13. 下列关于会计档案管理的说法中，正确的有（　　）。

A. 出纳人员不得兼管会计档案

B. 会计档案的保管期限从会计档案形成后的第一天算起

C. 单位负责人应在会计档案的销毁清册上签署意见

D. 采用电子计算机进行会计核算的单位应保存打印出的纸质会计档案

14. 关于会计档案的销毁，下列说法中正确的是（　　）。

A. 会计档案保管期满需要销毁的，由本单位档案部门提出意见，会同财会部门共同审定，并在此基础上编制会计档案销毁清册

B. 销毁会计档案时，应当由单位的档案机构和会计机构共同监销

C. 各级财政部门销毁档案时，应当由同级审计部门派人监销

D. 项目建设期间的建设单位，其保管期满的会计档案不得销毁

15. 对于移交本单位档案机构保管的会计档案，需要拆封重新整理的，应由（　　）同时参与，以分清责任。

A. 财务会计部门　　B. 经办人员

C. 本单位档案机构　　D. 本单位人事部门

16. 根据《会计档案管理办法》的规定，（　　）的保管期限为 30 年。

A. 原始凭证　　B. 记账凭证

C. 银行对账单　　D. 汇总凭证

17. 会计档案销毁清册中应列明所销毁会计档案的（　　）等内容。

A. 起止年度和档案编号　　B. 应保管期限

C. 已保管期限　　D. 销毁时间

【参考答案】

1. ABCD	2. BCD	3. ABCD	4. CD	5. ABC
6. ABCD	7. BD	8. ABD	9. AB	10. CD
11. ABCD	12. ABD	13. ACD	14. ABCD	15. ABC
16. ABD	17. ABCD			

【解析】

8. 银行对账单保管期限为 10 年。

12. 银行存款余额调节表的保管期限为 10 年。

13. 会计档案的保管期限从会计年度终了后的第一天算起。

15. 对移交本单位档案机构保管的会计档案，原则上应当保持原卷册的封装，个别需要拆封重新整理的，应当由本单位档案机构会同财务会计部门和经办人员共同拆封整理，以分清责任。

16. 根据《会计档案管理办法》的规定，企业原始凭证、记账凭证、汇总凭证的保管期限为 30 年。银行存款余额调节表、银行对账单应当保存 10 年。

17. 会计档案销毁清册一般应包括销毁会计档案的名称、卷号、册数、起止年度和档案编号、应保管期限、已保管期限、销毁时间等内容。

（三）判断题

1. 单位财务会计部门可以保管会计档案 2 年，期满后再移交本单位的档案部门保管。（　　）

2. 各单位的会计档案不得借出，但经批准后可以复制。（　　）

3. 会计档案的保管期限分为永久保管和定期保管两种。其中，定期保管又分为 3 年、5 年、10 年、15 年和 25 年。（　　）

4. 本单位的会计档案机构为方便保管会计档案，可以根据需要对其拆封重新整理。（　　）

5. 会计账簿类会计档案的保管期限均为 15 年。（　　）

6. 企业会计账簿中的总账应当保管 30 年。（　　）

7. 企业和其他组织的银行存款余额调节表、银行对账单和固定资产报废清理后的固定资产卡片等会计档案保管期限应当为 3 年。（　　）

8. 当年形成的会计档案，在会计年度终了后，可暂由本单位会计机构保管 1 年。（　　）

9. 企业年度会计报告（包括文字分析）保管期限为永久。（　　）

10. 会计档案的内容包括会计凭证、会计账簿和财务会计报告等会计核算专业材料。（　）

11. 财会部门或经办人员必须在会计年度终了后的第一天将应归档的会计档案移交档案部门，保证会计档案完整。（　）

12. 单位负责人应在会计档案销毁清册上签署意见。（　）

13. 财政部门销毁会计档案时，应当由同级财政部门派员监销。（　）

14. 各种会计档案的保管期限，从会计年度开始后的第一天算起。（　）

15. 正在项目建设期间的建设单位，其保管期满的会计档案也不得销毁。（　）

16. 各单位保存的会计档案如有特殊需要，经上级主管单位批准，可以提供查阅或者复制，并办理登记手续。（　）

17. 各单位销毁会计档案时，应由单位档案机构和会计机构共同派员监销。（　）

18. 保管期满但尚未结清的债权债务原始凭证，不得销毁，应单独抽出立卷。（　）

19. 银行存款余额调节表、银行对账单是会计档案。（　）

20. 实行会计电算化的单位应将保存在磁介质上的数据、程序文件及其他会计核算资料作为会计档案管理，不必保存打印出的纸质会计档案。（　）

21. 会计档案销毁后，监销人员和经办人员应当在会计档案销毁清册上签名盖章，注明“已销毁”的字样和销毁日期。（　）

【参考答案】

1. ×	2. √	3. ×	4. ×	5. ×
6. √	7. ×	8. √	9. √	10. √
11. ×	12. √	13. ×	14. ×	15. √
16. √	17. √	18. √	19. √	20. ×
21. √				

【解析】

5. 会计账簿类会计档案的保管期限有15年的，也有25年的，如库存现金日记账和银行存款日记账，还有5年的，如固定资产卡片。

11. 当年形成的会计档案，在会计年度终了可暂由单位财务会计部门保管1年，期满之后，原则上应由财务会计部门编造清册，移交本单位的档案部门保管；未设立档案部门的，应当在财务部门指定专人保管，但出纳人员不得兼管会计档案保管。

13. 财政部门销毁会计档案时，应当由同级审计部门派员参加监销。

（四）不定项选择题

1. 不需要永久保留的会计档案是（　）。

A. 年度财务报告　　B. 会计档案保管清册

C. 库存现金日记账　　D. 会计档案销毁清册

2. 下列选项中，不属于会计档案的是（　　）。

A. 固定资产卡片　　B. 银行对账单

C. 生产经营计划　　D. 明细分类账

3. 下列选项中，不属于会计凭证类会计档案的是（　　）。

A. 自制原始凭证　　B. 记账凭证汇总表

C. 外来原始凭证　　D. 存货明细分类账

4. 下列选项中，不属于财务会计报告类会计档案的是（　　）。

A. 生产计划月度报表　　B. 会计报表附注

C. 中期财务会计报告　　D. 所有者权益变动表

5. 会计档案保管期限为 5 年的档案是（　　）。

A. 辅助账簿登记完毕后

B. 会计档案销毁后签署的清册

C. 会计移交后签署的清册

D. 固定资产卡片在固定资产报废清理后

6. 其他单位因特殊原因需要查阅或复制原始凭证时，必须经本单位的（　　）批准。

A. 财务部负责人　　B. 总会计师

C. 财务总监　　D. 单位负责人

7. 企业银行存款余额调节表的保管期限为（　　）年。

A. 3　　B. 5

C. 10　　D. 15

8. 会计凭证类会计档案的保管期限为（　　）年。

A. 5　　B. 10

C. 30　　D. 25

9. 企业单位销毁会计档案，正确的做法是（　　）。

A. 由单位档案机构和同级财政部门共同派员参加监销

B. 由单位会计机构和同级财政部门共同派员参加监销

C. 由单位档案机构和会计机构共同派员参加监销

D. 由单位档案机构和上级财政部门共同派员参加监销

10. 下列会计档案中，采用定期保管的会计档案是（　　）。

A. 会计账簿类会计档案　　B. 年度财务报告（决算）

C. 会计档案保管清册　　D. 会计档案销毁清册

11. 下列选项中，属于会计档案范围的有（　　）。

A. 会计档案销毁清册　　B. 固定资产卡片

C. 财会部门预算计划　　D. 单位会计政策制度

12. 会计档案分类时，按分类标准统一将会计核算资料划分为（　　）。

A. 案册封面　　B. 会计凭证

C. 会计报表　　D. 会计账簿

13. 会计档案卷的保管期限，一般可分为（　　）。

A. 临时保管期限　　B. 永久保管期限

C. 长期保管期限　　D. 定期保管期限

14. 下列关于会计档案的销毁说法中，正确的有（　　）。

A. 单位销毁会计档案时，由单位负责人主持会计档案的销毁

B. 单位销毁会计档案时，单位档案机构和会计机构共同派员监销

C. 国家机关销毁会计档案时，应由同级财政部门和审计部门派员参加监销

D. 财政部门销毁会计档案时，应由同级审计部门派员参加监销

15. 下列会计账簿类会计档案中，保管期限为30年的有（　　）。

A. 日记总账　　B. 库存现金日记账

C. 银行存款日记账　　D. 辅助账簿

16. 保管期满，但不得销毁的会计档案有（　　）。

A. 保管期满但未结清的债权债务原始凭证的会计档案

B. 保管期满但已结清的债权债务原始凭证的会计档案

C. 正在项目建设期间的建设单位的会计档案

D. 保管期满的会计移交清册

17. 下列有关会计档案查阅的表述中，正确的有（　　）。

A. 如有特殊需要，经本单位负责人批准后会计档案可以借出

B. 外部人员需查阅或复制会计档案应当持有单位正式介绍信

C. 单位内部人员查阅或复制会计档案，应经单位负责人批准

D. 单位内部查阅人员可以自行拆散原卷册，查阅后装订成册

【参考答案】

1. C	2. C	3. D	4. A	5. D
6. D	7. C	8. C	9. C	10. A
11. AB	12. BCD	13. BD	14. BCD	15. ABCD
16. AC	17. ABC			

【部分解析】

14. 单位销毁会计档案时，由单位负责人在会计档案销毁清册上签署意见，而不是主持会计档案的销毁。

考点十　主要经济业务事项账务处理

一、复习纲要

1. 款项和有价证券的核算

（1）库存现金。

（2）银行存款。

（3）其他货币资金。

（4）交易性金融资产。

2. 财产物资的核算

（1）存货概述。

（2）原材料。

（3）库存商品。

（4）固定资产。

3. 债权债务的核算

（1）应收及预付款项。

（2）应付及预收款项。

（3）应付职工薪酬。

（4）应交税费。

（5）银行借款。

4. 资本的核算

（1）实收资本。

（2）资本公积。

5. 收入、成本和费用的核算

（1）收入。

（2）成本。

（3）费用。

（4）营业外收支。

6. 财务成果的核算

（1）利润。

（2）所得税。

（3）利润分配。

二、相关习题

（一）单选题

1. 企业购入原材料，买价为 2 000 元，增值税（进项税额）为 260 元，发生运杂费 230 元，入库前发生整理挑选费 90 元。该批原材料的实际成本为（　　）元。

A. 2 660　　B. 2 570

C. 2 320　　D. 2 230

2. 固定资产折旧采用平均年限法，年折旧率计算公式的分子是（　　）。

A. 1-预计净残值率　　B. 1-预计净残值

C. 1-预计残值率　　D. 1-预计残值

3. 下列选项中，应计入产品成本的工资费用是（　　）。

A. 基本生产车间管理人员工资　　B. 行政管理部门人员工资

C. 在建工程人员工资　　D. 专设销售机构人员工资

4. 企业上一年年末应收账款余额为600 000元，下一年收回已转销的坏账为1 000元，下一年年末应收账款余额为900 000元。该企业按5‰的比率计提坏账准备，下一年年末应计提的坏账准备为（　　）元。

A. 500　　B. 3 000

C. 4 500　　D. 1 500

5. 企业计提坏账准备时应借记（　　）科目。

A. "应收账款"　　B. "坏账准备"

C. "资产减值损失"　　D. "销售费用"

6. 企业于202×年11月售出商品，202×年12月发生退货，应冲减（　　）的销售收入。

A. 202×年11月　　B. 202×年12月

C. 次年1月　　D. 次年2月

7. 下列选项中，能够作为费用核算的是（　　）。

A. 以现金对外投资　　B. 以现金分派股利

C. 支付劳动保险费　　D. 购买固定资产支出

8. 库存现金收入不包括（　　）。

A. 银行汇票转账结算取得的销售收入

B. 销售商品取得的现金收入

C. 提供劳务取得的现金收入

D. 出差人员报销差旅费退回的多余款项

9. 企业作为交易性金融资产持有的股票投资，在持有期间对于被投资单位宣告发放的现金股利，应当（　　）。

A. 确认为应收股利，并冲减交易性金融资产的初始确认金额

B. 确认为应收股利，并计入当期投资收益

C. 增加交易性金融资产的成本，并计入当期投资收益

D. 增加交易性金融资产的成本，并确认为公允价值变动损益

10. 固定资产清理的净损失，若属于自然灾害原因造成的损失，应（　　）。

A. 借记"营业外支出——非常损失"科目

B. 贷记"营业外支出——非常损失"科目

C. 借记"营业外支出——处置固定资产净损失"科目

D. 贷记"营业外支出——处置固定资产净损失"科目

11. 企业出租无形资产所得的租金收入，记入（　　）账户。

A. "营业外收入"　　B. "投资收益"

C. "其他业务收入"　　D. "主营业务收入"

12. 为构建固定资产而专门借入的款项发生的溢价摊销，在所构建的固定资产达到预定可使用状态之前发生的，应（　　）。

A. 借记“在建工程”科目　　B. 贷记“在建工程”科目

C. 借记“财务费用”科目　　D. 贷记“财务费用”科目

13. 下列选项中，应通过“应付账款”账户核算的是（　　）。

A. 应付赔款　　B. 应付租金

C. 应付存入保证金　　D. 应付供货单位代垫的运杂费

14. 期末计提一次还本付息长期借款利息时，贷记的科目是（　　）。

A.“财务费用”　　B.“应付利息”

C.“长期借款”　　D.“管理费用”

15. 某企业年初未分配利润为 100 万元，本年实现的净利润为 200 万元，按 10% 和 5% 分别提取法定盈余公积和任意盈余公积。该企业可供投资者分配的利润为（　　）万元。

A. 200　　B. 225

C. 270　　D. 300

16. “利润分配——未分配利润”账户的借方余额反映（　　）。

A. 本年度发生的亏损　　B. 本年度实现的净利润

C. 历年累积的分配利润　　D. 历年累积的未弥补亏损

17. 下列选项中，不属于企业业务收入的有（　　）。

A. 固定资产出售收入　　B. 技术转让收入

C. 包装物出租收入　　D. 材料销售收入

18. 某企业 8 月共增加银行存款 80 000 元，其中出售商品取得 30 000 元，增值税税额 5 100 元，出售固定资产取得 20 000 元，接受捐赠取得 10 000 元，出租固定资产取得 14 900 元。该企业本月收入为（　　）元。

A. 35 100　　B. 64 900

C. 50 000　　D. 44 900

19. 对于企业已经发出商品但尚未确认销售收入的商品成本为 200 000 元，应进行的会计处理是（　　）。

A. 借：应收账款　　200 000
　　贷：库存商品　　200 000

B. 借：应收账款　　200 000
　　贷：主营业务收入　　200 000

C. 借：主营业务成本　　200 000
　　贷：库存商品　　200 000

D. 借：发出商品　　200 000
　　贷：库存商品　　200 000

20. 202×年 11 月 30 日，甲公司应支付其销售部职工工资 200 000 元，社会保险 40 000元。下列会计分录正确的是（　　）。

A. 借：管理费用　240 000
　　贷：应付职工薪酬——工资　200 000
　　　　　　　　——社会保险费　40 000

B. 借：财务费用　240 000
　　贷：应付职工薪酬——工资　200 000
　　　　　　　　——社会保险费　40 000

C. 借：销售费用　240 000
　　贷：应付职工薪酬——工资　200 000
　　　　　　　　——社会保险费　40 000

D. 借：制造费用　240 000
　　贷：应付职工薪酬——工资　200 000
　　　　　　　　——社会保险费　40 000

21. 下列选项中，按照现行会计制度的规定，销售企业应当作为财务费用处理的是（　　）。

A. 购货方获得的现金折扣　B. 购货方获得的商业折扣
C. 购货方获得的销售折让　D. 购货方放弃的现金折扣

22. 下列各项业务中，在进行会计处理时应记入“管理费用”账户的是（　　）。

A. 支付离退休人员工资　B. 销售用固定资产计提折旧
C. 生产车间管理人员的工资　D. 计提坏账准备

23. 下列选项中，不属于营业外支出的是（　　）。

A. 固定资产盘亏的净损失　B. 非常损失
C. 坏账损失　D. 固定资产清理的净损失

24. 企业的营业利润等于（　　）。

A. 营业收入-营业成本-税金及附加
B. 营业收入-营业成本-税金及附加-销售费用-管理费用-财务费用-资产减值损失+投资收益（减投资损失）+公允价值变动收益（或减公允价值变动损失）
C. 主营业务利润+其他业务利润-营业费用
D. 主营业务利润+其他业务利润-营业费用-管理费用

25. 下列各账户中，年末结转后可能有余额的是（　　）。

A.“营业外收入”　B.“主营业务收入”
C.“营业外支出”　D.“利润分配——未分配利润”

26. “利润分配——未分配利润”账户贷方余额反映（　　）。

A. 企业历年积存的未弥补亏损　B. 企业历年积存的未分配利润
C. 企业本年的亏损　D. 企业本年的利润

27. 下列各项中，（　　）不属于财务费用。

A. 利息支出　　B. 汇兑损失

C. 金融机构手续费　　D. 工会经费

28. 某企业年初未分配利润为 100 万元，本年净利润为 1 000 万元，按 10%计提法定盈余公积，按 5%计提任意盈余公积，宣告发放现金股利 80 万元，该企业期末未分配利润为（　　）万元。

A. 855　　B. 867

C. 870　　D. 874

29. 某上市公司发行普通股 1 000 万股，每股面值 1 元，每股发行价格为 5 元，支付手续费 20 万元，支付咨询费 60 万元。该公司发行普通股计入股本的金额为（　　）万元。

A. 1 000　　B. 4 920

C. 4 980　　D. 5 000

30. 当现金折扣实际发生时，应记入（　　）账户。

A. "制造费用"　　B. "财务费用"

C. "销售费用"　　D. "主营业务收入"

31. 下列项目中，不属于营业外支出的是（　　）。

A. 处置固定资产净损失　　B. 出售固定资产净损失

C. 无形资产摊销　　D. 捐赠支出

32. 采购人员预借差旅费，以库存现金支付，应借记（　　）科目核算。

A. "库存现金"　　B. "管理费用"

C. "其他应收款"　　D. "其他应付款"

33. 利润分配结束后，利润分配总分类账科目所属的明细分类科目中只有（　　）科目有余额。

A. "提取盈余公积"　　B. "其他转入"

C. "应付利润"　　D. "未分配利润"

34. 下列属于"营业外支出"科目核算内容的是（　　）。

A. 行政管理人员的工资　　B. 各种销售费用

C. 借款的利息　　D. 非常损失

35. 下列选项中，影响营业利润的因素是（　　）。

A. 营业外收入　　B. 所得税费用

C. 管理费用　　D. 营业外支出

36. 202×年，某一般纳税人企业购入不需要安装设备一台，取得的增值税专用发票注明买价为 40 000 元，增值税税额为 5 200 元，另支付运杂费 1 200 元，保险费 600 元。该设备的入账价值为（　　）元。

A. 41 800　　B. 48 600

C. 48 000　　D. 41 200

37. 某一般纳税人企业购入材料一批，取得的增值税专用发票注明买价为 150 000 元，增值税税额为 19 500 元，另支付运杂费 1 000 元，其中运费 800 元（可抵扣增值税率为 9%）。该材料收到时的入账价值为（　　）元。

A. 150 928　　B. 151 000

C. 150 744　　D. 176 500

38. 某企业购买材料一批，买价 3 000 元，增值税进项税额为 390 元，运杂费为 200 元，开出商业汇票支付，但材料尚未收到，应贷记（　　）科目。

A. “原材料”　　B. “材料采购”

C. “银行存款”　　D. “应付票据”

39. 当企业不设置“预付账款”科目时，预付货款应通过（　　）核算。

A. “应收账款”科目的借方　　B. “应收账款”科目的贷方

C. “应付账款”科目的借方　　D. “应付账款”科目的贷方

40. 某一般纳税人企业购入甲材料 800 千克、乙材料 600 千克，增值税专用发票上注明甲材料的买价为 16 000 元，乙材料的买价为 18 000 元，增值税税额为 4 420 元。甲、乙材料共同发生运杂费为 4 480 元，其中运费 4 000 元，运费中允许抵扣的增值税进项税额为 330 元。企业规定按甲、乙材料的重量比例分配采购费用。甲材料应负担的运杂费为（　　）元。

A. 2 371　　B. 2 560

C. 2 240　　D. 2 000

41. 某企业生产车间主任出差归来，报销会议费登记差旅费 1 560 元，应借记（　　）科目。

A. “管理费用”　　B. “制造费用”

C. “财务费用”　　D. “销售费用”

42. 某企业生产车间机器设备计提折旧 5 800 元，应借记（　　）科目。

A. “制造费用”　　B. “生产成本”

C. “管理费用”　　D. “库存商品”

43. 某企业月初甲产品在产品成本为 7 800 元，本月为生产甲产品投入生产费用 18 000元，月末有在产品成本为 6 200 元，则本月完工入库甲产品成本为（　　）元。

A. 25 800　　B. 18 000

C. 19 600　　D. 11 800

44. 某企业 8 月一车间生产 A、B 两种产品，本月一车间发生制造费用 24 000 元，要求按照生产工人的工资比例分配制造费用。本月 A 产品生产工人工资为 80 000 元，B 产品生产工人工资为 40 000 元，则 B 产品应承担的制造费用为（　　）元。

A. 16 000　　B. 8 000

C. 12 000　　D. 24 000

45. 某企业以银行存款支付产品展览费 5 000 元，应借记（　　）科目。

A. “管理费用”　　B. “销售费用”

C. “财务费用”　　D. “制造费用”

46. 某企业以银行存款支付业务招待费 4 200 元，应借记（　　）科目。

A. “管理费用”　　B. “销售费用”

C. “财务费用”　　D. “制造费用”

47. 当企业不设置“预收账款”科目时，预收货款时应通过（　　）核算。

A. “应收账款”科目的借方　　B. “应收账款”科目的贷方

C. “应付账款”科目的借方　　D. “应付账款”科目的贷方

48. 某企业月末计提短期借款利息 600 元，应借记（　　）科目。

A. “管理费用”　　B. “销售费用”

C. “财务费用”　　D. “制造费用”

49. 下列不应作为其他业务收入核算的是（　　）。

A. 产品销售收入　　B. 材料销售收入

C. 出租无形资产收入　　D. 出租固定资产收入

50. 某企业以银行存款支付合同违约金 4 500 元，应借记（　　）科目。

A. “管理费用”　　B. “销售费用”

C. “其他业务成本”　　D. “营业外支出”

51. 某企业收到捐赠款 12 000 元，收存银行，应贷记（　　）科目。

A. “主营业务收入”　　B. “其他业务收入”

C. “营业外收入”　　D. “捐赠收入”

52. 所有损益类科目期末都应该结转至（　　）科目，结转后损益类科目无余额。

A. “利润分配——未分配利润”　　B. “本年利润”

C. “实收资本”　　D. “资本公积”

53. 某企业月末计提短期借款利息 600 元，应贷记（　　）科目。

A. “销售费用”　　B. “财务费用”

C. “管理费用”　　D. “应付利息”

54. 某企业支付罚款 1 000 元，应借记（　　）科目。

A. “营业外收入”　　B. “营业外支出”

C. “管理费用”　　D. “应付利息”

55. 厂部李某出差，预借差旅费 6 000 元，应借记（　　）科目。

A. “管理费用”　　B. “销售费用”

C. “其他应付款”　　D. “其他应收款”

56. 企业为生产产品和提供劳务而发生的间接费用应先在“制造费用”科目归集，期末再按一定的标准和方法分配记入（　　）科目。

A. “管理费用”　　B. “生产成本”

C. “本年利润”　　D. “库存商品”

57. 下列票据中，应通过“应收票据”科目核算的是（　　）。

A. 现金支票　　B. 银行汇票

C. 商业汇票　　D. 银行本票

58. 下列关于“本年利润”科目的表述中，不正确的是（　　）。

A. 贷方登记转入的营业收入、营业外收入等金额

B. 借方登记转入的营业成本、营业外支出等金额

C. 年度终了结账后，该科目无余额

D. 全年的任何一个月末都不应该有余额

59. 甲公司采用先进先出法计算发出存货成本，4 月初库存产品数量为 50 件，单价为 1 000 元；4 月 10 日购入产品 100 件，单价为 1 050 元；4 月 12 日领用产品 100 件。如果甲公司本月未发生其他购货和领货业务，4 月发出产品总成本为（　　）元。

A. 102 500　　B. 100 000

C. 105 000　　D. 100 000

60. 202×年 12 月，乙公司购入小汽车一辆供管理部门使用，增值税专用发票中注明货款为 300 000 元，增值税税额为 39 000 元，款项已用银行存款支付。此项业务的正确会计分录是（　　）。

A. 借：库存商品　300 000
　　应交税费——应交增值税（进项税额）　39 000
　贷：银行存款　339 000

B. 借：固定资产　300 000
　　应交税费——应交增值税（进项税额）　39 000
　贷：银行存款　339 000

C. 借：材料采购　300 000
　　应交税费——应交增值税（进项税额）　39 000
　贷：银行存款　339 000

D. 借：固定资产　339 000
　贷：银行存款　339 000

61. 直接参加产品生产的工人，其职工薪酬应记入（　　）科目。

A. “生产成本”　　B. “制造费用”

C. “管理费用”　　D. “生产费用”

62. 某公司于 1 月 15 日向乙公司销售产品一批，应收账款总额为 11 万元，规定的付款条件为“2/10，1/20，N/30”。如果乙公司于 1 月 22 日付款，甲公司实际收到的金额是（　　）万元。

A. 11　　B. 10　　C. 10.78　　D. 8.8

63. “短期借款”账户应按（　　）设置明细账。

A. 借款性质　　B. 借款数额

C. 债权人　　D. 债务人

64. 当新投资者加入有限责任公司时，其出资额大于按约定比例计算的在注册资本中所占的份额部分，应记入（　　）账户。

A. “实收资本”　　B. “营业外收入”

C. “资本公积”　　D. “盈余公积”

65. 下列选项中，不属于其他业务收入的是（　　）。

A. 罚款利得　　B. 专项技术使用权转让收入

C. 包装物出租收入　　D. 材料销售收入

66. 丙公司购买甲材料 200 千克，单价为 90 元，增值税进项税额为 2 340 元，另支付运杂费 800 元。材料已全部验收入库，则丙公司验收入库甲材料的实际采购成本是（　　）元。

A. 18 000　　B. 21 060

C. 18 800　　D. 21 860

67. 丁公司向银行借入为期 14 个月的借款，应贷记（　　）科目。

A. "短期借款"　　B. "长期借款"

C. "银行存款"　　D. "长期应付款"

68. 企业收到出租包装物押金时，应贷记（　　）科目。

A. "其他应收款"　　B. "其他业务收入"

C. "营业外收入"　　D. "其他应付款"

69. A 公司 1 月发生下列支出：预付本年度全年保险费 2 400 元，支付上年第四季度借款利息 3 000 元（已预提），支付本月办公费 800 元，计入本月的费用为（　　）元。

A. 1 000　　B. 6 200

C. 3 200　　D. 3 800

70. 下列选项中，不属于期间费用的是（　　）。

A. 销售费用　　B. 管理费用

C. 财务费用　　D. 制造费用

71. 在进行工资分配时，"应付职工薪酬——工资"科目的贷方发生额应等于（　　）。

A. 实发工资总数

B. 应发工资总数

C. 应发工资总数扣除各种代垫、代扣款项后的余额

D. 应发工资总数加上代发款项后的总额

72. 下列选项中，不能计入产品成本的是（　　）。

A. 管理费用　　B. 直接材料

C. 生产工人工资　　D. 制造费用

73. 按月计提固定资产折旧时，应贷记的会计科目是（　　）。

A. "管理费用"　　B. "固定资产"

C. "制造费用"　　D. "累计折旧"

74. 采用实地盘存制时，财产物资的期末结存数必定等于（　　）。

A. 账面结存数　　B. 实地盘存数

C. 收支抵减数　　D. 滚存结余数

75. 净利润等于利润总额减去（　　）。

A. 税金及附加　　B. 利润分配数

C. 应交所得税　　D. 所得税费用

76. 丙公司以银行存款购入需要安装的设备一台，支付设备价款 8 000 元，增值税 1 040 元，另支付设备安装费 1 200 元。该设备的入账价值为（　　）元。

A. 8 000　　B. 9 360

C. 9 200　　D. 10 560

77. 与“本年利润”科目没有对应关系的科目是（　　）。

A.“生产成本”　　B.“主营业务成本”

C.“管理费用”　　D.“财务费用”

78. 某公司对发出存货采用月末一次加权平均法计价。10 月月初库存不锈钢 40 吨，单价为 3 100 元/吨；10 月一次购入不锈钢 60 吨，单价为 3 000 元/吨。本月发出不锈钢的单价为（　　）。

A. 3 060 元/吨　　B. 3 040 元/吨

C. 3 100 元/吨　　D. 3 050 元/吨

79. 企业申请使用银行承兑汇票而向承兑银行缴纳的手续费应记入（　　）账户。

A.“管理费用”　　B.“财务费用”

C.“生产成本”　　D.“销售费用”

80. 下列选项中，不属于无形资产的是（　　）。

A. 商标权　　B. 专利权

C. 非专利技术　　D. 商誉

81. ABC 公司系小规模纳税人企业，202×年 3 月销售甲产品 1 000 件，开出增值税普通发票中的总金额为 123 600 元，增值税征收率为 3%。对于该笔业务，ABC 公司确认的应交增值税为（　　）元。

A. 3 708　　B. 3 819

C. 3 600　　D. 4 000

82. 某公司系增值税一般纳税人企业，202×年 3 月收购农产品一批，收购发票上注明的买价为 950 000 元，款项以现金支付，收购的农产品已验收入库。税法规定按 9% 的扣除率计算进项税额，该批农产品的入账价值为（　　）元。

A. 950 000　　B. 827 000

C. 840 708　　D. 864 500

83. 某公司 202×年年初所有者权益总额为 1 500 000 元。202×年，该公司以盈余公积转增资本 300 000 元，实现利润总额 3 000 000 元，应交所得税 1 000 000 元（实际上交 900 000 元），提取盈余公积 200 000 元，向投资者分配利润 100 000 元。该公司 202×年年末所有者权益总额为（　　）元。

A. 300 000　　B. 3 100 000

C. 3 500 000　　D. 3 400 000

84. 能够导致企业资本及债务规模和构成发生变化的活动是（　　）。

A. 经营活动　　B. 投资活动

C. 筹资活动　　D. 业务活动

85. 某公司发行普通股 1 000 万股，每股面值 1 元，每股发行价 5 元，向证券公司支付发手续费 20 万元，向会计师事务所和律师事务所支付咨询费 60 万元。该公司发行普通股计入股本的金额应为（　　）万元。

A. 5 000　　B. 4 920

C. 4 980　　D. 1 000

86. 某公司为增值税一般纳税人企业，适用增值税税率为 13%，202×年 3 月 25 日，该公司向甲公司提供一项加工劳务，劳务成本为 15 000 元，共收取加工费 26 325 元（含增值税）。不考虑其他因素，该加工劳务实现的营业利润为（　　）元。

A. 11 325　　B. 8 296.46

C. 3 825　　D. 22 500

87. “利润分配——未分配利润”账户的借方余额表示（　　）。

A. 本期实现的净利润　　B. 本期发生的净亏损

C. 累计实现的净利润　　D. 累计的未弥补亏损

88. 下列表述中，正确的是（　　）

A. 计提的短期借款利息通过“短期借款”科目核算，计提的长期借款利息通过“长期借款”科目核算

B. 计提的短期借款利息和长期借款利息均通过“应付利息”科目核算

C. 计提的短期借款利息通过“短期借款”科目核算，计提的长期借款利息通过“应付利息”科目核算

D. 计提的短期借款利息通过“应付利息”科目核算，计提的长期借款利息可以通过“长期借款”科目核算

89. 某公司对发出存货采用月末一次加权平均法计价。202×年 3 月 1 日，乙材料的月初结存量为 40 吨，单价为 3 100 元/吨；3 月共购入乙材料 60 吨，单价为 3 000 元/吨；3 月生产领用乙材料共计 70 吨。本月发出存货的成本为（　　）元。

A. 217 000　　B. 210 000

C. 213 500　　D. 212 800

90. 企业增加实收资本的途径不包括（　　）。

A. 资本公积转增资本　　B. 发放现金股利

C. 所有者投入资本　　D. 盈余公积转增资本

91. 某公司为增值税一般纳税人企业，适用的增值税税率为 13%，202×年 10 月，公司董事会决定将本公司生产的 500 件产品作为福利发放给公司管理人员。该批产品的单位成本为 102 万元，市场售价为每件 2 万元（不含增值税）。不考虑其他税费，该公司因该项业务而应记入“管理费用”账户的金额为（　　）万元。

A. 600　　B. 702

C. 1 000　　D. 1 130

92. 采购员李正报销差旅费600元，原借款500元，正确的会计分录是（　　）。

A. 借：管理费用　500
　　库存现金　100
　贷：其他应收款——李正　600

B. 借：管理费用　600
　贷：库存现金　100
　　其他应收款——李正　500

C. 借：管理费用　100
　贷：其他应收款——李正　100

D. 借：库存现金　600
　贷：其他应收款——李正　600

93. 某企业以开会名义提取库存现金50 000元，用于发放一次性奖金，根据《现金管理暂行条例》的规定，该行为属于（　　）。

A. 套取现金　　B. 白条抵库

C. 私设小金库　　D. 出借账户

94. 某公司202×年7月10日银行存款余额为20万元，同日签发一张金额为30万元的转账支票用以支付货款。如果财务部门预计10日内肯定没有银行存款收入业务，则该行为属于签发（　　）。

A. 远期支票　　B. 空白支票

C. 空头支票　　D. 无效支票

95. 公司管理人员的养老保险应记入（　　）账户。

A. "产品成本"　　B. "制造费用"

C. "销售费用"　　D. "管理费用"

96. 某增值税一般纳税人企业202×年3月初"应交税费——应交增值税"账户无余额，3月销项税额为30 000元，进项税额为40 000元；4月销项税额为50 000元，进项税额为20 000元。该企业3月和4月的应交增值税分别为（　　）元。

A. 0、20 000　　B. 10 000、20 000

C. 0、30 000　　D. -10 000、20 000

97. 某小规模纳税人适用的增值税征收率为3%。202×年10月25日销售产品400件，开具的普通发票中总价为82 400元。对于上述业务，"主营业务收入"和"应交税费——应交增值税"科目的发生额分别是（　　）。

A. 贷方824 000元、借方2 400元

B. 贷方80 000元、借方2 400元

C. 贷方80 000元、贷方2 400元

D. 贷方824 000元、贷方2 400元

98. 某企业为增值税一般纳税人企业，适用的增值税征收率为13%，以一批资产产品对外投资，产品成本为180 000元，售价和计税价格均为210 000元，双方协议按该批产品的售价作价（假定协议价是公允的）。该企业长期股权投资的入账金额为

（　　）元。

A. 210 000　　B. 180 000

C. 210 600　　D. 237 300

99. 某公司202×年6月购买某种股票10万股（划分为交易性金融资产），支付银行存款103万元（其中，相关交易费用为3万元）。如果202×年6月30日公司仍然持有该股票且市价为每股12元，则6月30日应确认的公允价值变动损益为（　　）万元。

A. 20　　B. 17　　C. 120　　D. 117

100. 下列选项中，不属于存货成本的是（　　）。

A. 采购成本

B. 进一步加工存货发生的直接人工费用

C. 进一步加工存货发生的直接材料费用

D. 进一步加工存货应负担的管理费用

101. 某企业202×年3月5日购买不需要安装的机器设备一台，价款为200 000元，增值税税额为26 000元，发生运输费用10 000元（增值税税率为9%），全部款项已通过银行转账付讫。固定资产的入账价值为（　　）元。

A. 244 000　　B. 210 000

C. 234 000　　D. 209 174. 31

102. 某制药公司为增值税一般纳税人企业。该公司于202×年10月28日购买原材料一批，增值税专用发票上注明的价款为800 000元，增值税税额为104 000元。假定该批原材料直接用于免征增值税药品的生产，则该原材料的入账价值为（　　）元。

A. 664 000　　B. 904 000

C. 800 000　　D. 900 000

103. 按照实际成本进行原材料核算时，不可能使用的会计科目是（　　）科目。

A. “原材料”　　B. “在途物资”

C. “材料采购”　　D. “银行存款”

104. 202×年4月1日，B公司因生产经营的临时性需要从银行取得借款40 000万元，借款期限为6个月，借款年利率为6%，利息按季结算，确认4月利息费用的会计分录是（　　）。

A. 借：财务费用　　2 000 000
　　贷：短期借款　　2 000 000

B. 借：管理费用　　2 000 000
　　贷：应付利息　　2 000 000

C. 借：财务费用　　2 000 000
　　贷：应付利息　　2 000 000

D. 借：应付利息　　2 000 000
　　贷：银行存款　　2 000 000

105. 某公司系增值税一般纳税人企业，为生产产品购入一批原材料，增值税专用发票上注明的价格为 210 000 元，增值税税额为 27 300 元。C 公司后来将这些原材料的10%用于生产免征增值税的产品。为生产免征增值税产品而领用原材料时，“应交税费”的正确会计处理是（　　）。

A. 借记“应交税费——应交增值税（进项税额转出）”科目 3 570 元
B. 贷记“应交税费——应交增值税（进项税额转出）”科目 2 730 元
C. 借记“应交税费——应交增值税（销项税额）”科目 3 570 元
D. 贷记“应交税费——应交增值税（销项税额）”科目 3 570 元

106. 企业到外地进行临时或零星采购时，汇往采购地银行开立采购账户的款项称为（　　）。

A. 银行汇票存款　　B. 银行本票存款
C. 信用卡存款　　D. 外埠存款

107. 某公司为增值税一般纳税人企业，202×年 3 月 5 日该公司销售一批产品，按价目表标明的价格为 30 000 元（不含税）。由于是成批销售，该公司给予购货方 10%的商业折扣，则应收账款的入账金额为（　　）元。

A. 27 000　　B. 30 510
C. 30 000　　D. 35 100

108. 在物价变动的情况下，期末库存存货成本最接近市价的发出存货计价方法是（　　）。

A. 个别计价法　　B. 移动加权平均法
C. 全月一次加权平均法　　D. 先进先出法

109.《中华人民共和国公司法》规定，企业应按净利润的（　　）提取法定盈余公积。

A. 5%　　B. 10%
C. 15%　　D. 25%

110. 企业为车间管理人员缴纳的失业保险费应记入（　　）账户。

A.“管理费用”　　B.“制造费用”
C.“销售费用”　　D.“财务费用”

111. 某公司 202×年 1 月利润表“本期金额”栏有关数字如下：营业利润32 000 元，营业外收入 5 000 元，营业外支出 50 000 元。该公司 1 月利润总额为（　　）元。

A. −32 000　　B. 32 000
C. 13 000　　D. −13 000

112. 信用卡的最长透支期限为（　　）天。

A. 30　　B. 60
C. 90　　D. 120

113. 甲材料月初结存实际成本为 100 000 元，结存数量为 1 000 件，本月增加材料 1 200件，增加金额为 126 000 元。甲材料本月加权平均单价为（　　）元/件。

A. 100　　B. 102. 73
C. 105　　D. 102

114. 某公司为增值税一般纳税人企业，202×年3月1日“应交税费——应交增值税”账户无余额，3月销项税额为30 000元，进项税额为40 000元，进项税额转出为20 000元。该公司3月应交增值税（　　）元。

A. −10 000　　B. 102.73
C. 10 000　　D. 20 000

115. 某公司购入某种材料2 000千克，每千克不含税单价为100元，发生运杂费1 000元（不考虑运费抵扣增值税），入库前发生挑选整理费800元，途中合理损耗10千克。该公司系增值税一般纳税人企业，适用的增值税税率为13%。该批材料的单位成本为（　　）元/千克。

A. 117.90　　B. 118.49
C. 101.41　　D. 100.90

116. 202×年2月，某公司董事会决定将本公司生产的1 500件产品作为福利发放给本公司职工，其中发放给生产工人1 000件。该批产品的单位成本为500元，市场销售价格为每件800元（不含增值税）。该公司系增值税一般纳税人企业，适用的增值税税率为13%。不考虑其他税费，由于该项业务的发生，该公司202×年2月的生产成本应增加（　　）元。

A. 800 000　　B. 604 000
C. 904 000　　D. 500 000

117. 某公司备用金实行非定额制管理。202×年9月20日，公司办公室工作人员张平报销差旅费2 368元，原预借款3 000元，余额交回现金。对于此项经济业务，正确的会计分录是（　　）。

A. 借：管理费用　　2 368
　　　库存现金　　632
　　贷：其他应收款——张平　　3 000

B. 借：库存现金　　632
　　贷：其他应收款——张平　　632

C. 借：管理费用　　3 000
　　贷：其他应收款——张平　　3 000

D. 借：管理费用　　632
　　贷：其他应收款——张平　　632

118. 库存现金限额按照企业日常零星开支需要来核定。库存现金低于限额时，可以签发（　　）从银行提取现金，补足限额。

A. 转账支票　　B. 现金支票
C. 银行本票　　D. 银行汇票

119. 对于一般纳税人，相关进项税额应贷记“应交税费——应交增值税（进项税额转出）”科目的经济业务是（　　）。

A. 以自产产品对外投资
B. 将自产产品对外捐赠

C. 将自产产品用于集体福利设施建设

D. 外购原材料发生非正常损失

120. 某企业系增值税一般纳税人企业，202×年9月18日接受投资方投入原材料一批，作价70 000元，增值税专用发票上注明增值税为9 100元。该企业的下述会计处理中，不正确的是（　　）

A. 原材料入账金额为70 000元

B. “应交税费——应交增值税（进项税额）”科目借方发生额为9 100元

C. 实收资本增加81 900元

D. 资本公积增加11 900元

121. 下列选项中，不应计入固定资产入账价值的是（　　）。

A. 固定资产买价

B. 为取得固定资产而缴纳的契税

C. 购买机器设备取得的增值税专用发票上注明的增值税额

D. 固定资产安装调试费

122. 202×年6月2日，某小规模纳税人企业销售产品400件，开出的增值税普通发票上注明总价为72 100元。“主营业务收入”和“应交税费——应交增值税”科目的发生额分别是（　　）。

A. 贷方72 100元、借方2 100元

B. 贷方70 000元、借方2 100元

C. 贷方70 000元、贷方2 100元

D. 贷方72 100元、贷方2 100元

123. 202×年5月6日，某增值税一般纳税人企业用银行存款缴纳4月应交而未交的增值税8 000元，正确的会计分录是（　　）。

A. 借：应交税费——应交增值税（已交税费）　　8 000
　　贷：银行存款　　8 000

B. 借：应交税费——未交增值税　　8 000
　　贷：银行存款　　8 000

C. 借：应交税费——应交增值税（未交增值税）　　8 000
　　贷：银行存款　　8 000

D. 借：应交税费——应交增值税（转出未交增值税）　　8 000
　　贷：银行存款　　8 000

124. 202×年12月31日，某公司“实收资本”账户贷方余额为690 000元，“资本公积”账户贷方余额为70 000元，“盈余公积”账户贷方余额为60 000元，“利润分配——未分配利润”账户贷方余额为120 000元。下一年度，该公司用资本公积20 000元转增资本，实现净利润850 000元，提取盈余公积85 000元，向投资者分配利润70 000元。下年年底，该公司所有者权益总额应为（　　）元。

A. 1 615 000　　B. 835 000

C. 1 720 000　　D. 870 000

125. 下列选项中，影响主营业务收入入账金额的是（　　）。

A. 商业折扣　　B. 现金折扣

C. 一般纳税人的增值税　　D. 所得税

126. 下列选项中，不属于应付职工薪酬构成的是（　　）。

A. 工资　　B. 工会经费

C. 职工教育经费　　D. 出差期间的伙食补贴

127. 计算10月固定资产应计提折旧额时，不需要的数据是（　　）。

A. 9月固定资产计提的折旧额

B. 9月增加固定资产应计提的折旧额

C. 10月增加固定资产应计提的折旧额

D. 9月减少固定资产应计提的折旧额

【参考答案】

1. C	2. A	3. A	4. A	5. C
6. B	7. C	8. A	9. B	10. A
11. C	12. A	13. D	14. C	15. C
16. D	17. A	18. D	19. D	20. C
21. A	22. A	23. C	24. B	25. D
26. B	27. D	28. C	29. A	30. B
31. C	32. C	33. D	34. D	35. C
36. A	37. A	38. D	39. C	40. A
41. B	42. A	43. C	44. B	45. B
46. A	47. B	48. C	49. A	50. D
51. C	52. B	53. D	54. B	55. D
56. B	57. C	58. D	59. A	60. B
61. A	62. C	63. C	64. C	65. A
66. C	67. B	68. D	69. A	70. D
71. B	72. A	73. D	74. B	75. D
76. C	77. A	78. B	79. B	80. D
81. C	82. D	83. D	84. C	85. D
86. B	87. D	88. D	89. D	90. B
91. D	92. B	93. A	94. C	95. D
96. D	97. C	98. D	99. A	100. D
101. D	102. B	103. C	104. C	105. B
106. D	107. B	108. D	109. B	110. B
111. D	112. B	113. B	114. C	115. C
116. C	117. A	118. B	119. D	120. D
121. C	122. C	123. B	124. C	125. A
126. D	127. C			

【部分解析】

2. 年折旧率=(1-预计净残值率)÷预计使用寿命(年)×100%

4. 该企业上年年末应收账款余额为 600 000 元，“坏账准备”账户应保持的贷方余额为 3 000 元（600 000×5‰）。下年收回已转销的坏账为 1 000 元，“坏账准备”账户贷方增加 1 000 元。下年年末“应收账款”账户余额为 900 000 元，“坏账准备”账户应保持的贷方余额为 4 500 元（900 000×5‰），因此下年年末应计提的坏账准备为 500 元（4 500-3 000-1 000）。

6. 销售退回如果发生在企业确认收入之前，企业只需将已记入“发出商品”账户的商品成本转回“库存商品”账户；如果企业已经确认收入，又发生销售退回的，不论是当年销售的，还是以前年度销售的（除属于资产负债表日后事项外），均应冲减退回当月的销售收入，同时冲减退回当月的销售成本。

15. 企业本年实现的净利润加上年年初未分配利润（或减去年初未弥补亏损）和其他转入后的金额为可供分配的利润。可供分配的利润减去提取的法定盈余公积、任意盈余公积等后，为可供投资者分配的利润=100+200-200×(10%+5%)=270（万元）。

18. 增值税不作为收入，出售固定资产、接受捐赠取得的款项应通过营业外收入账户核算。

29. “股本”账户用来核算股份有限公司核定的股本总额及在核定的股份总额范围内实际发行股票的面值。

43. 利用公式“期初余额+本期增加的发生额-本期减少的发生额=期末余额”进行计算。本期减少发生额就是本期完工入库产品的成本。7 800+18 000-本期减少的发生额=6 200 元，计算得本期减少发生额等于 19 600 元。

60. 2013 年 8 月 1 日以后，增值税一般纳税人办公用轿车，取得的符合规定的税控机动车销售统一发票，可以从销项税额中抵扣。

81. 123 600÷(1+3%)×3%=3 600（元）

82. 购进免税农产品，按买价的 9%计入可抵扣进项税额，剩余的 91%计入成本。

（二）多选题

1. 期末结转后无余额的账户有（　　）。

A. “实收资本”　　B. “主营业务成本”

C. “库存商品”　　D. “销售费用”

2. 估计坏账损失的方法有（　　）。

A. 销售额百分比法　　B. 直接转销法

C. 账龄分析法　　D. 余额百分比法

3. 核对长期借款利息涉及的会计科目可能有（　　）科目。

A. “管理费用”　　B. “财务费用”

C. “在建工程”　　D. “长期借款”

4. 应通过“应收账款”科目核算的有（　　）。

A. 销售产品尚未收到的货款

B. 销售产品时代客户垫付的运杂费

C. 预付给供货单位的购货款

D. 销售产品时应向客户收取的增值税

5. 领用原材料的会计分录通常涉及的借方科目有（　　）科目。

A.“生产成本”　　B.“管理费用”

C.“制造费用”　　D.“财务费用”

6. 不必进行会计处理的经济业务有（　　）。

A. 用盈余公积转增资本

B. 取得股票股利

C. 用税前利润弥补亏损

D. 用税后利润弥补亏损

7. 我国会计准则允许采用的存货计价方法有（　　）。

A. 先进先出法　　B. 后进先出法

C. 加权平均法　　D. 个别计价法

8. 采购员报销差旅费，其会计分录可能涉及的会计科目有（　　）科目。

A.“其他应收款”　　B.“库存现金”

C.“其他应付款”　　D.“管理费用”

9. 由利润形成的所有者权益包括（　　）。

A. 实收资本　　B. 资本公积

C. 盈余公积　　D. 未分配利润

10. 某公司202×年2月计提折旧额为120 000元，2月增加的固定资产应计提的折旧额为10 000元，减少固定资产应计提的折旧额为25 000元；3月增加的固定资产应计提的折旧额为28 000元，减少固定资产应计提的折旧额为21 000元。该公司202×年3月和4月应计提的折旧额分别为（　　）元和（　　）元。

A. 105 000　　B. 127 000

C. 134 000　　D. 112 000

11. 不符合现金管理相关规定的行为包括（　　）。

A. 白条抵库　　B. 提取现金

C. 出租出借账户　　D. 设立小金库

12. 202×年7月25日，某公司采用委托收款结算方式从甲公司购入A材料一批，材料已验收入库，月末尚未收到发票账单，暂估价为60 000元。202×年8月10日，该公司收到甲公司寄来的发票账单，货款为70 000元，增值税税额为9 100元，已用银行存款付讫。该公司所进行的从暂估价入账到用银行存款付讫全过程的账务处理，正确的会计分录有（　　）。

A. 借：原材料——A材料　　60 000

　　贷：应付账款——暂估应付账款　　60 000

B. 借：应付账款——暂估应付账款　　60 000
　　贷：原材料——A 材料　　60 000
C. 借：原材料——A 材料　　（60 000）
　　贷：应付账款——暂估应付账款　　（60 000）
D. 借：原材料——A 材料　　70 000
　　应交税费——应交增值税（进项税额）　　9 100
　　贷：银行存款　　79 100

13. 构成留存收益的有（　　）。
A. 实收资本　　B. 盈余公积
C. 资本公积　　D. 未分配利润

14. 下列会计分录中，反映企业资金筹集业务的有（　　）。
A. 借：银行存款
　　贷：实收资本
B. 借：固定资产
　　贷：银行存款
C. 借：银行存款
　　贷：主营业务收入
D. 借：银行存款
　　贷：长期借款

15. 长期股权投资包括（　　）。
A. 对子公司的投资
B. 对合营企业的投资
C. 对联营企业的投资
D. 投资企业对被投资企业不具有控制、共同控制和重大影响，并且在活跃市场中有报价、公允价值能够可靠计量的权益性投资

16. 某单位购买材料时以银行存款预付货款，材料验收入库的会计分录涉及的会计科目可能有（　　）科目。
A. "应收账款"　　B. "预付账款"
C. "应付账款"　　D. "预收账款"

17. 某企业 202×年营业利润为 3 200 万元，营业外收入为 500 万元，营业外支出为 100 万元，净利润为 3 100 万元。关于该企业 202×年度有关指标的表述，正确的有（　　）。
A. 利润总额为 3 600 万元　　B. 利润总额为 3 700 万元
C. 所得税费用为 500 万元　　D. 所得税费用为 900 万元

18. 某企业为小规模纳税人企业，月初库存 A 材料 100 千克，单位成本 80 元；本月购入 A 材料 700 千克，单位成本 80 元；本期生产领用 A 材料 300 千克；期末经实地盘点，A 材料实存 450 千克。下列表述中，正确的有（　　）。
A. 永续盘存制下本月领用 A 材料的成本为 24 000 元
B. 永续盘存制下 A 材料账面余额为 40 000 元

C. 实地盘存制下本月领用A材料的成本为28 000元

D. 永续盘存制下A材料盘亏4 000元，若系收发计量错误，应计入管理费用

19. 某企业购入生产设备并投入使用，价款为30万元，进项税额为3.9万元。该企业以银行存款支付20万元，余款以商业承兑汇票承付。下列对于该项经济业务的会计处理中，正确的有（　　）。

A. 借记“固定资产”科目33.9万元

B. 借记“固定资产”科目30万元

C. 贷记“应付票据”科目13.9万元

D. 贷记“银行存款”科目20万元

20. 202×年2月7日，乙公司用银行存款3 500元购买甲种原材料一批，材料已验收入库。对于该项业务的会计处理，需要用到的会计方法和技术有（　　）。

A. 复式记账　　B. 成本计算

C. 财产清查　　D. 平行登记

21. 202×年2月12日，丙公司向甲公司采购材料，按合同规定向甲公司预付货款400 000元。202×年2月28日，丙公司收到甲公司按合同发来的材料，发票显示货款为600 000元，增值税税额为78 000元，丙公司当即按合同规定用银行存款补付货款。以下丙公司对于该项经济业务的会计处理中，正确的有（　　）。

A. 借：预付账款——甲公司　　400 000
　　贷：银行存款　　400 000

B. 借：原材料　　600 000
　　　应交税费——应交增值税（进项税额）　　78 000
　　贷：预付账款——甲公司　　678 000

C. 借：原材料　　600 000
　　　应交税费——应交增值税（进项税额）　　78 000
　　贷：预付账款——甲公司　　400 000
　　　　应付账款——甲公司　　278 000

D. 借：预付账款——甲公司　　278 000
　　贷：银行存款　　278 000

22. 下列选项中，必须通过“应付职工薪酬”科目核算的有（　　）。

A. 应支付的工会经费　　B. 应支付的职工教育经费

C. 应支付的职工住房公积金　　D. 为职工无偿提供的医疗保健服务

23. 某公司按合同规定销售产品一批，开出的增值税专用发票上标明价款为10 000元，增值税为1 300元，产品已发出。之前已预收购货单位货款8 000元，预收款不足部分购货单位暂欠。下列对于该交易的会计处理中，不正确的有（　　）。

A. 借记“主营业务收入”科目10 000元

B. 借记“预收账款”科目11 300元

C. 贷记“应交税费”科目1 300元

D. 借记“预收账款”科目8 000元

24. 下列有关支票的表述中，正确的有（ ）。
A. 单位或个人均可使用支票进行款项结算
B. 普通支票既可以用于支取现金，又可以用于转账
C. 现金支票可以背书转让
D. 支票必须记名

25. 可供分配利润的来源有（ ）。
A. 本年净利润
B. 年初未分配利润
C. 盈余公积转入
D. 资本公积转入

26. 下列公式中，正确的有（ ）。
A. 营业利润=营业收入-营业成本-税金及附加-销售费用-管理费用-财务费用-资产减值损失+公允价值变动收益（-公允价值变动损失）+投资收益（-投资损失）
B. 利润总额=营业利润+营业外收入-营业外支出
C. 净利润=营业利润-所得税费用
D. 净利润=利润总额-所得税费用

27. 留存收益包括（ ）。
A. 资本公积
B. 法定盈余公积
C. 任意盈余公积
D. 未分配利润

28. 下列选项中，属于营业外收入的是（ ）。
A. 取得的政府补助收入
B. 银行存款利息收入
C. 收到的捐赠款
D. 出售原材料取得的收入

29. 材料按实际成本计价，应设置的账户是（ ）。
A. “原材料”
B. “材料采购”
C. “在途物资”
D. “材料成本差异”

30. 工业企业外购存货的实际成本包括（ ）。
A. 采购人员差旅费
B. 包装费
C. 安装费
D. 运输费

31. 下列选项中，应当计入外购固定资产成本的是（ ）。
A. 场地整理费
B. 包装费
C. 安装费
D. 运输费

32. 下列选项中，应通过“应付账款”账户核算的是（ ）。
A. 应付租金
B. 应付购入包装物款项
C. 应付存入保证金
D. 应付接受劳务的款项

33. 下列选项中，不通过“银行存款”账户核算的有（ ）。
A. 人民币存款
B. 外币存款
C. 外埠存款
D. 信用证存款

34. 下列支出中，属于营业外支出的有（ ）。
A. 捐赠支出
B. 债务重组损失
C. 固定资产盘亏
D. 罚款支出

35. 其他货币资金主要包括（　　）。

A. 银行存款　　B. 外埠存款

C. 银行汇票、银行本票存款　　D. 信用证存款

36. 企业以库存现金发放职工工资，应（　　）。

A. 借记“库存现金”科目　　B. 贷记“应付职工薪酬”科目

C. 借记“应付职工薪酬”科目　　D. 贷记“库存现金”科目

37. 下列选项中，应计入固定资产成本的有（　　）。

A. 固定资产进行日常修理发生的人工费用

B. 固定资产安装过程中领用原材料的费用

C. 固定资产达到预定可使用状态后发生的专门借款利息

D. 固定资产达到预定可使用状态前发生的工程物资盘亏净损失

38. 企业固定资产取得的方式有（　　）。

A. 外购　　B. 自行建造

C. 投资者投入　　D. 融资租入

39. 企业让渡资产使用权的收入是指（　　）。

A. 无形资产的使用费收入　　B. 包装物出租的租金收入

C. 固定资产出租的租金收入　　D. 贷款利息收入

40. 下列各项中，应通过“应交税费——未交增值税”科目核算的有（　　）。

A. 本月上交本月的应交增值税　　B. 本月上交上期的应交增值税

C. 结转本月应交未交的增值税　　D. 结转本月多交的增值税

41. 应通过“应付职工薪酬”科目核算的内容包括（　　）。

A. 职工福利费

B. 工伤保险费和生育保险等社会保险费

C. 住房公积金

D. 工会经费和职工教育经费

42. 下列选项中，影响年末未分配利润数额的因素有（　　）。

A. 年初未分配利润　　B. 提取盈余公积

C. 结转本期实现的净利润　　D. 盈余公积补亏

43. 下列关于收入的说法中，正确的有（　　）。

A. 收入从日常活动中产生，而不是从偶发的交易或事项中产生

B. 收入可能表现为资产的增加

C. 收入可能表现为所有者权益的增加

D. 收入包括代收的增值税

44. 企业日常活动中取得的收入包括（　　）。

A. 销售商品取得的收入　　B. 提供劳务的收入

C. 他人使用本企业资产的收入　　D. 销售固定资产

45. 下列选项中，属于销售费用的有（　　）。

A. 利息支出　　B. 产品的广告费

C. 专设销售机构人员的工资　　D. 产品展览费

46. 期间费用包括（　　）。

A. 销售费用　　B. 制造费用

C. 财务费用　　D. 管理费用

47. 下列选项中，属于制造费用的有（　　）。

A. 生产车间为组织和管理生产所发生的工资及福利费用

B. 生产车间为组织和管理生产所发生的设备折旧费

C. 企业管理部门的房屋折旧费

D. 生产车间为组织和管理生产所发生的办公费

48. 在“固定资产清理”账户借方登记的是（　　）。

A. 转入清理的固定资产净值　　B. 转入清理的固定资产原值

C. 发生的清理费用　　D. 由保险公司或过失人承担的损失

49. 长期借款所发生的利息支出，可能借记的账户有（　　）。

A.“销售费用”　　B.“财务费用”

C.“在建工程”　　D.“管理费用”

50. 下列选项中，构成企业外购存货入账价值的有（　　）。

A. 买价　　B. 运杂费

C. 运输途中的合理损耗　　D. 入库前的挑选整理费

51. 下列固定资产的折旧方法中，属于加速折旧的有（　　）。

A. 平均年限法　　B. 双倍余额递减法

C. 工作量法　　D. 年数总和法

52. 根据《企业会计制度》的规定，下列选项中，应计入企业产品成本的有（　　）。

A. 生产工人的工资　　B. 车间管理人员的工资

C. 企业行政管理人员的工资　　D. 在建工程人员的工资

53. 下列选项中，构成应收账款入账价值的是（　　）。

A. 销售商品的价款　　B. 增值税销项税额

C. 代购买方垫付的包装费　　D. 代购买方垫付的运杂费

54. 下列会计科目中，可能成为“本年利润”科目的对应科目的有（　　）科目。

A.“管理费用”　　B.“所得税费用”

C.“利润分配”　　D.“制造费用”

55. 年末结账后，下列会计科目中一定没有余额的有（　　）科目。

A.“生产成本”　　B.“材料采购”

C.“本年利润”　　D.“主营业务收入”

56. 计提固定资产折旧时，可能涉及的科目有（　　）。

A. “固定资产”　　B. “累计折旧”

C. “制造费用”　　D. “管理费用”

57. 下列选项中，应记入“营业外支出”科目的有（　　）。

A. 广告费　　B. 借款利息

C. 固定资产盘亏　　D. 捐赠支出

58. 某企业于202×年3月销售一批化妆品，化妆品的成本为80万元，为了销售发生推销费用0.5万元，化妆品的销售价款为100万元，应收取的增值税销项税额为13万元，销售该批化妆品应缴纳的消费税为30万元。根据该项经济业务，下列表述中，正确的有（　　）。

A. “主营业务成本”科目反映借方发生额80万元

B. “主营业务收入”科目反映贷方发生额100万元

C. “税金及附加”科目反映借方发生额30万元

D. “销售费用”科目反映借方发生额0.5万元

59. A公司原由甲、乙、丙三人投资，三人各投入100万元。两年后丁想加入，经协商，甲、乙、丙、丁各拥有100万元的资本，但丁必须投入120万元的银行存款方可拥有100万元的资本。若丁以120万元投入A公司，并已办妥增资手续，则下列表述中能组合在一起形成该经济业务的会计分录项目的是（　　）。

A. 该笔业务应借记“银行存款”科目120万元

B. 该笔业务应贷记“实收资本”科目100万元

C. 该笔业务应贷记“资本公积”科目20万元

D. 该笔业务应贷记“银行存款”科目120万元

60. 下列关于“预付账款”科目的表述中，正确的有（　　）。

A. 预付及补付的款项登记在该科目的借方

B. 该科目的借方余额表示预付给供货单位的款项

C. 该科目的贷方余额表示应当补付的款项

D. 预付款项不多的企业，也可将预付款项记入“应付账款”科目的借方

61. 下列票据中，通过“应付票据”科目核算的有（　　）。

A. 商业承兑汇票　　B. 银行承兑汇票

C. 银行汇票　　D. 转账支票

62. 下列费用中，应计入产品成本的有（　　）。

A. 直接用于产品生产，构成产品实体的辅助材料

B. 直接从事产品生产的工人的工资

C. 直接从事产品生产的工人的非货币性福利

D. 车间管理人员的工资及福利费

63. 甲公司于202×年1月1日借入3个月的借款1 000万元，年利率为6%，3月31日到期一次还本付息。按照权责发生制原则，202×年3月31日甲公司还本付息时应编制的会计分录中可能涉及的应借应贷科目及金额是（　　）。

A. 借记“短期借款”科目 1 000 万元

B. 借记“财务费用”科目 5 万元

C. 借记“应付利息”科目 10 万元

D. 贷记“银行存款”科目 1 015 万元

64. 以下税费可能记入“税金及附加”科目核算的有（　　）。

A. 增值税　　B. 消费税

C. 企业所得税　　D. 教育费附加

65. 下列关于“所得税费用”科目的表述中，正确的有（　　）。

A. 该科目属损益类科目

B. 该科目的余额期末结账时应转入“本年利润”科目

C. 该科目属负债类科目

D. 该科目余额一般在贷方

66. 下列选项中，应记入“营业外收入”科目核算的有（　　）。

A. 固定资产盘盈　　B. 处置固定资产净收益

C. 无法偿付的应付款项　　D. 出售无形资产净收益

67. 下列票据中，不通过“应付票据”科目核算的有（　　）。

A. 商业承兑汇票　　B. 银行汇票

C. 银行承兑汇票　　D. 银行本票

68. 在借贷记账法下，当贷记“主营业务收入”科目时，下列会计科目中可能成为其对应科目的有（　　）科目。

A. “应收账款”　　B. “银行存款”

C. “利润分配”　　D. “应收票据”

69. 某企业于202×年 3 月 31 日按照规定计提本期固定资产的折旧 24 000 元，其中生产车间折旧为 19 000 元，行政管理部门折旧为 5 000 元。根据该项经济业务，下列表述中，正确的有（　　）。

A. “生产成本”科目应反映借方发生额 19 000 元

B. “制造费用”科目应反映借方发生额 19 000 元

C. “管理费用”科目应反映借方发生额 5 000 元

D. “累计折旧”科目应反映贷方发生额 24 000 元

70. 下列选项中，应记入“财务费用”科目的是（　　）。

A. 利息收支　　B. 银行承兑汇票承兑手续费

C. 财务会计人员工资　　D. 汇兑损益

71. 202×年，某企业以银行存款支付本企业负担的销售产品的运费 1 000 元，则下列表述中，正确的有（　　）。

A. 该笔业务应借记“销售费用”科目 1 000 元

B. 该笔业务应借记“材料采购”科目 930 元

C. 该笔业务应借记“应交税费——应交增值税（进项税额）”科目 82. 57 元

D. 该笔业务应贷记“银行存款”科目 1 000 元

72. 企业行政管理人员王华出差回来，报销差旅费600元，交回现金200元。根据该项经济业务，下列表述中，正确的有（　　）。

A.“库存现金”科目反映借方发生额200元

B.“管理费用”科目反映借方发生额800元

C.“管理费用”科目反映借方发生额600元

D.“其他应收款”科目反映贷方发生额800元

73. 年末结转后，“利润分配”科目余额可能表示（　　）。

A. 未分配利润　　B. 营业利润

C. 利润总额　　D. 未弥补亏损

【参考答案】

1. BD	2. ACD	3. BCD	4. ABD	5. ABC
6. BCD	7. ACD	8. ABD	9. CD	10. AD
11. ACD	12. ACD	13. BD	14. AD	15. ABC
16. BC	17. AC	18. ABCD	19. BCD	20. ABD
21. ABD	22. ABCD	23. ABC	24. ABD	25. ABC
26. ABD	27. BCD	28. AC	29. AC	30. BCD
31. ABCD	32. BD	33. CD	34. ABCD	35. BCD
36. CD	37. BD	38. ABCD	39. ABCD	40. BCD
41. ABCD	42. ABCD	43. ABC	44. ABC	45. BCD
46. ACD	47. ABD	48. AC	49. BCD	50. ABCD
51. BD	52. AB	53. ABCD	54. ABC	55. CD
56. BCD	57. CD	58. ABCD	59. ABC	60. ABCD
61. AB	62. ABCD	63. ABCD	64. BCD	65. AB
66. BCD	67. BD	68. ABD	69. BCD	70. ABD
71. AD	72. ACD	73. AD		

（三）判断题

1. 采用信用证付款方式的企业，在“其他货币资金”账户进行核算。（　　）

2. “应收账款”账户核算企业因销售产品或材料、提供劳务、职工借款等业务，应向购货单位或本单位职工个人收取的款项。（　　）

3. “库存现金”账户的期末余额在借方，反映期末库存现金的实有数。（　　）

4. 库存现金是存放于企业财会部门由会计机构负责人经管的货币。（　　）

5. 企业在固定资产清理过程中发生的清理费用，应贷记“固定资产清理”科目。（　　）

6. 企业对于确实无法支付的应付账款，应冲减已计提的坏账准备。（　　）

7. 企业为取得固定资产而缴纳的契税，应计入资产入账价值。（　　）

8. 企业预提短期借款利息时，应记入“应付利息”账户的贷方。（　　）

9. 应付职工薪酬包括职工在职期间和离职后提供给职工的全部货币性薪酬和非货币性薪酬。（　）

10. 未分配利润是本期实现的净利润，减去提取的各种盈余公积和分出利润后的余额。（　）

11. 企业转让无形资产使用权的收入应通过“营业外收入”账户核算。（　）

12. “主营业务收入”账户的借方登记已确认实现的销售收入。（　）

13. 工业企业为拓展销售市场所发生的业务招待费，应记入“管理费用”账户。（　）

14. 企业以前年度亏损未弥补完时，不得向投资者分配利润，但可以提取法定盈余公积。（　）

15. “主营业务成本”账户的期末余额应结转至“本年利润”账户的贷方。（　）

16. 企业专设销售机构的费用是企业产品成本的一个重要组成部分。（　）

17. 企业当期利润总额减去向国家缴纳所得税后的余额即为企业的净利润。（　）

18. 年度终了，企业应将“本年利润”账户的数额转入“利润分配——未分配利润”账户。（　）

19. 生产车间管理人员的职工工资薪酬属于管理性质费用，不能记入“产品成本”账户。（　）

20. 企业在实际计提固定资产折旧时，当月增加的固定资产，当月计提折旧；当月减少的固定资产，当月不计提折旧。（　）

21. 工资分配时，生产工人工资应借记“生产成本”科目，车间管理人员工资应借记“制造费用”科目。（　）

22. 计提短期借款的利息，应贷记“预付账款”科目。（　）

23. “本年利润”科目余额如果在借方，则表示自年初至本期末累计发生的亏损。（　）

24. “长期借款”科目期末余额表示企业尚未偿还的长期借款的本息。（　）

25. 职工预借差旅费应借记“管理费用”科目。（　）

26. 企业长期借款利息和短期借款利息都应计入财务费用核算。（　）

27. 购入交易性金融资产发生的交易费用应计入财务费用核算。（　）

28. 发生坏账损失时，编制的会计分录应借记“坏账准备”科目，贷记“应收账款”科目。（　）

29. 从银行提取的备用金应记入“其他应收款”科目的借方。（　）

30. “本年利润”科目和“利润分配”科目年终结账后，余额都为零。（　）

31. 根据完工产品入库业务编制的会计分录为借记“库存商品”科目，贷记“原材料”科目。（　）

32. 购入固定资产业务的会计分录一律应借记“固定资产”科目。（　）

33. 计提生产产品的机器设备的折旧应借记“生产成本”科目。（　）

34. 固定资产处置净损失最终形成营业外支出。（　）

35. 在预付账款业务中，预付货款和补付货款编制的会计分录借贷方科目相同。（　）

36. 超出企业法定资本额的投入资本应作为资本公积处理。（　）

37. 通常，制造费用应于期末分配转入各种产品的生产成本。（　）

38. 常用的存货发出计价方法包括月末一次加权平均法、先进先出法、后进先出法和个别计价法。（　）

39. 月末一次加权平均法平时逐笔登记入库存货的数量、单价和金额，发出存货只登记数量，不登记单价和金额。（　）

40. 存货发出计价方法中，个别计价法下发出的存货实物与价值最为一致，因而成本计算最为准确和符合实际情况，但其实物保管和成本分辨工作量大。（　）

41. 托收承付结算方式可用于同城结算。（　）

42. 固定资产是指为生产产品、提供劳务、出租或经营管理而持有的，使用期限超过一年且单位价值较高的资产。（　）

43. 实地盘存制的缺点是控制制度不严，存货发出数不太可靠。（　）

44. 加班工资也应计入工资总额。（　）

45. 在收入确认前发生的销售折让应计入财务费用。（　）

46. 企业预付的货款实质上也是企业的一项资产。（　）

47. 企业在建工程领用本企业生产的应交增值税的产成品应视同销售，按计税价格计算确认销项税额。（　）

48. 由于商业折扣在销售时已经发生，企业按扣除商业折扣后的净额确认销售收入和应收账款即可。（　）

49. 企业对于购入的免税农产品，可以按照买价和规定的扣除率计算进项税额，并将计算的进项税额从其购买价格中扣除，其余额即为购入农产品的采购成本。（　）

50. 资本公积属于资本的范畴，是准资本和资本的储备形式。（　）

51. 工业企业出租固定资产取得的收入应确认为营业外收入。（　）

52. 公司管理人员薪酬计入生产成本。（　）

53. 202×年 3 月 28 日，飞达公司购入一台固定资产，增值税专用发票注明价款为 200 000 元，增值税为 26 000 元并可以抵扣，发生运费 5 000 元，税务部门允许按 9% 的扣除率计算扣除增值税。该项固定资产的入账价值为 204 587. 16 元。（　）

54. 应收及预付款项都是企业的短期债权，应收账款收取的对象是货物，预付账款的收取对象是货币资金。（　）

55. “在途物资”账户期末贷方余额表示期末尚未收到的在途物资的实际成本。（　）

56. 企业应当按月计提固定资产折旧，并根据用途分别计入相关资产的成本或当期费用。（　）

57. 某公司为增值税一般纳税人企业，因管理不善，毁损库存原材料一批。对于该批毁损的原材料的增值税进项税额为 13 000 元，在进行账务处理时应贷记“应交税费——应交增值税（进项税额转出）”科目。（　）

58. 某公司于 202×年 3 月 6 日在上海证券交易所用存出投资款购入某种股票 100 000股，每股成交价为 8.2 元（含已宣告尚未发放的 202×年度现金股利每股 0.20 元），另支付相关税费 2 000 元。某公司将该股票投资划分为交易性金融资产，则该交易性金融资产的入账价值为 800 000 元。（　）

59. 在实地盘存制下，本期发出数=期初结存数+本期收入数-期末实存数。（　）

60. 银行汇票存款、银行本票存款和商业汇票存款均必须通过“其他货币资金”账户核算。（　）

61. 在存货单价始终保持不变的情况下，对同一企业的存货收发业务，无论采用什么计价方法，所计算的存货发出成本都相同。（　）

62. 为简化核算，对那些发票账单尚未到达的入库材料，月末可以暂时不进行会计处理，待收到发票账单时，再按实际价款进行会计处理。（　）

63. 为了反映在途物资的详细情况，在途物资明细账通常采用数量金额式。（　）

64. 一个企业只能选择一种存货发出计价方式，不得同时选用其他计价方法。（　）

65. 企业销售一批商品，销售价款为 10 000 元，增值税销项税额为 1 300 元，现金折扣为 200 元，确认的收入额为 10 000 元。（　）

66. 实行定额备用金制度的企业，需设置“其他应收款——备用金”账户进行核算，也可单独设置“备用金”账户核算。（　）

67. 存出投资款属于其他货币资金。（　）

68. 商业折扣是指为了鼓励客户尽快偿付货款而提供的一种价款优惠。（　）

69. 已提足折旧的固定资产，无论是否继续使用，均不再提取折旧，但提前报废的固定资产应补提折旧。（　）

70. 企业购买的股票、债券、基金等均应分为交易性金融资产。（　）

71. 增值税一般纳税人的应交增值税明细账应采用多栏式，小规模纳税人应交增值税明细账应采用三栏式。（　）

72. 增值税一般纳税人用于个人消费的购进货物，其进项税额不得从销项税额中抵扣，应通过“应交税费——应交增值税（进项税额转出）”账户转入“应付职工薪酬”账户。（　）

73. 对于企业收到的投资方投入的实物资产，如果确定资产价值超过其在注册资本中所占的份额，差额应作为资本溢价，计入盈余公积。（　）

74. 企业支付的工会经费、职工教育经费以及按照国家有关规定缴纳的社会保险和住房公积金等，应借记相关成本费用科目，贷记“应付职工薪酬”科目。（　）

75. 备用金的核算分为定额制和非定额制两种。定额制是指根据使用部门和人员的实际工作需要，先核定其备用金定额并依次拨付备用金，使用后再付给现金，补足其定额的制度。（　）

76. 如果取得交易性金融资产所支付的价款中包含已宣告但尚未发放的现金股利或已到付息期但尚未领取的债券利息的，应单独确认为应收项目，不构成交易性金融资产的成本。（　）

77. 对于企业签发的空头支票，银行除退票外，还按票面金额处以 5%但不低于 1 000元的罚款。（　）

78. 固定资产是指使用寿命超过一个会计年度的有形资产。 ( )

79. 企业在无形资产预计使用寿命内采用系统合理的方法对应摊销金额进行摊销。 ( )

80. 企业应当按照工资总额的14%计提职工福利费。 ( )

81. 增值税一般纳税人的销售收入不包括销项税额，但小规模纳税人的销售收入包括增值税。 ( )

82. 原材料按实际成本计价核算时，从材料日常收发凭证到明细账、总分类账均按实际成本计价。只有按实际成本计价时，才存在先进先出法、加权平均法和个别加计法之分。 ( )

83. A 公司通过二级市场购入另一公司80%的有表决权股票，共计支出5 000万元，A 公司应将此投资划分为交易性金融资产。 ( )

84. 移动加权平均法与全月一次加权平均法的区别在于，前者在每次增加存货时都需要重新计算加权平均单价，后者只需要每月计算一次加权平均单价。 ( )

85. 企业购入需要安装的固定资产买价以及发生的安装费用等，均应通过“在建工程”账户核算；待安装完毕达到预定可使用状态时，再按其实际成本从“在建工程”账户转入“固定资产”账户。

86. 个别计价法便于逐笔结转发出存货成本，计算比较正确，且工作量小，尤其适用于进货批次少，能分清发货批次的品种。 ( )

87. 可变现净值是指在正常生产经营过程中，以预计售价减去进一步加工成本和预计销售费用以及相关税费后的净值。 ( )

88. 企业在生产经营过程中为生产产品、提供劳务而发生的耗费，应计入产品或劳务的成本。 ( )

89. 无形资产的摊销自其可供使用时开始，至终止确认时停止。 ( )

90. 存在外币现金收支业务的企业，应将外币折算为人民币，统一设置库存现金日记账，统一使用人民币进行明细核算。 ( )

91. 利得和损失可能计入所有者权益，也可能计入当期损益。 ( )

92. 研究阶段发生的无形资产研发支出应计入当期管理费用，开发阶段发生的无形资产研发支出应计入无形资产成本。 ( )

【参考答案】

1. √	2. ×	3. √	4. ×	5. ×
6. ×	7. √	8. √	9. √	10. ×
11. ×	12. ×	13. √	14. ×	15. ×
16. ×	17. √	18. √	19. ×	20. ×
21. √	22. ×	23. √	24. √	25. ×
26. ×	27. ×	28. √	29. ×	30. ×
31. ×	32. ×	33. ×	34. √	35. √
36. √	37. √	38. ×	39. √	40. √
41. ×	42. ×	43. √	44. √	45. ×

46. √	47. √	48. √	49. √	50. √
51. ×	52. ×	53. √	54. ×	55. ×
56. √	57. √	58. √	59. √	60. ×
61. √	62. ×	63. ×	64. ×	65. √
66. √	67. √	68. ×	69. ×	70. ×
71. √	72. ×	73. ×	74. √	75. √
76. √	77. √	78. ×	79. √	80. ×
81. ×	82. ×	83. ×	84. √	85. √
86. ×	87. √	88. √	89. √	90. ×
91. √	92. ×			

（四）不定项选择题

1. “生产成本”科目期末借方余额代表（　　）。
   A. 在产品成本　　B. 已完工产品成本
   C. 当期投入的总成本　　D. 当期和以前期间所有产品的总成本
2. 下列不属于期间费用的是（　　）。
   A. 制造费用　　B. 销售费用
   C. 管理费用　　D. 财务费用
3. 财务费用一般包括（　　）。
   A. 会计人员工资　　B. 广告费用
   C. 银行短期借款利息　　D. 汇兑手续费
4. 根据现行《企业会计准则》规定，企业计提的盈余公积包括（　　）。
   A. 法定盈余公积　　B. 任意盈余公积
   C. 公益金　　D. 资本公积
5. “利润分配——未分配利润”科目的年末借方余额，反映（　　）。
   A. 本年度发生的亏损　　B. 本年度实现的净利润
   C. 历年累计的未分配利润　　D. 历年累计的未弥补亏损
6. “本年利润”科目的贷方余额反映（　　）。
   A. 自年初起至本月末止累计实现的利润
   B. 历年累计发生的亏损
   C. 历年累计实现的利润
   D. 自年初起至本月末止累计发生的亏损
7. 关于“利润分配——未分配利润”科目，下列说法中，不正确的是（　　）。
   A. 期末余额一定在贷方
   B. 期末余额在借方表示未弥补亏损数额
   C. 期末余额可能在借方也可能在贷方
   D. 期末余额在贷方表示未分配利润的数额

8. 下列各项业务中，应通过“营业外收入”科目核算的有（　　）。

A. 存货盘盈　　B. 转销无法偿付的应付账款

C. 无法查明原因的现金溢余　　D. 固定资产盘盈

9. 下列各科目中，年末可能有余额的是（　　）。

A.“管理费用”　　B.“资产减值损失”

C.“营业外收入”　　D.“预收账款”

10. 下列各科目中，余额期末应结转到“本年利润”科目的有（　　）。

A.“营业外收入”　　B.“营业外支出”

C.“投资收益”　　D.“制造费用”

11. “制造费用”科目余额一般在期末应转入（　　）科目。

A.“生产成本”　　B.“库存商品”

C.“本年利润”　　D.“利润分配”

12. 成本项目的具体内容一般包括（　　）等。

A. 直接材料　　B. 直接人工

C. 管理费用　　D. 制造费用

13. 下列选项中，不能计入管理费用的是（　　）。

A. 房产税　　B. 土地使用税

C. 城市维护建设税　　D. 印花税

14. 计提工资编制的会计分录中，可能涉及的科目有（　　）科目。

A.“生产成本”　　B.“管理费用”

C.“制造费用”　　D.“应付职工薪酬”

15. 交易性金融资产的出售损益应记入（　　）账户。

A.“投资收益”　　B.“公允价值变动损益”

C.“资本公积”　　D.“营业外支出”

16. 下列选项中，影响营业利润计算的因素有（　　）。

A. 所得税费用　　B. 营业外支出

C. 制造费用　　D. 管理费用

17. 下列选项中，不影响利润总额计算的因素是（　　）。

A. 所得税费用　　B. 管理费用

C. 主营业务成本　　D. 营业外收入

18. 材料销售成本应记入（　　）科目核算。

A.“生产成本”　　B.“其他业务成本”

C.“主营业务成本”　　D.“营业外支出”

19. 购买和出售交易性金融资产而发生的交易费用应记入（　　）科目核算。

A.“本年利润”　　B.“营业外支出”

C.“财务费用”　　D.“投资收益”

20. 某公司为增值税一般纳税人企业，适用的增值税税率为13%。202×年3月该公司发生下列业务：

①2日，该公司销售甲产品100台，单价为450元/台，货款尚未收到。甲产品3月初结存数量为500台，单位成本为310元/台；本月入库为2 000台，单位成本为320元/台。甲产品发出库存商品的成本按全月一次加权平均法计算。

②20日，为增加本公司员工福利，该公司管理层决定向全体职工每人发放1台本企业生产的乙产品。该公司共有职工300人，其中生产工人200人，车间管理人员40人，厂部管理人员60人。乙产品不含税市场售价为2 000元，单位成本为1 450元。

③该公司3月共实现营业利润260 000元，发生财务费用12 000元，管理费用50 000元，营业外支出4 000元，所得税税率25%（本月应交所得税全部上交），按10%提取法定盈余公积，按5%提取任意盈余公积。

要求：根据上述资料，回答（1）~（3）题。

（1）下列表述中，正确的有（　　）。

A. 3月甲产品的加权平均单位成本是318元/台

B. 3月2日销售的甲产品应结转成本31 800元

C. 企业向员工发放本企业生产的产品属于向职工提供货币性福利

D. 财务费用和管理费用均属于期间费用

（2）3月20日，下列利用产品发放福利的会计分录，正确的有（　　）。

A. 借：生产成本　　468 000
　　　制造费用　　93 600
　　　管理费用　　140 400
　　贷：应付职工薪酬——非货币性福利　　678 000

B. 借：生产成本　　400 000
　　　制造费用　　80 000
　　　管理费用　　120 000
　　贷：应付职工薪酬——非货币性福利　　600 000

C. 借：应付职工薪酬——非货币性福利　　678 000
　　贷：主营业务收入　　600 000
　　　　应交税费——应交增值税（销项税额）　　78 000

D. 借：主营业务成本　　435 000
　　贷：库存商品　　435 000

（3）下列缴纳所得税、计提盈余公积的会计分录，正确的有（　　）。

A. 借：应交税费——应交所得税　　64 000
　　贷：银行存款　　64 000

B. 借：应交税费——应交所得税　　48 500
　　贷：银行存款　　48 500

C. 借：利润分配——提取法定盈余公积　　14 550
　　　　　　——提取任意盈余公积　　7 275

贷：盈余公积——法定盈余公积　14 550
　　　　——任意盈余公积　7 275

D. 借：利润分配——提取法定盈余公积　19 200
　　　　——提取任意盈余公积　9 600
贷：盈余公积——法定盈余公积　19 200
　　　　——任意盈余公积　9 600

21. 某公司为增值税一般纳税人企业，适用的增值税税率为13%。202×年3月1日，该公司销售产品200件，单价3 000元/件（不含税），单位成本2 250元/件。由于是成批销售，该公司给予购货方5%的商业折扣，同时提供现金折扣，折扣条件为“2/20，N/30”（增值税部分不能使用折扣）。客户于3月19日付款，同时退回不符合质量要求的10件产品（假定相应的销项税额可以冲减），其余货款全部用银行存款付讫，3月1日该销售业务符合收入确认条件。

要求：根据上述资料，回答（1）~（4）题。

（1）3月1日，该公司应编制的会计分录包括（　　）。

A. 借：应收账款　678 000
贷：主营业务收入　600 000
应交税费——应交增值税　78 000

B. 借：应收账款　644 100
贷：主营业务收入　570 000
应交税费——应交增值税　74 100

C. 借：应收账款　631 218
贷：主营业务收入　558 600
应交税费——应交增值税　72 618

D. 借：主营业务成本　450 000
贷：库存商品　450 000

（2）3月19日，对于销售退回，该公司应编制的会计分录包括（　　）。

A. 借：主营业务收入　28 500
应交税费——应交增值税（销项税额）　3 705
贷：应收账款　32 205

B. 借：库存商品　22 500
贷：主营业务成本　22 500

C. 借：主营业务成本　35 100
贷：应收账款　35 100

D. 借：主营业务收入　29 400
应交税费——应交增值税（销项税额）　3 822
贷：应收账款　33 222

（3）3 月 19 日，该公司收到货款编制的会计分录中，不正确的是（　　）。

A. 借：银行存款　687 960
　　　财务费用　14 040
　　贷：应收账款　702 000

B. 借：银行存款　619 164
　　　财务费用　12 636
　　贷：应收账款　631 800

C. 借：银行存款　620 883.90
　　　财务费用　12 671.70
　　贷：应收账款　633 555.60

D. 借：银行存款　622 725
　　　财务费用　10 830
　　贷：应收账款　633 555

（4）如果该公司适用的所得税税率为 25%，在只考虑上述业务的情况下，该公司的营业利润、利润总额和净利润分别增加（　　）。

A. 114 000 元、103 170 元和 77 377.50 元

B. 109 170 元、109 170 元和 81 877.50 元

C. 103 170 元、103 170 元和 77 377.50 元

D. 103 170 元、142 500 元和 106 875 元

22. 某公司 202×年 8 月 1 日期初结存某种存货 10 000 千克，单价 2.5 元/千克，计价25 000元。某公司 202×年 8 月存货收发记录如表 2-10 所示。

表 2-10　某公司 202×年 8 月存货收发记录　　单位：元

202×年		摘要	收入		发出
月	日		数量	单价	
8	5	购入存货，验收入库	56 000	2.7	
	8	购入存货，验收入库	80 000	2.6	
	10	生产领用			66 000
	18	购入存货，验收入库	20 000	3.0	
	20	生产领用			90 000
	25	购入存货，验收入库	76 000	2.8	
	28	管理领用			72 000
	31	合计	232 000		228 000

要求：根据上述材料，回答（1）~（3）题。

（1）如果该公司采用先进先出法计算存货发出成本，下列表述中，正确的有（　　）。

A. 8 月 10 日发出存货的成本为 176 200 元

B. 8 月 28 日发出存货的成本为 203 600 元

C. 8月发出存货的总成本为617 800元

D. 8月结存存货的成本为39 200元

（2）如果该公司采用全月一次加权平均法计算存货发出成本，下列表述中，正确的有（　　）。

A. 加权平均单价为2.80元/千克

B. 加权平均单价为2.71元/千克

C. 8月发出存货总成本为617 880元

D. 8月结存存货总成本为37 940元

（3）如果该公司采用移动加权平均法计算存货发出成本，下列表述中，正确的有（　　）。

A. 8月应计算3次加权平均单价

B. 8月应计算4次加权平均单价

C. 8月发出存货的总成本为618 360元

D. 8月结存存货的总成本为38 640元

23. 202×年1月1日，丁公司相关科目的期初余额分别是“实收资本”500 000元，“资本公积”120 000元，“盈余公积”90 000元，“利润分配——未分配利润”250 000元。丁公司202×年有关业务及相关资料如下：

①某投资者追加资本110 000元，但协议规定，计入实收资本的金额为100 000元，全部款项已存银行。

②202×年度有关损益类科目的发生额分别是“主营业务收入”560 000元（贷方），“其他业务收入”38 000元（贷方），“公允价值变动损益”24 000元（贷方），“主营业务成本”460 000元（借方），“其他业务成本”35 000元（借方），“税金及附加”28 000元（借方），“管理费用”24 000元（借方），“财务费用”16 000元（借方），“营业外支出”9 000元（借方），“所得税费用”12 500元（借方）。

③丁公司按照净利润的10%提取盈余公积。

④经股东大会同意，丁公司将盈余公积50 000元转增实收资本。

要求：根据上述资料，回答（1）~（3）题。

（1）202×年1月1日资产扣除负债后的余额为（　　）元。

A. 500 000　　B. 620 000

C. 710 000　　D. 960 000

（2）关于202×年度的有关数据，正确的有（　　）。

A. 营业利润为59 000元　　B. 营业利润为35 000元

C. 利润总额为50 000元　　D. 净利润为37 500元

（3）下列表达中，正确的有（　　）。

A. 202×年度“本年利润”科目的借方发生额为584 500元

B. 202×年度“本年利润”科目的贷方发生额为622 000元

C. “利润分配——未分配利润”的年末余额为283 750元

D. 202×年的所有者权益总额为1 107 500元

24. 某公司为增值税一般纳税人，202×年 3 月 1 日“应交税费”总账科目贷方余额为86 000元。202×年 3 月 1 日部分明细账科目的余额如下：“应交税费——应交增值税”科目借方余额为 28 600 元，“应交税费——未交增值税”科目贷方余额为 54 000 元。该公司 202×年 3 月发生的有关经济业务如下：

① 5 日，该公司购入生产用原材料一批，增值税专用发票注明的价款为 40 000 元，增值税为 5 200 元，材料已验收入库，货款用银行存款支付。

② 8 日，该公司以银行存款上交未交增值税。

③ 15 日，该公司销售产品一批，金额为 285 000 元，增值税为 37 050 元，所有款项均以银行存款收讫。

④ 20 日，该公司因管理不善，损毁原材料一批，相应的增值税为 6 500 元。

⑤ 25 日，该公司用银行存款缴纳所得税 10 000 元。

⑥ 26 日，该公司用银行存款缴纳本月增值税 20 000 元。

⑦ 31 日，该公司结转本月未交增值税。

要求：根据上述资料，回答（1）~（4）题。

（1）下列表述中，正确的有（　　）。

A.“应交税费”总账科目 3 月借方发生额为 89 200 元

B.“应交税费”总账科目 3 月借方发生额为 92 350 元

C.“应交税费”总账科目 3 月贷方发生额为 56 950 元

D.“应交税费”总账科目 3 月贷方余额为 40 350 元

（2）下列表述中，正确的有（　　）。

A.“应交税费——应交增值税”科目 3 月借方发生额为 38 350 元

B.“应交税费——应交增值税”科目 3 月借方发生额为 25 200 元

C.“应交税费——应交增值税”科目 3 月贷方发生额为 36 800 元

D.“应交税费——应交增值税”科目 3 月贷方余额为 26 800 元

（3）下列表述中，正确的有（　　）。

A.“应交税费——应交增值税”科目 3 月贷方发生额为 58 500 元

B.“应交税费——应交增值税”科目月末余额为 0 元

C.“应交税费——应交增值税”科目 3 月贷方发生额为 43 550 元

D.“应交税费——应交增值税”科目 3 月末贷方余额为 1 550 元

（4）下列表述中，正确的有（　　）。

A.“应交税费——未交增值税”科目 3 月借方发生额为 54 000 元

B.“应交税费——未交增值税”科目 3 月贷方发生额为 1 550 元

C.“应交税费——未交增值税”科目 3 月借方发生额为 55 550 元

D.“应交税费——未交增值税”科目 3 月贷方余额为 1 550 元

25. 某公司为增值税一般纳税人企业，适用的增值税税率为 13%，202×年 8 月发生的部分经济业务如下：

①“发料凭证汇总表”显示，当月生产车间共领用 A 材料 198 000 元（其中，用于甲产品生产 120 000 元，用于乙产品生产 78 000 元），车间管理部门领用 A 材料3 000 元，公司行政管理部门领用 A 材料 2 000 元。

②“工资结算汇总表”显示，本月应付生产工人薪酬为 114 000 元（其中，生产甲产品的工人薪酬 67 000 元，生产乙产品的工人薪酬 47 000 元），应付车间管理人员薪酬为 17 100 元，应付行政管理人员薪酬为 22 800 元。

③本月计提固定资产折旧 5 000 元（其中，生产车间用固定资产折旧 4 000 元，行政管理部门用固定资产计提折旧 1 000 元）。生产车间购买办公用品 4 400 元，以银行存款付讫。

④8 月 1 日，该公司向 A 公司销售商品一批，增值税专用发票上注明销售价格为 200 000 元，增值税税额为 26 000 元。提货单和增值税专用发票已交 A 公司，A 公司已承诺付款。该批商品的实际成本为 140 000 元。8 月 31 日，该批产品因质量问题被 A 公司全部退回，退回的商品已全部入库。

⑤该公司将丙产品 15 台作为福利已分配给本公司行政管理人员，丙产品每台成本为 140 元，市场售价每台 200 元（不含增值税）。

要求：根据上述资料，回答（1）~（4）题。

（1）根据业务①和②所编制的会计分录中，正确的有（　　）

A. 借：生产成本——甲产品　　120 000
　　　　　　　——乙产品　　78 000
　　　制造费用　　3 000
　　　管理费用　　2 000
　　贷：原材料——A 材料　　203 000

B. 借：生产成本——甲产品　　120 000
　　　　　　　——乙产品　　78 000
　　　制造费用　　5 000
　　贷：原材料——A 材料　　203 000

C. 借：生产成本——甲产品　　67 000
　　　　　　　——乙产品　　47 000
　　　制造费用　　17 100
　　　管理费用　　22 800
　　贷：应付职工薪酬　　153 900

D. 借：生产成本——甲产品　　67 000
　　　　　　　——乙产品　　47 000
　　　制造费用　　17 100
　　　管理费用　　22 800
　　贷：应付工资　　153 900

（2）根据业务③编制的会计分录中，正确的有（　　）

A. 借：制造费用　　4 000
　　　管理费用　　1 000
　　贷：累计折旧　　5 000

B. 借：制造费用　　4 400
　　贷：银行存款　　4 400

C. 借：制造费用　8 400
　　管理费用　1 000
　贷：累计折旧　5 000
　　银行存款　4 400

D. 借：管理费用　4 400
　贷：银行存款　4 400

（3）根据业务④编制的销货退回业务会计分录中，正确的是（　　）

A. 借：银行存款　226 000
　贷：主营业务收入　200 000
　　应交税费——应交增值税（销项税额）　26 000

B. 借：主营业务收入　200 000
　　应交税费——应交增值税（销项税额）　26 000
　贷：银行存款　226 000

C. 借：主营业务收入　200 000
　　应交税费——应交增值税（进项税额）　26 000
　贷：银行存款　226 000

D. 借：库存商品　140 000
　贷：主营业务成本　140 000

（4）根据业务⑤编制的会计分录中，正确的是（　　）

A. 借：管理费用　3 510
　贷：应付职工薪酬　3 510

B. 借：生产成本　3 510
　贷：应付职工薪酬　3 510

C. 借：应付职工薪酬　3 390
　贷：主营业务收入　3 000
　　应交税费——应交增值税（销项税额）　390

D. 借：主营业务成本　2 100
　贷：库存商品　2 100

【参考答案】

1. A	2. A	3. CD	4. ABC	5. D
6. A	7. A	8. BC	9. D	10. ABC
11. A	12. ABD	13. C	14. ABCD	15. A
16. CD	17. A	18. B	19. D	

20. （1）ABD　（2）ACD　（3）AD
21. （1）BD　（2）AB　（3）ABC　（4）C
22. （1）ABCD　（2）BCD　（3）A
23. （1）D　（2）ACD　（3）ABCD
24. （1）BD　（2）B　（3）BC　（4）ABD
25. （1）AC　（2）AB　（3）BD　（4）ACD

（五）计算分析题

1. 某公司202×年年末进行全面财产清查，发现存在下列情况，请据以编制相关会计分录：

（1）A材料账面结存数为4 000千克，每千克5元，实际盘点为4 200千克。经查属于收发计量差错而致，经批准冲减管理费用。

（2）B材料盘亏5 000元，相应的增值税税额为650元。经查系仓库保管员张平管理不善造成，属于责任事故，公司决定由张平赔偿，但赔偿款尚未收到。

（3）盘亏设备一台，其原始价值为5 000元，已提折旧3 500元，上述设备盘亏无法查明原因，经批准计入营业外支出。

（4）毁损库存商品8 000元，其中毁损的外购材料占60%，该批毁损材料的增值税税率为13%。经查，上述库存商品毁损系自然灾害造成。

2. 某公司202×年3月发生以下经济业务，请据以编制相关会计分录（题目中有特殊要求的，请按要求进行相应处理）：

（1）2日，该公司收到现金900元，系出租包装物租金收入。

（2）5日，该公司以银行汇票支付采购材料价款20 000元，增值税税额2 600元。该公司对该种材料采用实际成本核算，材料已经验收入库。

（3）8日，该公司购入材料一批，货款300 000元，增值税税额39 000元，发票账单已收到，计划成本为290 000元，材料已验收入库，全部款项以银行存款付讫。该公司对该种材料采用计划成本核算，要求编制收到结算凭证、材料验收入库和结转材料成本差异的会计分录。

（4）12日，该公司购入不需要安装的设备一台，价款30 000元，支付增值税3 900元，另支付运输费300元（运输费不考虑增值税），包装费500元，款项均以银行存款支付。

（5）20日，该公司根据“固定资产折旧计算表”，本月固定资产折旧共计35 000元。其中，生产车间用固定资产折旧23 000元，管理部门用固定资产折旧12 000元。

（6）31日，该公司根据“工资结算汇总表”，本月应付工资总额560 000元，代扣企业代垫的职工医药费60 000元，实发工资500 000元。要求编制提取现金、发放工资、代扣款项的会计分录：

（7）31日，“应收账款”科目的借方余额为150 000元，2月末“坏账准备”科目的贷方余额为350元。该公司采用应收账款余额百分比法计提坏账准备，计提比例为5‰。不考虑其他因素，编制计提坏账准备的会计分录。

3. 某公司202×年10月有关损益类科目的发生额如表2-11所示：

表2-11　损益类科目发生额　　单位：元

序号	科目	发生额
（1）	主营业务收入	700 000
（2）	其他业务收入	70 000
（3）	投资收益	3 500

表(续)

序号	科目	发生额
(4)	营业外收入	14 000
(5)	主营业务成本	520 000
(6)	销售费用	16 000
(7)	管理费用	18 000
(8)	财务费用	4 000
(9)	营业外支出	20 000
(10)	其他业务成本	56 000
(11)	税金及附加	1 000
所得税税率为 25%		

要求：假定无纳税调整事项，根据上述资料，计算该公司 10 月的营业利润、利润总额、所得税费用、净利润。

【参考答案】

1.

(1) 借：原材料——A 材料　　1 000
　　贷：待处理财产损溢　　1 000
借：待处理财产损溢　　1 000
　贷：管理费用　　1 000

(2) 借：待处理财产损溢　　5 650
　　贷：原材料——B 材料　　5 000
　　　　应交税费——应交增值税（进项税额转出）　　650
借：其他应收款　　5 650
　贷：待处理财产损溢　　5 650

(3) 借：待处理财产损溢　　1 500
　　　　累计折旧　　3 500
　　贷：固定资产　　5 000
借：营业外支出　　1 500
　贷：待处理财产损溢　　1 500

(4) 借：待处理财产损溢　　8 624
　　贷：库存商品　　8 000
　　　　应交税费——应交增值税（进项税额转出）　　624
借：营业外支出　　8 624
　贷：待处理财产损溢　　8 624

2.

(1) 借：库存现金　　900
　　贷：其他业务收入　　900

(2) 借：原材料 20 000

应交税费——应交增值税（进项税额） 2 600

贷：其他货币资金 22 600

(3) 借：材料采购 300 000

应交税费——应交增值税（进项税额） 39 000

贷：银行存款 339 000

借：原材料 290 000

贷：材料采购 290 000

借：材料成本差异 10 000

贷：材料采购 10 000

(4) 借：固定资产 30 800

应交税费——应交增值税（进项税额） 3 900

贷：银行存款 34 700

(5) 借：制造费用 23 000

管理费用 12 000

贷：累计折旧 35 000

(6) 提取现金时：

借：库存现金 500 000

贷：银行存款 500 000

发放工资时：

借：应付职工薪酬 500 000

贷：库存现金 500 000

代扣代垫职工医药费：

借：应付职工薪酬 60 000

贷：其他应收款 60 000

(7) 应计提坏账准备金额 = 150 000×5‰ = 750（元）

已计提坏账准备金额 = 750−350 = 400（元）

借：资产减值损失 400

贷：坏账准备 400

3.

(1) 营业利润 = 700 000+70 000+3 500−520 000−16 000−18 000−4 000
−56 000−1 000
= 158 500（元）

(2) 利润总额 = 158 500+14 000−20 000 = 152 500（元）

(3) 所得税费用 = 152 500×25% = 38 125（元）

(4) 净利润 = 152 500−38 125 = 114 375（元）

第三部分　初级会计职称考试综合练习

一、填空题

1. 会计是以__________为主要计量单位，反映和监督一个单位__________的一种经济管理工作。

2. 会计的基本职能有__________和__________。

3. 会计核算的基本前提包括会计主体、__________、会计分期和__________四项。

4. 会计核算职能是指会计货币为主要计量单位，通过__________、计量、记录、报告等环节，对主体的经济活动进行__________、算账、报账，为各有方面提供__________的功能。

5. 会计的监督职能是指会计人员在进行会计核算的同时，对特定主体经济活动的__________和__________进行审查。

6. 会计对象是指会计所__________的内容。凡是特定单位能够以货币表现的__________，都是会计核算和监督的内容，也就是会计的对象。

7. 会计主体是指会计核算和监督的__________，界定了从事会计工作和提供会计信息的__________。

8. 持续经营是指__________在可预见的未来，将根据__________经营方针和既定的经营目标持续经营下去。

9. 会计分期是指将一个会计主体持续经营的__________划分成若干个相等的__________，以便分期结算账目和编制财务会计报告。

10. 货币计量是指会计主体在__________中采用__________作为统一的计量单位。

11. 会计要素是对__________进行的__________，是会计核算对象的具体化。

12. 会计要素包括资本、__________、所有者权益、收入、__________和利润六大要素。

13. 所有者权益包括实收资本、__________、盈余公积和__________等。

14. 资产恒等于__________和__________之和。

15. 利润等于__________与__________之差。

16. 企业的资产可以分为流动资产、长期股权投资、__________、无形资产和其他资产等。

17. 会计主体与法律主体并非__________，法人可作为__________，但会计主体不一定是法人。

18. 会计期间分为年度、半年度、季度和__________。年度、半年度、季度、月度均按__________日期确定。

19. 以货币表现的经济活动，通常称为__________或__________。

20. 单位的核算应以__________作为记账本位币。业务收支以__________的单位，也可以选择某种外币作为记账本位币，但编制的财务会计报告应当折算为人民币反映。在境外设立的中国企业向国内报送的财务会计报告，应当折算为人民币。

21. 款项是作为支付手段的__________。

22. 货币资金包括__________、__________、其他视同现金和银行存款的银行汇票存款、银行本票存款、信用卡存款、信用证存款等。

23. 有价证券是表示一定__________或__________的证券，如国库券、股票、企业债券等。

24. 财物是__________的简称，企业的财物是企业进行生产经营活动具有实物形态的__________。

25. 资本是投资者为了开展生产经营活动而投入的__________。会计上的资本专指所有者权益中的__________。

26. 支出是指企业实际发生的__________以及在正常生产经营活动以外的__________。

27. 收入、__________、__________和成本是计算和确定企业经营成果和盈亏状况的主要依据。

28. 成本是指企业为生产产品、提供劳务而发生的__________，是按一定的产品或劳务对象所归集的费用，是__________的费用。

29. 各单位对__________、__________、财务会计报告和其他会计资料应当建立档案，妥善保管。

30. 会计记录的文字应当使用__________。在民族自治地方，会计记录可以同时使用当地通用的一种__________。在中华人民共和国境内的外商投资企业、外国企业和其他外国组织的会计记录可以同时使用一种外国文字。

31. 财务成果主要是指企业在一定时期内通过从事生产经营活动而在__________所取得的结果，具体表现为__________。

32. 债权是企业收取款项的__________，债务则是指由于过去的交易、事项形成的企业需要以资产或劳务等偿付的__________。

33. 各单位必须根据实际发生的经济业务事项进行__________，编制__________。

34. 会计核算步骤包括__________、复式记账、__________、登记账簿、进行成本计算、财产清查、编制会计报表。

35. 成本计算是指按照一定的成本计算方法，对生产、经营过程中所发生的成本、费用进行分配归集，以确定各成本计算对象的__________和__________。

36. 各单位发生的各项经济业务事项应当在__________的会计账簿上统一登记、核算，不得违反会计法和国家统一的会计制度的规定__________登记、核算。

37. 使用__________进行会计核算的，其软件及其生成的__________、会计账簿、财务会计报告和其他会计资料，也必须符合国家统一的会计制度的规定。

38. 债权属于__________要素，债务属于__________要素。

39. 会计科目是对会计要素的具体内容进行__________的项目。

40. 在设置会计科目时应当遵循的原则是__________、__________和实用性原则。

41. 会计科目按其反映的经济内容可分为资产类、负债类、__________、损益类和__________。

42. 会计科目按其提供核算指标的详细程度，可以分为__________和__________两种。

43. 会计科目设置应当遵循的__________是指所设置的会计科目应为提供有关各方所需要的会计信息服务，满足对外报告与对内管理的要求。

44. 会计科目设置应当遵循的__________是指所设置的会计科目应当符合国家统一的会计制度的规定。

45. 会计科目设置应当遵循的__________是指所设置的会计科目应符合单位自身特点，满足单位实际需要。

46. 账户是根据__________设置的，具有一定__________，用来分类反映会计要素增加变动情况及其结果的载体。

47. 总分类账户是根据__________设置的，用于对会计要素具体内容进行__________的账户，简称总账账户或总账。

48. 明细分类账户是根据__________设置的，用来对会计要素具体内容进行分类核算的账户，简称__________。

49. 账户的四个金额要素分别是期初余额、期末余额、__________和__________。

50. 账户的基本结构具体包括账户名称（会计科目）、记录经济业务的日期、所依据记账凭证编号、经济业务摘要、__________、__________等。

51. 企业的现金账户，按提供信息的详细程度，属于__________账户，按所归属的会计要素，属于__________账户。

52. 复式记账法是以__________平衡关系作为记账基础，对于每一笔经济业务，都要在__________相互联系的账户中进行登记，系统地反映资金运动变化结果的一种记账方法。

53. 借贷记账法是指采用__________作为记账符号的一种复式记账法，以__________这一会计等式作为理论依据。

54. 借贷记账法的记账规则是__________、__________。

55. 资产类账户，__________登记资产的增加，__________登记资产的减少，该账户的期初期末余额在借方。

56. 权益类账户，__________登记权益的增加，__________登记权益的减少，期初期末余额在贷方。

57. 费用（成本）类账户结构与__________相同，收入类账户结构与__________相同。

58. 试算平衡包括__________和__________两种方法。

59. 试算平衡是指根据__________恒等关系以及__________的记账规则，检查所有账户记录是否正确的过程。

60. 发生额试算平衡法是指根据本期所有账户__________等于__________的恒等关系，检验本期发生额记录是否正确的方法。

61. 余额试算平衡法是指根据本期所有账户__________与__________的恒等关系，检验本期账户记录是否正确的方法。

62. 会计分录是指对某项经济业务事项标明其__________及其__________的记录。

63. 会计分录包括了__________、__________和发生额三个基本要素。

64. 会计分录按照所涉及账户的多少可以分为__________和__________两类。

65. 复合会计分录的情形有__________、__________、多借多贷。

66. 总分类账户对明细分类账户具有__________作用，明细分类账户对总分类账户具有__________作用，总分类账户与其所属明细分类账户在__________上应当相等。

67. 总分类账户与明细分类账户平行登记要求做到__________、__________、所属会计期间相同和记入总分类账户的金额与记入其所属明细分类账户的合计金额相等。

68. 余额试算平衡的公式是__________、__________。

69. 明细分类账户是用于对会计要素具体内容进行__________的账户，简称__________。

70. 实际工作中，余额试算平衡通过编制__________的方式进行。

71. 一次凭证只是反映__________或__________的凭证。

72. 会计凭证按其__________可分为原始凭证和记账凭证。

73. 原始凭证是__________的依据，而记账凭证是__________的依据。

74. 一般外来原始凭证都是__________。自制原始凭证既有__________，也有累计凭证。

75. 记账凭证按编制的方法不同，可分为__________和__________。

76. 为了保证原始凭证内容的真实性，应从__________和__________两方面对原始凭证进行严格的审查和核对。

77. 收款凭证左上角的“借方科目”按收款的性质填写__________或__________。

78. 收款凭证的日期填写的是__________的日期。

79. 对于涉及现金与银行存款之间和不同的银行存款之间收付的经济业务，只填制__________。

80. 记账凭证按照其所反映的经济内容不同，一般分为收款凭证、__________和__________。

81. 原始凭证按其来源的不同，可以分为__________和__________。

82. 只有经过__________的原始凭证，才能作为编制记账凭证和登记账簿的依据。

83. 原始凭证的审核主要包括__________、合法性、准确性、__________的审核。

84. 记账凭证是根据__________的原始凭证填制的，记账凭证填制以后，要经过__________才能据以登记账簿。

85. 出纳人员在办理收款或付款业务后，应在凭证上加盖__________或__________，以避免重收重付。

86. 编制记账凭证时应当对记账凭证__________，以分清会计事项处理的先后顺序，便于记账凭证与会计账簿核对，确保记账平整完整无缺。

87. 一笔经济业务需要填制两张以上记账凭证的，可以采用__________编号。

88. 汇总凭证指对一定时期内反映__________原始凭证，按照一定标准综合填制的原始凭证。

89. 账簿按外表形式分类可以分为__________、__________和卡片式。

90. 更正错账的方法一般有__________、__________和补充登记法等。

91. 多栏式银行存款支出日记账中__________按日转记到__________中。

92. 明细分类账的格式，通常有__________、__________和多栏式。

93. 分类账簿又分为__________和__________两类。

94. 账簿按用途不同可分为__________、__________和备查账三种。

95. __________、__________等的明细分类账的格式一般采用卡片式。

96. 会计人员在启用新的会计账簿时，应当在账簿封面上写明__________，在账簿扉页上应当附__________。

97. 对账的内容包括__________、__________和账实核对。

98. 账簿按格式不同可分为__________、__________、多栏式账簿三种。

99. 账簿中书写的文字和数字上面要留有适当空格，不要写满格，一般应占格距的__________。

100. 登记会计账簿时，应当将会计凭证日期、编号、业务内容摘要、金额和其他有关资料逐项记入账内，做到__________、摘要清楚、登记及时和__________。

101. 账实核对是指各项财产物资、债权债务等__________与__________之间的核对。

102. __________、__________和大部分的明细账，要每年更换一次。

103. 租入固定资产备查簿是__________，不需要每个会计年度都更换新账。

104. 常用账务处理程序包括__________、__________、科目汇总表账务处理程序。

105. __________是最基本的一种账务处理程序。

106. 记账凭证账务处理程序的主要特点就是根据__________直接登记__________。

107. 根据__________、__________逐笔登记库存现金日记账和银行存款日记账。

108. 汇总记账凭证处理程序是指根据原始凭证或汇总原始凭证编制记账凭证，定期根据记账凭证分类编制__________、__________和汇总转账凭证，再根据汇总记账凭证登记总分类账的一种账务处理程序。

109. 科目汇总表账务处理程序又称记账凭证汇总表账务处理程序，它是根据记账凭证定期编制__________，再根据__________登记总分类账务处理程序。

110. 加强财产清查工作，对于__________、__________具有重要意义。

111. 财产清查按其清查的范围可分为__________和__________。

112. 财产清查按其清查的时间可分为__________和__________。

113. 现金的清查应该采用__________来确定库存现金的实存数，然后再与__________的账面核对，以查明账实是否相符及盈亏情况。

114. 所谓__________，是指单位与银行之间一方已取得有关凭证登记入账，另一方由于未取得有关凭证没有入账的款项。

115. 为了消除因未达账项而导致的不相符，应根据双方核对后发现的未达账项，编制__________，据以调节双方的账面余额。

116. 实物清查常用的方法有__________、__________。

117. 往来款项的清查一般采用__________的方法进行核对。

118. 对财产清查结果的处理，必须遵循一定的程序和步骤。具体来说，可以分为__________和__________两种情况。

119. 对于财产清查的结果，在得到审批之前，应该先根据清查中填写的__________、__________等已经查实的数据资料，编制记账凭证，记入有关账簿，使账簿记录与实际盘存数相符。

120. 对财产清查结果进行处理时，在得到审批之后，应当根据审批的意见，进行__________，并__________。

121. 对财产清查结果进行账务处理时，企业应当设置__________账户。

122. 财务会计报告是单位根据经过审核的__________和__________编制对外提供的反映单位某一特定日期财务状况和某一会计期间经营成果、现金流量的文件。

123. 单位编制财务会计报告的目的就是为__________、__________、政府及相关机构、单位管理人员、社会公众等财务会计等会计报告的使用者进行决策提供会计信息。

124. 根据我国现行《企业会计制度》的规定，年度、半年度财务会计报告应当包括__________、__________和财务状况说明书三个部分。

125. 会计报表包括__________、__________、现金流量表及其相关附表。

126. 会计报表附注是对会计报表及其相关附表的__________，它也是企业财务会计报告的重要组成部分。

127. 企业财务会计报告的编报要求是__________、__________、全面完整、编报及时以及便于理解。

128. 资产负债表是反映企业某一特定日期（如月末、季末、年末等）__________的会计报表。

129. 资产负债表的理论依据是__________。

130. 资产负债表左方列示__________各项目，右方列示__________和__________各项目。

131. 资产负债表资产类项目按照__________顺序排列。

132. 资产负债表负债类和所有者权益类项目一般按照__________顺序排列。

133. 目前，资产负债表的编制格式主要有__________和__________两种，我国会计制度规定的格式是账户式。

134. 利润表是反映企业一定期间（月份、季度、半季度、年度）经营成果的会计报表。

135. 目前，利润表的编制格式主要有__________和__________。

136. 会计档案的保管期期限分为__________和__________。

137. 会计档案包括__________、__________和财务会计报告等会计核算资料。

138. 移交本单位档案保管机构保管的会计档案，原则上应当保持原卷册的封装，个别需要拆封重新整理的，应当会同__________和__________共同拆封整理，以分清责任。

139. 各单位保存的会计档案不得借出。如有特殊需要，经__________批准，可以提供查阅或者复制，并办理登记手续。

140. 会计档案保管期满需要销毁时，__________提出销毁意见，会同__________共同鉴定和审查，编造会计档案销毁清册。

141. 会计档案的保管期限，从__________算起。

142. 库存现金限额由开户银行根据单位__________天日常零星开支的需要确定，边远地区和交通不便地区单位的库存现金限额，最多不得超过__________天的日常零星开支。

143. 单位收取的现金，应于__________送存银行，当日送存确有困难的，由开户银行确定送存时间。单位支付现金，可以从库存现金或开户银行支付，不得从本单位的现金收入中直接支付，即不得__________。

144. 出纳人员必须在每天营业终了后，对实际库存现金和库存现金日记账的账面余额相互核对，做到__________，发现账实不符应及时查明原因，并予以处理。

145. 目前银行结算方式主要有支票、__________、银行本票、商业汇票、__________、异地托收承付、委托收款七种。

146. 银行存款清查应按月编制__________，并调节相符。

147. 应收票据是指企业因采用商业汇票方式销售商品、产品、提供劳务等而收取的商业汇票，包括__________和__________。

148. 票据是以“天数”表示的，计算票据到期日，应采用票据签发日与到期日__________或__________的方法，按照实际天数计算到期日。

149. 按照企业会计制度和有关会计准则的规定，存货应按照取得时的实际成本入账。存货成本包括__________、__________和其他成本。

150. 确定发出存货的实际成本，可以采用的方法有个别计价法、__________、加权平均法和__________等。

151. 投资企业对被投资单位__________、__________且无重大影响，长期股票投资应采用成本法核算。

152. 固定资产取得的入账价值，包括企业为购建固定资产达到预定可使用状态前发生的一切__________、__________支出。

153. 影响固定资产可选用的折旧方法包括__________、__________和固定资产的使用寿命。

154. 固定资产可选用的折旧方法包括__________、工作量法、双倍余额递减法或者__________。

155. 所有者权益中的__________和__________统称为留存收益。

156. 在日常的存货成本核算中，企业可以采用__________计价核算或__________

计价核算。

157. 根据《现金管理暂行条例》的规定，现金管理制度主要包括__________、__________、现金收支的日常管理、现金管理的内部控制制度等内容。

158. 银行存款的清查是指企业对银行存款日记账的__________记录与其开户银行转来的__________记录逐笔进行核对，每月至少核对一次。

159. 银行计算贴现利息的利率为__________，企业从银行获得的票据到期值扣除贴现利息后的货币收入，称为__________。

160. 企业从银行获得的贴现收入等于应收票据__________扣除__________后的余额。

161. 坏账是指企业无法收回的__________。由于坏账而造成的损失称为__________。

162. 坏账损失的处理方法有两种，即__________和__________。根据我国的有关企业会计制度规定，我国对坏账损失的处理只能采用备抵法。

163. 坏账损失的估计方法主要有__________、账龄分析法、__________和个别认定法。

164. 应收账款余额百分比法是指根据会计期末__________乘以估计的__________来估计坏账损失的方法。

165. 个别认定法是指根据单笔__________的__________估计坏账损失的方法。

166. 存货的加工成本包括__________以及按照一定方法分配的__________。

167. 投资者投入的存货的成本，应当按照__________确定。

168. 先进先出法是指以__________先发出的__________假设为前提，对发出存货进行计价的一种方法。

169. 后进先出法是指以__________先发出的实物流转假设为前提，来确定存货成本和__________的一种方法。

170. “材料成本差异”科目用于核算各种材料物资的__________与__________的差异，借方登记入库材料的超支差异，贷方登记企业入库材料的节约差异，发出材料应负担的成本差异（超支用蓝字，节约用红字）。

171. 存货清查是指对存货实地盘点，确定存货的__________，并与__________进行核对，从而确定存货是否账实相符的一种方法。

172. 企业进行存货清查，应根据地清查结果编制__________，并将其作为存货清查的__________。

173. 投资指企业为通过__________来增加财富，或为谋求其他利益，而将__________让渡给其他单位所获得的另一项资产。

174. 按照投资的变现能力和投资目的，投资通常分为__________和__________两类。

175. 实际支付价款中所包含的__________和__________不构成投资成本。

176. 长期投资按照投资性质可以分为__________和__________。

177. 成本法下，股票持有期间，应于被投资单位__________时确认投资收益。

178. 外购的固定资产的成本包括__________、增值税、进口关税等相关税费，以及为使固定资产达到预定可使用状态前所发生的可直接归属于该资产的__________。

179. 自行建造的固定资产，按建造该项资产达到预定可使用状态前所发生的__________作为入账价值。

180. 固定资产折旧是指企业的固定资产随着磨损而逐渐转移的价值。这部分转移的价值以__________的形式计入成本费用，并从__________中得到补偿。

181. 当月增加的固定资产，当月__________折旧，从下月起__________折旧；当月减少的固定资产，当月仍提折旧，从下月起停止计提折旧。

182. 年限平均法又称__________，是指将固定资产的折旧额均衡地分摊到固定资产__________内的一种方法。

183. 双倍余额递减法是指在不考虑__________的情况下，根据每期期初固定资产账面净值和__________计算固定资产折旧的一种方法。

184. 企业因出售、报废、毁损等原因处置固定资产，都需要通过“__________”科目核算。

185. 无形资产可分为__________无形资产和__________无形资产。

186. 购入的无形资产，应以__________作为入账价值。

187. 自行开发并依法申请取得的无形资产，其入账价值应按依法取得时发生的__________、__________等费用确定。

188. 无形资产的成本，应自取得__________起在预计使用年限内分期平均摊销，即无形资产的摊销开始月份为无形资产取得的当月，无形资产处置的__________不再摊销。

189. 负债按照偿还期的长短不同可以分为__________和__________。

190. 流动负债是指偿还期在__________或一个__________以内的债务。

191. 预收账款与应付账款不同，它不是发生在__________中，而是发生在销售过程中，它所形成的负债，将来不是以货币偿还，而是以购货单位所需要的__________偿还。

192. 长期借款所发生的利息支出应根据借款用途分别记入“__________”“财务费用”和“__________”等科目。

193. 债券的发行，根据债券发行价格和债券面值的关系，可以分为__________、折价发行和__________三种。

194. 资本公积，包括资本（股本）溢价、__________、拨款转入、__________等。

195. 股本溢价是指股份有限公司溢价发行股票时，实际收到的款项超过__________的数额。

196. 营业利润是指企业从事其正常生产经营活动所取得的经营成果，包括__________和__________两个部分。

197. “制造费用”科目用于核算企业为生产产品和提供劳务而发生的各项__________。

【参考答案】

1. 货币　经济活动
2. 进行会计核算　实施会计监督
3. 持续经营　货币计量
4. 确认　记账　会计信息
5. 合法性　合理性
6. 核算和监督　经济活动
7. 特定单位或者组织　空间范围
8. 会计主体　正常的
9. 生产经营活动　会计期间
10. 会计核算过程　货币
11. 会计对象　基本分类
12. 负债　费用
13. 资本公积　未分配利润
14. 负债　所有者权益
15. 收入　费用
16. 固定资产
17. 同等概念　会计主体
18. 月度　公历
19. 价值运动　资金运动
20. 人民币　人民币以外的货币为主
21. 货币资金
22. 现金、银行存款
23. 财产拥有权　支配权
24. 财产物资　经济资源
25. 资金　投入资本
26. 各项开支　支出和损失
27. 支出　费用
28. 各项耗费　对象化了
29. 会计凭证　会计账簿
30. 中文　民族文字
31. 财务上　盈利或亏损
32. 权利　现时义务
33. 会计核算　财务会计报告
34. 设置会计科目和账户　填制和审核会计凭证
35. 总成本　单位成本
36. 依法设置　私设会计账簿
37. 电子计算机　会计凭证

38. 资产　负债
39. 分类核算
40. 合法性原则　相关性原则
41. 所有者权益类　成本类
42. 总分类科目　明细分类科目
43. 相关性原则
44. 合法性原则
45. 实用性原则
46. 会计科目　格式和结构
47. 总分类科目　总括核算
48. 明细类科目　明细账
49. 本期增加发生额　本期减少发生额
50. 增减金额　余额
51. 总分类　资产类
52. 资产与权益　两个或两个以上
53. 借和贷　资产=负债+所有者权益
54. 有借必有贷　借贷必相等
55. 借方　贷方
56. 贷方　借方
57. 资产类账户　权益类账户
58. 发生额试算平衡法　余额试算平衡法
59. 资产与权益　借贷记账法
60. 借方发生额合计　贷方发生额合计
61. 借方余额合计　贷方余额合计
62. 应借应贷账户　金额
63. 会计账户　记账符号
64. 简单会计分录　复合会计分录
65. 一借多贷　一贷多借
66. 统驭控制　补充说明　总金额
67. 所依据会计凭证相同　借贷方向相同
68. 全部账户的借方期初余额合计=全部账户的贷方期初余额合计
全部账户的借方期末余额合计=全部账户的贷方期末余额合计
69. 明细分类核算　明细账
70. 试算平衡表
71. 一项经济业务　同时反映若干项同类经济业务
72. 填制程序和用途
73. 编制记账凭证　登记账簿
74. 一次凭证　一次凭证

75. 复式记账凭证　单式记账凭证
76. 形式上　内容上
77. 库存现金　银行存款
78. 编制本凭证
79. 付款凭证
80. 付款凭证　转账凭证
81. 外来原始凭证　自制原始凭证
82. 审核无误
83. 真实性　完整性
84. 审核无误　审核
85. 收讫、付讫
86. 连续编号
87. 分数编号法
88. 经济业务内容相同的若干张
89. 订本式　活页式
90. 划线更正法　红字更正法
91. 银行存款每日支出合计数　银行存款收入日记账支出栏
92. 三栏式　数量金额式
93. 总分类账　明细分类账
94. 日记账　分类账
95. 固定资产　周转材料
96. 单位名称和账簿名称　启用表
97. 账证核对　账账核对
98. 三栏式账簿　数量金额式账簿
99. 二分之一
100. 数字准确　字迹工整
101. 账面余额　实有数额
102. 总账　日记账
103. 备查账簿
104. 记账凭证账务处理程序　汇总记账凭证账务处理程序
105. 记账凭证账务处理程序
106. 记账凭证　总分类账户
107. 收款凭证　付款凭证
108. 汇总收款凭证　汇总付款凭证
109. 科目汇总表　科目汇总表
110. 加强企业管理　充分发挥会计的监督作用
111. 全面清查　局部清查
112. 定期清查　不定期清查

113. 实地盘点法　库存现金日记账
114. 未达账项
115. 银行存款余额调节表
116. 实地盘点法　技术推算法
117. 发函询证
118. 审批之前的处理　审批之后的处理
119. 清查结果报告表　盘点报告表
120. 差异处理　调整账项
121. 待处理财产损溢
122. 会计账簿记录　有关资料
123. 投资者　债权人
124. 会计报表　会计报表附注
125. 资产负债表　利润表
126. 补充与说明
127. 真实可靠　相关可比
128. 财务状况
129. 资产=负债+所有者权益
130. 资产　负债　所有者权益
131. 流动性大小
132. 求偿权顺序
133. 报告式　账户式
134. 经营成果
135. 单步式　多步式
136. 定期　永久
137. 会计凭证　会计账簿
138. 原会计机构　经办人
139. 单位负责人
140. 档案部门　会计机构
141. 会计年度终了后的第一天
142. 3~5　15
143. 当天　坐支现金
144. 日清月结
145. 银行汇票　汇兑
146. 银行存款余额调节表
147. 商业承兑汇票　银行承兑汇票
148. 算头不算尾　算尾不算头
149. 采购成本　加工成本
150. 先进先出　后进先出

151. 无控制　无共同控制
152. 合理的　必要的
153. 固定资产原值　固定资产净残值
154. 年限平均法　年数总和法
155. 盈余公积　未分配利润
156. 实际成本　计划成本
157. 现金的使用范围　库存现金限额
158. 账目　对账单
159. 贴现率　贴现收入
160. 到期值　贴现利息
161. 应收款项　坏账损失
162. 直接转销法　备抵法
163. 应收账款余额百分比法　销货百分比法
164. 应收账款余额　坏账损失率
165. 应收账款　可收回性
166. 直接人工　制造费用
167. 投资各方确认的价值
168. 先购入的存货　实物流转
169. 后入库的存货　期末结存存货成本
170. 实际成本　计划成本
171. 实存数　账存数
172. 存货盘点报告单　原始凭证
173. 分配　资产
174. 短期投资　长期投资
175. 股利　利息
176. 长期债权投资　长期股权投资
177. 宣告发放现金股利
178. 买价　其他支出
179. 必要支出
180. 折旧费　营业收入
181. 不提　计提
182. 直线法　预计使用年限
183. 固定资产残值　双倍的直线法折旧率
184. 固定资产清理
185. 可辨认　不可辨认
186. 实际支付的价款
187. 注册费　律师费
188. 当月　当月

189. 流动负债 长期负债
190. 一年以内 营业周期
191. 购买过程 货物或劳务
192. 在建工程 长期待摊费用
193. 溢价发行 面值发行
194. 接受捐赠资产 外币资产折算差额
195. 股票面值总额
196. 主营业务利润 其他业务利润
197. 间接费用

二、综合题

1. A 公司发生以下经济业务：

（1）A 公司购入一批材料，价款为 100 000 元，增值税为 13 000 元，材料已验收入库，款项尚未支付。

（2）A 公司以银行存款支付上述款项。

（3）A 公司以银行存款支付本月电费 58 000 元，其中生产车间 42 000 元，行政部门16 000元。

（4）A 公司与 B 公司签订销售合同，销售价款为 200 000 元，增值税为 26 000 元。按照合同约定，B 公司通过银行存款预先支付 100 000 元，余款在货物验收后付清。

（5）A 公司发出货物，并收回余款。

要求：请根据以上 A 公司发生的业务编制相关会计分录。

2. 某工业企业 202×年 1 月发生以下经济业务：

（1）1 日，该企业从银行提取现金 1 000 元备用。

（2）2 日，该企业从黄海工厂购进材料一批，已验收入库，价款为 5 000 元，增值税进项税额为 650 元，款项尚未支付。

（3）2 日，该企业销售给广丰工厂 C 产品一批，价款为 100 000 元，增值税销项税额为13 000元，款项尚未收到。

（4）3 日，厂部的张三出差，借支差旅费 500 元。该企业以现金付讫。

（5）4 日，车间领用乙材料一批，其中用于 B 产品生产 3 000 元，用于车间一般消耗 500 元。

（6）5 日，该企业销售给吉润公司 D 产品一批，价款为 20 000 元，增值税销项税额为2 600元，款项尚未收到。

（7）5 日，该企业从华东公司购进丙材料一批，价款为 8 000 元，增值税进项税额为 1 040 元，材料已运达企业但尚未验收入库，款项尚未支付。

（8）7 日，该企业接到银行通知，收到广丰工厂前欠货款 113 000 元，已经办妥入账。

（9）8 日，该企业通过银行转账支付 5 日所欠华东公司的购料款 9 040 元。

（10）10 日，该企业购入电脑一台，增值税专用发票上注明价款为 8 000 元，增值税税额为 1 040 元，签发一张转账支票支付。

要求：根据以上经济业务编制相关会计分录，并在以下科目汇总表（见表 3-1）的空格中填入正确的数字。

表 3-1　科目汇总表

202×年 1 月 1 日至 10 日　　　　单位：元

会计科目	借方发生额	贷方发生额
库存现金	1 000	5 00
银行存款	113 000	[1]
应收账款	[2]	113 000
原材料	5 000	3 500
材料采购	8 000	—
生产成本	3 000	—
其他应收款	500	—
固定资产	8 000	—
主营业务收入	—	[3]
制造费用	500	—
应交税费	[4]	20 400
应付账款	9 040	[5]
合计	296 330	296 330

3. 某企业为增值税一般纳税人企业，适用的增值税税率为 13%。202×年 12 月发生以下经济业务：

（1）该企业购进生产材料一批，取得的增值税专用发票上注明的价款为 500 000 元，增值税为 65 000 元，同时支付为供应单位代垫运杂费 25 000 元（其中运费 20 000 元），材料货款及税款以银行存款支付。

（2）该企业收购免税农产品一批，用于产品的生产，收购价为 120 000 元，产品已验收入库，款项已付。

（3）该企业销售产成品一批，销售收入为 1 200 000 元，增值税为 156 000，价税款收存银行。

（4）该企业向其他单位捐赠产成品一批，成本为 80 000 元，计税销售价为 100 000元。

（5）该企业在建工程领用一批材料，成本为 30 000 元。

要求：根据上述资料，编制相关会计分录。

4. 202×年 1 月 1 日，甲公司从银行借入资金 2 700 000 元，借款期限为 2 年，年利率为 7%。利息每月计提一次，不计复利，到期还本。所借款项存入银行。1 月 20 日，甲公司用该借款购买不需要安装的生产设备一台，价款为 2 000 000 元，增值税为

260 000元。该设备于当日投入生产使用。该设备采用年限平均法计提折旧，预计使用寿命为 10 年，预计报废时的净残值为 50 000 元。

要求：根据上述资料进行相关账务处理。

5. 某公司发生以下经济业务：

（1）该公司赊销商品并开具增值税发票，价款为 200 000 元，增值税为 26 000 元，垫付物流公司运费 6 000 元。

（2）因超过正常申报期 3 天，该公司接受税务机关处罚和滞纳金共 505 元，同时上交上个月增值税 20 000 元。

（3）该公司出售闲置材料 20 000 元，增值税为 2 600 元，收到银行本票一张。

（4）该公司计算结转出售产品成本 144 000 元。

（5）该公司计提坏账准备 420 元。

要求：根据上述资料进行相关账务处理。

6. 甲公司与乙公司签订原材料采购合同，向乙公司采购材料 6 000 吨，每吨单价 30 元，所需支付的款项总额为 180 000 元。合同约定，合同订立之日，甲公司向乙公司预付货款的 40%，验收货物后补付其余款项。当日，甲公司以银行存款预付货款。4 月30 日，甲公司收到乙公司发来的材料并验收入库。取得增值税专用发票上注明价款为 180 000 元，增值税税额为 23 400 元，次日甲公司以银行存款补付其余款项。根据甲公司“发料凭证汇总表”的记录，5 月，生产车间生产产品直接领用上述材料4 000 吨，车间管理部门领用 500 吨，企业行政管理部门领用 300 吨，材料单位成为每吨 30 元。

要求：根据上述资料进行相关账务处理。

7. 某公司发生以下经济业务：

（1）该公司生产产品领用材料 50 000 元，车间一般耗用材料 30 000 元。

（2）该公司将当月制造费用 5 000 元转入生产成本。

（3）该公司完工产品成本 30 000 元验收入库。

（4）该公司结转已销售产品成本 20 000 元。

（5）该公司将上述业务所涉及的损益类账户金额结转至本年利润。

要求：根据上述资料进行相关账务处理。

8. 甲公司为增值税一般纳税人企业，适用的增值税税率为 13%，3 月发生以下经济业务：

（1）甲公司对外销售商品一批，开具的增值税专用发票上注明的销售价为 200 000 元，增值税税额为 26 000 元，商品已发出，并已办妥银行托收手续。该批商品实际成本为120 000元。

（2）甲公司销售一批原材料，开具的增值税专用发票上注明的售价为 30 000 元，增值税税额为 3 900 元，款项已由银行收到。该批原材料的实际成本为 23 000 元。

（3）甲公司计算分配本月应付职工工资共计 110 000 元，其中产品生产工人工资 80 000 元，企业行政管理人员工资 30 000 元。

（4）甲公司计提本月生产设备折旧 50 000 元，管理用设备折旧 8 000 元。

（5）甲公司出售所持有交易性金融资产售价总额为 1 200 000 元，另支付相关的交易费用 490 元。该交易性金融资产原取得成本为 1 000 000 元，未确认公允价值变动。

要求：根据上述资料进行相关账务处理。

9. 202×年 8 月 1 日，甲公司出售一批商品，开具的增值税专用发票上注明的售价为 400 000 元，增值税税额为 52 000 元。甲公司已将商品运抵乙公司，货款尚未收到。该批商品的成本为 280 000 元。202×年 12 月 31 日，甲公司对应收账款进行减值测试，预计其未来的现金流量现值为 350 000 元。202×年 1 月 15 日，甲公司实际收到乙公司通过银行转账来的款项 350 000 元。

要求：根据上述资料编制相关会计分录。

10. 某公司发生以下经济业务：

（1）该公司生产领用原材料一批，价值 6 000 元。

（2）该公司分配职工工资 21 000 元，其中车间管理人员工资 15 000 元，行政管理人员工资 6 000 元。

（3）该公司计提车间固定资产折旧 1 000 元。

（4）该公司将制造费用 7 000 元转入生产成本。

（5）该公司结转完工产品成本 18 000 元。

要求：根据上述资料编制相关会计分录。

11. 某公司发生以下经济业务：

（1）该公司把 200 万元转到证券公司。

（2）该公司委托证券公司购买 1 000 000 元的股票，并视为交易性金融资产。

要求：根据上述资料编制相关会计分录。

12. 某公司发生以下经济业务：

（1）该公司购入原材料一批，价款为 2 000 元，增值税为 260 元，款项已通过银行存款支付。

（2）该公司对外销售商品一批，价款为 5 000 元，增值税为 650 元，款项已收到并存入银行。

（3）该公司购入一台不需要安装设备，价款为 20 000 元，增值税为 2 600 元，款项尚未支付。

（4）该公司以银行存款归还短期借款 10 000 元，利息 500 元。

（5）经核实，该公司已破产，且银行结算账户已撤销，无法支付该公司货款 5 000 元，予以核销。

要求：根据上述资料编制相关会计分录。

13. 某企业年初未分配利润贷方余额为 150 万元，本年利润余额为 400 万元（假设不考虑所得税的调整，所得税税率为 25%）。

要求：（1）计算该企业本年度的所得税费用。

（2）编制确认所得税时的会计分录。

（3）分别按照 10% 和 5% 来计提法定盈余公积和任意盈余公积，编制相关会计分录。

（4）编制宣告发放 40 万元现金股利时的会计分录。

（5）计算企业年末未分配利润的余额。

14. 某企业有 1 辆运输汽车，原值为 300 000 元，预计净残值率为 4%，预计行使总里程为 800 000 千米。该汽车采用工作量法计提折旧。某月该汽车行驶 6 000 千米，计算本月折旧额。

15. 某企业本期有应收账款为 200 万元，原有“坏账准备”贷方余额为 25 万元，采用备抵法计算坏账准备。

（1）该公司销售商品一批，不含税金额为 50 万元，增值税为 6.5 万元，款项未收。

（2）该公司确认坏账一笔，金额为 5 万元。

（3）该公司收到其他单位前欠货款 30 万元，存入银行。

（4）该公司预计未来净现金流入量的现值是 170 万元。

要求：根据上述资料进行相关账务处理。

16. 某公司发生如下经济业务：

（1）该公司生产车间领用材料 15 000 元，直接用于产品生产。

（2）该公司计提本月工资 21 000 元，其中生产工人工资 15 000 元，车间管理部门工资6 000元。

（3）该公司车间使用的设备折旧 5 000 元。

（4）该公司结转制造费用至产成品成本。

（5）该公司结转完工产品成本 170 000 元。

要求：根据上述资料编制相关会计分录。

17. 假定 D 公司有意投资 ABC 公司，经与 A、B、C 三个公司协商，将 ABC 公司变更为 ABCD 公司，注册资本增加到 1 200 万元，A、B、C、D 四方各占 1/4 股权。D 公司需以货币资金出资 400 万元，以取得 25%的股份。协议签订后，ABCD 公司修改了原公司章程，D 公司所出 400 万元已存入 ABCD 公司的开户银行，并办理了变更登记手续。

要求：编制 D 公司投入资本的会计分录。

18. 根据“工资结算汇总表”，当月应付工资总额为 680 000 元，扣除企业已为职工代垫的医药费 2 000 元和受房管部门委托代扣的职工房租 26 000 元，实发工资总额为 652 000 元。上述工资总额中，产品生产人员工资为 560 000 元，车间管理人员工资为 50 000 元，企业行政管理人员工资为 70 000 元。

要求：（1）编制向银行提取现金的会计分录。

（2）编制发放工资的会计分录。

（3）编制代扣款项的会计分录。

（4）编制将有关工资、费用结转至生产成本的会计分录。

（5）编制将有关工资、费用结转至制造费用的会计分录。

（6）编制将有关工资、费用结转至管理费用的会计分录。

19. 假定A、B、C三个公司共同投资组成ABC有限责任公司。ABC有限责任公司的章程规定，注册资本为900万元，A、B、C三方各占1/3的股份。假定A公司以厂房投资，该厂房原值500万元，已提折旧300万元，投资各方确认的价值为300万元（同公允价值）；B公司以价值200万元的新设备一套和价值100万元的一项专利权投资，其价值已被投资各方确认，并已向ABC公司移交了专利证书等有关凭证；C公司以货币资金300万元投资，已存入ABC公司的开户银行。又假定D、E公司有意投资ABC公司，经与A、B、C三方协商，将ABC公司变更为ABCDE公司，注册资本增加到1 500万元，A、B、C、D、E五方各占1/5的股份。D公司以货币资金出资400万元，已取得20%的股份；E公司以土地使用权投资，经各方确认价值为400万元，取得了20%的股份。协议签订后，各方修改了原公司章程。D、E公司所出各400万元已存入ABCDE公司的开户银行，并办理了变更登记手续。

要求：请根据上述资料编制相关会计分录。

20. 某公司为增值税一般纳税人企业，3月发生以下经济业务：

（1）3月2日，该公司销售一批商品，开具增值税专用发票注明价款为800 000元，增值税税额为104 000元，商品已发出，货款尚未收到，该批商品的成本为600 000元。

（2）3月10日，该公司销售一批原材料，开具增值税专用发票注明价款为60 000元，增值税税额为7 800元，款项由银行收取，该批原材料实际成本为34 000元。

（3）3月，销售部门发生费用340 000元，其中销售人员薪酬250 000元，销售部门专用办公设备折旧费90 000元。

（4）3月，行政管理部门发生费用210 000元，其中行政人员薪酬100 000元，行政部门专用办公设备折旧费35 000元，行政人员差旅费25 000元（假定报销人未预借差旅费），业务招待费50 000元，差旅费和业务招待费以银行存款支付。

（5）3月31日，该公司发生公益性捐赠40 000元，通过银行转账支付。

要求：请根据上述资料编制相关会计分录。

21. 甲公司出售一台旧设备给乙公司，价款为56 000元，原值为100 000元，累计折旧为42 000元。

要求：请根据上述资料编制甲公司相关会计分录。

22. 车间生产一批货物，生产A产品用时200小时，生产B产品用时300小时。

要求：计算A、B产品生产的工资，每小时20元，并编制相关会计分录。

23. 固定资产出售收到增值税发票款项82 000元，税额10 660元，原成本100 000元，已计提折旧20 000元。

要求：请根据上述资料编制固定资产处置的相关会计分录。

24. 某企业为增值税一般纳税人企业，材料按实际成本核算，当月发生以下经济业务：

（1）该企业用银行汇票300万元购入材料一批，价款为216万元，增值税为28.08万元，对方代垫运费1.8万元，材料已入库，余款已退回银行账户。

（2）该企业用商业承兑汇票购入材料196万元，增值税为25.48万元，代垫保险费0.4万元，材料已验收入库。

（3）该企业收到投资者投入的材料，发票上的价款为 1 415 万元，增值税为 183.95 万元，材料已入库。假定价值公允，也不存在资本溢价。

（4）该企业本月领用材料，生产车间领用 560 万元，车间管理部门领用 192 万元，行政管理部门领用 163 万元，销售部门领用 120 万元。

要求：编制相关会计分录，金额单位用万元表示。

（1）编制用银行汇票购入材料的会计分录。

（2）编制收到银行汇票余款的会计分录。

（3）编制用商业承兑汇票购入材料的会计分录。

（4）编制收到投资材料的会计分录。

（5）编制发出材料的会计分录。

25. 东方公司会计人员在结账前进行对账时，发现企业所做的账务处理如下：

（1）按照工程的完工进度结算建造固定资产的工程价款 40 000 元，款项以银行存款支付，编制的会计分录为：

借：在建工程　　40 000

　贷：银行存款　　40 000

（2）用银行存款预付建造固定资产的工程价款 60 000 元，编制的会计分录为：

借：在建工程　　60 000

　贷：银行存款　　60 000

在过账时，“在建工程”账户记录为 45 000 元。

（3）用库存现金支付职工生活困难补助 7 000 元，编制的会计分录为：

借：管理费用　　7 000

　贷：库存现金　　7 000

（4）计提车间生产用固定资产折旧 4 500 元，编制的会计分录为：

借：制造费用　　45 000

　贷：累计折旧　　45 000

（5）用现金支付工人工资 65 000 元，编制的会计分录为：

借：应付职工薪酬　　6 500

　贷：库存现金　　6 500

要求：指出上述账务处理是否正确。如果错误，指明应采用何种更正方法，并编制错账更正的会计分录。

26. A 公司为增值税一般纳税人企业，202×年月 12 月发生以下经济业务：

（1）A 公司用银行存款支付公司下年度的报刊订阅费 1 200 元。

（2）A 公司从市场上购入一台设备，价值 100 000 元，设备已收到并交付生产使用，款项已通过银行支付。

（3）经计算，A 公司本月应计提固定资产折旧 20 000 元，其中厂部使用的固定资产应计提折旧 8 000 元，车间使用固定资产应计提折旧 12 000 元。

（4）A 公司用银行存款 240 000 元从其他单位购入一项专利权。

（5）A 公司采购原材料，价款为 20 000 元，款项通过银行转账支付，材料尚未验收入库（不考虑增值税等因素）。

要求：请根据上述资料编制相关会计分录。

27. 某企业拟出售一座建筑物，有关经济业务如下：

（1）该建筑物原值 3 000 000 元，已计提折旧 450 000 元。该企业将该建筑物净值转入固定资产清理。

（2）该企业以库存现金支付有关清理费用 20 000 元。

（3）该建筑物出售价格为 2 800 000 元，已通过银行收回款项。

（4）该企业结转清理净损益。

要求：请根据上述资料编制相关会计分录。

28. 甲公司于 20×1—20×2 年发生的无形资产相关业务如下：

（1）甲公司于 20×1 年 1 月从乙公司购入一项专利权，以银行存款支付买价及相关费用 10 万元。

（2）甲公司于各年年末计提无形资产摊销。该专利的法定有效期为 15 年，合同划定有效期为 10 年。

（3）20×3 年 1 月，甲公司将该项专利权转让给丙公司，取得 15 万元收入（已存入银行）。

（4）计算转让该项无形资产取得的净收益。

要求：根据上述资料进行相关账务处理。

29. X 公司 202×年 9 月的余额试算平衡表如表 3-2 所示。

表 3-2　余额试算平衡表

202×年 9 月 30 日　　单位：元

会计科目	期末余额	
	借方	贷方
库存现金	740	
银行存款	168 300	
应收账款	85 460	
坏账准备		6 500
原材料	66 500	
库存商品	101 200	
存货跌价准备		1 200
固定资产	468 900	
累计折旧		3 350
固定资产清理		5 600
长期待摊费用	14 500	
应付账款		93 000
预收账款		10 000
长期借款		250 000

表3-2（续）

会计科目	期末余额	
	借方	贷方
实收资本		500 000
盈余公积		4 500
利润分配		19 300
本年利润		12 150
合计	905 600	905 600

补充资料如下：

（1）长期待摊费用中含将于一年内摊销的金额 8 000 元。

（2）长期借款期末余额中将于一年内到期归还的长期借款数为 100 000 元。

（3）应收账款中有关明细账期末余额情况为（单位：元）：

应收账款——A 公司　借方余额 98 000

应收账款——B 公司　贷方余额 12 540

（4）应付账款有关明细账期末余额情况为（单位：元）：

应付账款——C 公司　贷方余额 98 000

应付账款——D 公司　借方余额　5 000

（5）预收账款有关明细账期末余额情况为（单位：元）：

预收账款——E 公司　贷方余额 12 000

预收账款——F 公司　借方余额　2 000

要求：请补充完整 X 公司的资产负债表（见表 3-3）。

表 3-3　资产负债表

制表单位：X 公司　　　　202×年 9 月 30 日　　　　单位：元

资产	年初数	年末数	负债所有者权益	年初数	年末数
流动资产：	略		流动负债：	略	
货币资金		169 040	应付账款		（3）
应收账款		（1）	预收款项		（4）
预付款项		5 000	一年内到期的非流动负债		100 000
存货		（2）	流动负债合计		（5）
一年内到期的非流动资产		8 000	非流动负债：		
流动资产合计		442 040	长期借款		150 000
非流动资产：			非流动负债合计		150 000
固定资产		465 550	负债合计		372 540
固定资产清理		-5 600	所有者权益：		
长期待摊费用		6 500	实收资本		500 000
非流动资产合计		466 450	盈余公积		4 500

表3-3(续)

资产	年初数	年末数	负债所有者权益	年初数	年末数
			未分配利润		31 450
			所有者权益合计		535 950
资产总计		908 490	负债及所有者权益总计		908 490

30. X 公司适用的企业所得税税率为 25%，假定无纳税调整项目，X 公司 202×年 1 月至 11 月各损益类账户的累计发生额和 12 月底转账前各损益类账户的发生额如表 3-4所示。

表 3-4　X 公司 202×年 1 月至 11 月各损益类账户的累计发生额和 12 月底转账前各损益类账户的发生额

单位：元

账户名称	12 月发生数		1 月至 11 月累计发生数	
	借方	贷方	借方	贷方
主营业务收入		318 000		5 000 000
主营业务成本	252 500		2 800 000	
销售费用	2 600		10 000	
税金及附加	1 000		29 000	
其他业务成本	7 500		32 500	
营业外支出	2 000		11 000	
财务费用	3 000		30 000	
管理费用	4 400		50 000	
其他业务收入		9 500		45 000
营业外收入		3 000		
投资收益		20 000		

要求：计算 X 公司 202×年度利润表的下列报表项目金额：

（1）营业收入。

（2）营业成本。

（3）营业利润。

（4）利润总额。

（5）净利润。

31. X 公司适用的企业所得税税率为 25%，假定无纳税调整项目，X 公司 202×年 1 月至 11 月各损益类账户的累计发生额和 12 月底转账前各损益类账户的发生额如表 3-5 所示。

表 3-5　X 公司 202×年 1 月至 11 月各损益类账户的累计发生额和 12 月底转账前各损益类账户的发生额

单位：元

账户名称	12 月发生数		1 月至 11 月累计发生数	
	借方	贷方	借方	贷方
主营业务收入		80 000		670 000
主营业务成本	20 000		250 000	
销售费用	8 000		80 000	
税金及附加	2 000		20 000	
其他业务成本	15 000		50 000	
营业外支出	1 000		2 000	
财务费用	500		6 000	
管理费用	25 000		260 000	
其他业务收入		38 000		130 000
营业外收入		1 500		8 000
投资收益		5 000		

要求：根据上述资料，计算 X 公司 202×年利润表（见表 3-6）中（1）～（5）的金额。

表 3-6　利润表

会企 02 表

编制单位：X 公司　　202×年　　单位：元

项目	行次	本年金额	上年金额
一、营业收入		（1）	略
减：营业成本		（2）	
税金及附加			
销售费用			
管理费用			
财务费用（收益以“-”号填列）			
二、营业利润（亏损以“-”号填列）		（3）	
加：营业外收入			
减：营业外支出			
三、利润总额（亏损总额以“-”号填列）		（4）	
减：所得税费用			
四、净利润（净亏损以“-”号填列）		（5）	

32. 202×年 3 月至 5 月，甲公司发生的交易性金融资产业务如下：

（1）3 月 1 日，甲公司向 D 证券公司划出投资款 1 000 万元，款项已通过开户行转入 D 证券公司银行账户。

（2）3 月 2 日，甲公司委托 D 证券公司购入 A 上市公司股票 100 万股，每股 8 元，另发生相关的交易费用 2 万元，并将该股票划分为交易性金融资产。

（3）5 月 10 日，甲公司出售所持有的上述全部股票，取得价款为 825 万元，已存入银行。

要求：(1) 请根据上述资料编制相关会计分录（假定不考虑相关税费，答案中的金额单位用万元表示）。

(2) 计算甲公司投资收益的金额。

33. 甲企业为增值税一般纳税人企业，适用的增值税税率为13%。20×9 年发生固定资产相关经济业务如下：

(1) 1 月 20 日，甲企业管理部门购入一台不需要安装的 A 设备，取得的增值税专用发票上注明的设备价款为 550 万元，增值税为 71.5 万元，另发生运输费 10 万元，款项均以银行存款支付。

(2) A 设备经过调试后于 1 月 22 日投入使用，预计使用 10 年，净残值为 20 万元，采用年限平均法计提折旧。

(3) 7 月 15 日，甲企业生产车间购入一台需要安装的 B 设备，取得的增值税专用发票上注明的设备价款为 600 万元，增值税为 78 万元，款项均以银行存款支付。

(4) 8 月 19 日，甲企业将 B 设备投入安装，以银行存款支付安装费 3 万元。B 设备于8 月25 日达到预定使用状态，并投入使用。

(5) B 设备采用工作量法计提折旧，预计净残值为 3 万元，预计总工时为 5 万小时。9 月，B 设备实际使用工时为 720 小时。

要求：假设除上述资料外，不考虑其他因素，请编制相关会计分录（答案中的金额单位用万元表示）。

34. 甲公司由 A、B、C，三位股东于 20×6 年 12 月 31 日共同出资设立，注册资本为 800 万元。出资协议规定：A、B、C 三位股东的出资比例分别为 40%、35%和 25%。有关资料如下：

(1) 20×6 年 12 月 31 日，三位股东的出资方式及出资额如表 3-7 所示（各位股东的出资已全部到位，并经中国注册会计师验证，有关法律手续已经办妥）。

表 3-7　出资方式及出资额　　　　单位：万元

出资者	货币资金	实物资产	无形资产	合计
A	270		50（专利权）	320
B	130	150（设备）		280
C	170	30（轿车）		200
合计	570	180	50	800

(2) 20×7 年甲公司实现净利润 400 万元，决定分配利润 100 万元，计划在 20×8 年 2 月 10 日支付。

(3) 20×8 年 12 月 31 日，甲公司吸收 D 股东加入，将甲公司注册资本由原 800 万元增加到 1 000 万元。D 股东以银行存款 150 万元出资，占增资后注册资本 10%的股份；其余的 100 万元增资由 A、B、C 三位股东按原持股比例以银行存款出资。20×8 年 12 月 31 日，四位股东的出资已全部到位，有关的法律手续已经办妥。

要求：假定不考虑其他因素，请根据上述资料编制相关会计分录（答案中的金额单位用万元表示）。

35. 20×8 年 8 月 1 日，甲公司向乙公司销售一批商品，开具的增值税专用发票上注明的售价为 400 000 元，增值税税额为 52 000 元。甲公司已将商品运抵乙公司，货款尚未收到。该批商品的成本为 280 000 元。20×8 年 12 月 31 日，甲公司对应收乙公司的账款进行减值测试，预计其未来现金流量现值为 350 000 元。20×9 年 1 月 15 日，甲公司实际收到乙公司通过银行转账来的款项 350 000 元。

要求：根据上述资料进行相关账务处理。

36. 20×9 年 5 月，甲公司某生产车间生产完成 A 产品 200 件和 B 产品 300 件，月末完工产品全部入库。有关生产资料如下：

（1）甲公司领用原材料 6 000 吨，其中 A 产品耗用 4 000 吨，B 产品耗用 2 000 吨。该原材料单价为每吨 150 元。

（2）甲公司生产 A 产品发生的直接生产人员工时为 5 000 小时，生产 B 产品发生的直接生产人员工时为 3 000 小时，每工时的标准工资为 20 元。

（3）生产车间发生管理人员工资、折旧费、水电费等 100 000 元，该车间本月仅生产了 A 和 B 两种产品，甲公司采用生产工人工时比例法对制造费用进行分配。假定月初、月末均不存在任何在产品。

要求：（1）计算 A 产品应分配的制造费用。

（2）计算 B 产品应分配的制造费用。

（3）计算 A 产品当月生产成本。

（4）计算 B 产品当月生产成本。

（5）编制产品完工入库的会计分录。

37. 甲公司 202×年有关损益类科目的年末余额如表 3-8 所示。

表 3-8　甲公司 202×年有关损益类科目的年末余额　　单位：元

科目名称	结账前余额	科目名称	结账前余额
主营业务收入	4 500 000（贷）	税金及附加	60 000（借）
其他业务收入	525 000（贷）	销售费用	375 000（借）
投资收益	450 000（贷）	管理费用	450 000（借）
营业外收入	37 500（贷）	财务费用	75 000（借）
主营业务成本	3 450 000（借）	营业外支出	150 000（借）
其他业务成本	300 000（借）		

甲公司适用的企业所得税税率为 25%，假定当年不存在纳税调整事项。甲公司按当年净利润的 10%提取法定盈余公积，按当年净利润的 5%提取任意盈余公积，并决定向投资者分配利润 500 000 元。

要求：（1）编制甲公司年末结转各损益类科目余额的会计分录。

（2）计算甲公司 202×年应交所得税金额。

（3）编制甲公司确认并结转所得税费用的会计分录。

（4）编制甲公司将“本年利润”科目余额转入“利润分配——未分配利润”科目的会计分录。

（5）编制甲公司提取盈余公积和宣告分配利润的会计分录。

38. XYZ 公司 202×年 7 月 20 日至月末的银行存款日记账所记录的经济业务如下：

（1）20 日，XYZ 公司收到销货款转账支票 8 800 元。

（2）21 日，XYZ 公司开出支票#05130，支付购入材料的货款 20 000 元。

（3）23 日，XYZ 公司开出支票#05131，支付购料的运杂费 1 000 元。

（4）26 日，XYZ 公司收到销货款转账支票 13 240 元。

（5）28 日，XYZ 公司开出支票#05132，支付公司日常办公费用 2 500 元。

（6）30 日，XYZ 公司开出支票#05133，支付下半年的房租 9 500 元。

（7）31 日，银行存款日记账的账面余额为 241 800 元。

银行对账单所列 XYZ 公司 7 月 20 日至月末的经济业务如下：

（1）20 日，银行结算 XYZ 公司的银行存款利息 1 523 元。

（2）22 日，银行收到 XYZ 公司销售款转账支票 8 800 元。

（3）23 日，银行收到 XYZ 公司开出的支票#05130，金额为 20 000 元。

（4）25 日，银行为 XYZ 公司代付水电费 3 250 元。

（5）26 日，银行收到 XYZ 公司开出的支票#05131，金额为 1 000 元。

（6）29 日，银行为 XYZ 公司代收外地购货方汇来的货款 5 600 元。

（7）31 日，银行对账单的存款余额数为 244 433 元。

要求：根据上述资料，代 XYZ 公司完成银行存款余额调节表（见表 3-9）的编制。

表 3-9 银行存款余额调节表

编制单位：XYZ 公司　　　　202×年 7 月 31 日　　　　单位：元

项目	金额	项目	金额
企业银行存款日记账余额	241 800	银行对账单余额	244 433
加：银行已收企业未收的款项合计	（1）	加：企业已收银行未收的款项合计	（3）
减：银行已付企业未付的款项合计	3 250	减：企业已付银行未付的款项合计	（4）
调节后余额	（2）	调节后余额	（5）

39. X 公司为增值税一般纳税人企业，主要生产和销售 A 产品与 B 产品，适用的增值税税率为 13%，企业所得税税率为 25%，不考虑其他相关税费。X 公司 202×年 10 月发生以下经济业务：

（1）X 公司销售 A 产品 500 件，单价 80 元，增值税税率为 13%，款项已存入银行。

（2）X 公司销售 B 产品 1 000 件，单价 100 元，增值税税率为 13%，款项尚未收回。

（3）X 公司预收 B 产品货款 20 000 元，并存入银行。

（4）X 公司用库存现金支付管理人员工资 8 000 元和专设销售机构的人员工资 5 000元。

（5）X 公司销售多余材料 200 千克，单价 25 元，增值税税率为 13%，款项已收并存入银行。该材料单位成本为 20 元。

（6）X 公司结转已销售的 A、B 产品的实际生产成本。A 产品的单位成本为 50 元，B 产品的单位成本为 70 元。

要求：计算 X 公司 202×年 10 月利润表的下列报表项目：

（1）营业收入。

（2）营业成本。

（3）营业利润。

（4）利润总额。

（5）净利润。

40. 甲、乙两个投资者向某有限责任公司投资，甲投资者投入自产产品一批，双方确认价值为 180 万元（假设是公允的），税务部门认定增值税为 23.4 万元，并开具了增值税专用发票。乙投资者投入货币资金 9 万元和一项专利技术，货币资金已经存入开户银行。该专利技术原账面价值为 128 万元，预计使用寿命为 16 年，已摊销 40 万元，计提减值准备 10 万元，双方确认的价值为 80 万元（假设是公允的）。假定甲、乙两位投资者在投资时均不产生资本公积。两年后，丙投资者向该公司追加投资，其缴付该公司的出资额为 176 万元，协议约定丙投资者享有的注册资本金额为 130 万元（假设甲、乙两个投资者出资额与其在注册资本中所享有的份额相等，不产生资本溢价）。

要求：根据上述资料完成下列不定项选择题（单位：万元）。

（1）被投资公司收到甲投资者投资时的会计分录为（　　）。

A. 借：库存商品　180
　　　应交税费——应交增值税（进项税额）　23.4
　　贷：实收资本——甲　203.4

B. 借：库存商品　180
　　　应交税费——应交增值税（进项税额）　23.4
　　　贷：银行存款　203.4

C. 借：实收资本——甲　203.4
　　贷：库存商品　180
　　　　应交税费——应交增值税（进项税额）　23.4

D. 借：库存商品　180
　　　应交税费——应交增值税（进项税额）　23.4
　　贷：资本公积——甲　203.4

（2）被投资公司收到投资者乙投资时的会计分录为（　　）。

A. 借：银行存款　9
　　　专利资产　80
　　贷：实收资本——乙　89

B. 借：银行存款　　9
　　无形资产　　80
　贷：资本溢价——乙　　89

C. 借：银行存款　　9
　　无形资产　　80
　贷：实收资本——乙　　89

D. 借：应收账款　　9
　　专利资产　　80
　贷：实收资本——乙　　89

（3）被投资公司收到投资者丙投资时的会计分录为（　　）。

A. 借：银行存款　　176
　贷：实收资本——丙　　130
　　资本公积——盈余公积　　46

B. 借：银行存款　　176
　贷：实收资本——丙　　130
　　资本公积——资本溢价　　46

C. 借：银行存款　　176
　贷：实收资本——丙　　130
　　盈余公积——资本溢价　　46

D. 借：应收账款　　176
　贷：实收资本——丙　　130
　　资本公积——资本溢价　　46

（4）企业接受投资时涉及的会计科目有（　　）。

A."银行存款"　　B."固定资产"

C."无形资产"　　D."库存商品"

（5）企业追加投资超出注册资本的部分应计入（　　）。

A. 实收资本　　B. 盈余公积

C. 资本公积中的资本溢价　　D. 应付利润

41. 一般纳税人企业于202×年1月15日购入一台不需要安装的生产用设备，设备的买价为10 000元，增值税为1 300元（增值税可以抵扣），采购过程中发生运费、保险费500元，采购人员差旅费900元。该设备预计可以使用10年，预计净残值为0，采用年限平均法计提折旧。

要求：根据上述资料完成下列不定项选择题。

（1）下列选项中，构成设备入账价值的有（　　）。

A. 设备买价　　B. 增值税

C. 保险费　　D. 差旅费

（2）该设备的入账价值为（　　）元。

A. 10 500　　B. 11 300

C. 11 400　　D. 13 100

（3）该设备累计应该计提的折旧额为（ ）元。

A. 10 500　　B. 13 100

C. 11 400　　D. 11 300

（4）202×年应该计提的折旧额为（ ）元。

A. 1 050　　B. 962.5

C. 1 045　　D. 1 118.3

（5）该设备第二年应该计提的折旧额不应该为（ ）元。

A. 1 050　　B. 962.5

C. 1 045　　D. 1 118.3

42. 甲公司为增值税一般纳税人企业，主要生产和销售A产品，适用的增值税税率为13%，企业所得税税率为25%。假定不考虑其他相关税费，该公司202×年11月发生以下经济业务：

（1）甲公司对外销售A产品一批，开具的增值税专用发票上列明的售价为160 000元，增值税税额为20 800元，商品已发出，款项尚未收回。该批商品成本为100 000元。

（2）甲公司对外销售B产品一批，开具的增值税专用发票上列明的售价为80 000元，增值税税额为10 400元。商品已发出，货款已全部收到并存入银行。该批商品成本为56 000元。

（3）甲公司与运输公司结算本月商品销售过程中发生的运输费5 000元，以银行存款支付。

（4）甲公司以库存现金支付职工工资45 000元。

（5）甲公司对外销售多余材料，开具的增值税专用发票上注明的售价为10 000元，增值税税额为1 300元，款项尚未收到。该批材料的实际成本为8 000元。

要求：根据上述资料编制相关会计分录并计算应交所得税金额。

43. 202×年1月1日，甲公司从银行借入资金2 700 000元，借款期限为2年，年利率为7%（每年年末付息一次，不计复利，到期还本），所借款项已存入银行。202×年1月20日，甲公司用该借款购买不需安装的生产设备一台，价款为2 000 000元，增值税税额为260 000元，设备于当日投入使用。该设备采用年限平均法计提折旧，预计可使用10年，预计报废时的净残值为50 000元。

要求：（1）编制甲公司借入长期借款的会计分录。

（2）编制甲公司购入生产设备的会计分录。

（3）编制甲公司按月计提长期借款利息的会计分录。

（4）编制甲公司按月计提固定资产折旧的会计分录。

（5）计算甲公司202×年12月31日固定资产的账面价值。

44. 乙公司发生如下经济业务：

（1）乙公司从国内购入一条生产流水线，价款为500万元，增值税税额为65万元，运输费和保险费为8万元，乙公司开出期限为60天的商业承兑汇票一次性支付价款及税费等573万元。

（2）流水线运抵乙公司后，乙公司请专业安装公司进行安装调试，共通过银行存款支付 2 万元，生产线经过试运行，开始正常生产。

（3）乙公司因遭受水灾而损毁一座仓库。该仓库原价为 400 万元，已计提折旧 120 万元，未计提减值准备。

（4）毁损仓库发生的清理费用为 1.2 万元，以库存现金支付。经保险公司核定应赔偿损失为 150 万元，尚未收到赔款。

（5）仓库清理完毕，结转相关费用。

要求：请根据上述资料编制相关会计分录（金额单位为万元）。

45. 甲公司会计人员在结账前进行对账时，发现企业所做的部分账务处理如下：

（1）甲公司按照工程的完工进度结算建造固定资产工程价款 130 000 元，款项以银行存款支付，编制的会计分录为：

借：固定资产　　130 000

　贷：库存现金　　130 000

（2）甲公司发生业务招待费 330 000 元，编制的会计分录为：

借：财务费用　　330 000

　贷：银行存款　　330 000

（3）甲公司用库存现金支付办公室人员福利费 39 000 元，编制的会计分录为：

借：销售费用　　39 000

　贷：库存现金　　39 000

（4）甲公司计提车间生产用固定资产折旧 19 000 元，编制的会计分录为：

借：管理费用　　19 000

　贷：累计折旧　　19 000

（5）甲公司用库存现金应支付工人工资 300 000 元（已计入应付职工薪酬），编制的会计分录为：

借：管理费用　　300 000

　贷：库存现金　　300 000

要求：企业原账务处理均有错误，请写出正确的会计分录。

46. 某公司 202×年 12 月末的结账前余额试算表如表 3-10 所示。

表 3-10　结账前余额试算表

202×年 12 月　　单位：元

账户名称	借方余额	贷方余额
库存现金	500	
银行存款	85 000	
应收账款	45 500	
库存商品	170 000	
固定资产	200 000	

表3-10(续)

账户名称	借方余额	贷方余额
累计折旧		5 000
短期借款		20 000
应付账款		50 000
实收资本		200 000
盈余公积		2 000
利润分配		8 000
本年利润		40 000
主营业务收入		206 000
销售费用	10 000	
管理费用	20 000	
合计	531 000	531 000

月末，该公司会计人员对以下经济事项进行了结账处理：

（1）计提本月办公用固定资产折旧1 000元。

（2）结转本月已售商品成本，共计100 000元。

（3）结转本月的损益类账户至“本年利润”账户。

（4）按25%的企业所得税税率计算本月应交所得税。

（5）将本月所得税结转至“本年利润”账户。

（6）结转“本年利润”账户至“利润分配——未分配利润”账户。

要求：根据上述资料，完成该公司12月的结账后余额试算平衡表（见表3-11）的编制。

表3-11　结账后余额试算表

202×年12月　　　　单位：元

账户名称	借方余额	贷方余额
库存现金	500	
银行存款	85 000	
应收账款	（1）	
库存商品	（2）	
固定资产	200 000	
累计折旧		6 000
短期借款		20 000
应付账款		50 000

表3-11(续)

账户名称	借方余额	贷方余额
应交税费		（3）
实收资本		200 000
盈余公积		2 000
利润分配		（4）
合计		（5）

47. 某企业202×年8月发生的经济业务及登记的总分类账和明细分类账如下：

（1）4日，该企业向A企业购入甲材料1 000千克，单价为17元，价款为17 000元；购入乙材料2 500千克，单价为9元，价款为22 500元。货物已验收入库，款项39 500元尚未支付（不考虑增值税，下同）。

（2）8日，该企业向B企业购入甲材料2 000千克，单价为17元，价款为34 000元，货物已验收入库，款项尚未支付。

（3）13日，该企业生产车间为生产产品领用材料，其中领用甲材料1 400千克，单价为17元，价值为23 800元；领用乙材料3 000千克，单价为9元，价值为27 000元。

（4）23日，该企业向A企业偿还前欠货款20 000元，向B企业偿还前欠货款40 000元，用银行存款支付。

（5）26日，该企业向A企业购入乙材料1 600千克，单价为9元，价款14 400元已用银行存款支付，货物同时验收入库。

要求：根据上述资料，完成表3-12的编制。

表3-12　原材料明细分类账

明细科目：甲材料　　　　原材料数量单位：千克　金额单位：元

202×年		凭证编号	摘要	收入			发出			结存		
月	日			数量	单价	金额	数量	单价	金额	数量	单价	金额
8	1		月初余额							400	17	6 800
	4	略	购入材料	1 000	17	（1）				1 400	17	23 800
	8		购入材料	2 000	17	34 000				（2）	17	（3）
	13		领用材料				1 400	17	23 800	2 000	17	34 000
	31		合计	3 000	17	51 000	（4）	17	（5）	2 000	17	34 000

48. 某公司各账户期初余额、本期发生额及期末余额如表 3-13 所示。

表 3-13　某公司各账户期初余额、本期发生额及期末余额　　单位：元

账户名称	期初余额		本期发生额		期末余额	
	借方	贷方	借方	贷方	借方	贷方
预收账款		15 000	6 000	9 000		（1）
预付账款	25 000		10 000	（2）	5 000	
应付账款		（3）	14 000	12 000		40 000
应收账款	70 000		40 000	（4）	80 000	
应收账款——C 公司	10 000		10 000	15 000	（5）	
应收账款——D 公司	60 000		30 000	15 000	75 000	

要求：根据表 3-13 中各账户的已知数据计算每个账户的未知数据。

49. 某公司适用的企业所得税税率为 25%，该公司 202×年的收入和费用相关资料如表 3-14 所示。

表 3-14　202×年的收入和费用相关资料　　单位：元

账户名称	借方发生额	贷方发生额
主营业务收入		650 000
其他业务收入		85 000
营业外收入		3 500
投资收益		11 800
主营业务成本	370 000	
其他业务成本	41 000	
税金及附加	7 800	
销售费用	12 000	
管理费用	23 000	
财务费用	3 500	
资产减值损失	4 500	
营业外支出	8 000	

要求：请计算该公司 202×年度得利润表中下列项目的金额：

（1）营业收入。

（2）营业成本。

（3）营业利润。

（4）利润总额。

（5）净利润。

50. 某公司202×年12月最后三天的银行存款日记账记录和银行对账单记录如表3-15和表3-16所示。

表3-15 银行存款日记账记录

日期	摘要	金额（元）
12月29日	因销售商品收到98#转账支票一张	15 000
12月29日	开出78#现金支票一张	1 000
12月30日	收到A公司交来的355#转账支票一张	3 800
12月30日	开出105#转账支票以支付货款	11 700
12月31日	开出106#转账支票支付明年报刊订阅费	500
	月末余额	153 200

表3-16 银行对账单记录（假定银行记录无误）

日期	摘要	金额（元）
12月29日	支付78#现金支票	1 000
12月30日	收到98#转账支票	15 000
12月30日	收到托收的货款	25 000
12月30日	支付105#转账支票	11 700
12月31日	结账银行结算手续费	100
	月末余额	174 800

要求：完成错账更正后的银行存款余额调节表（见表3-17）的编制。

表3-17 银行存款余额调节表

编制单位：某公司　　202×年12月31日　　单位：元

项目	金额	项目	金额
企业银行存款日记账余额		银行对账余额	
加：银行已收，企业未收的款项合计	（1）	加：企业已收，银行未收的款项合计	（3）
减：银行已付，企业未付的款项合计	（2）	减：企业已付，银行未付的款项合计	（4）
调节后余额		调节后余额	（5）

51. 月末，A公司有关账户资料如表3-18所示。

表3-18 A公司有关账户资料　　单位：元

会计科目	期初余额		本期发生额		期末余额	
	借方	贷方	借方	贷方	借方	贷方
银行存款	（1）		5 000	3 000	12 000	

表(续)

会计科目	期初余额		本期发生额		期末余额	
	借方	贷方	借方	贷方	借方	贷方
应收账款	33 000		(2)	12 000	36 000	
预付账款	15 000		20 000	(3)	25 000	
预收账款		100 000	(4)	50 000		110 000
应付账款		40 000	15 000	(5)		55 000

要求：完成表 3-18 的编制。

52. 某咨询公司于 2018 年 4 月 1 日与客户签订了一项咨询合同。合同规定，咨询期 2 年，咨询费为 300 000 元，客户分三次支付。第一期在项目开始时支付，第二期在项目中期支付，第三期在项目结束时支付。估计总成本为 180 000 元（假定用银行存款支付），假定成本估计十分准确，不会发生变化，按已发生成本占估计总成本的比例确定该劳务的完工程度。2018—2020 年成本发生情况如表 3-19 所示。

表 3-19 2018—2020 年成本发生情况 单位：元

年度	2018 年	2019 年	2020 年	合计
发生的成本	67 500	90 000	22 500	180 000

要求：按完工百分法确定各年的收入、成本并编制以下相关业务的会计分录。

（1）编制收到第一期咨询费 10 万元的会计分录。

（2）编制 2018 年实际发生成本的会计分录。

（3）计算 2018 年应确认的收入。

（4）计算 2018 年应确认的成本。

（5）计算 2019 年应确认的收入。

53. 某公司 202×年 6 月 30 日收到的银行对账单余额为 67 000 元，与银行存款日记账余额不符。经核对，该公司与银行均无记账错误，但是发现有如下未达账项：

（1）6 月 28 日，该公司开出一张金额为 15 800 元转账支票用于支付供货方货款，但供货方尚未持该支票到银行兑现。

（2）6 月 29 日，该公司送存银行的某客户转账支票为 4 200 元，因对方存款不足而被退票，而该公司未接到通知。

（3）6 月 30 日，该公司当月的水电费 1 300 元银行已代为支付，但该公司未接到付款通知而尚未入账。

（4）6 月 30 日，银行计算应付给该公司的利息 360 元，银行已入账，而该公司尚未收到收款通知。

（5）6 月 30 日，该公司委托银行代收的款项为 11 000 元，银行已转入该公司的存款账户，但该公司尚未收到通知入账。

（6）6 月 30 日，该公司收到购货方转账支票一张，金额为 7 900 元，已经送存银行，但银行尚未入账。

要求：假定该公司与银行的存款余额调整后核对相符，请代该公司完成银行存款余额调节表（见表 3-30）的编制。

表 3-30 银行存款余额调节表

编制单位：某公司　　202×年 6 月 30 日　　单位：元

项目	金额	项目	金额
银行存款日记账余额	（1）	银行对账单余额	（5）
加：银行已收企业未收的款项合计	（2）	加：企业已收银行未收的款项合计	（6）
减：银行已付企业未付的款项合计	（3）	减：企业已付银行未付的款项合计	（7）
调节后的余额	（4）	调节后的余额	（8）

54. 某公司 202×年 8 月 31 日结账前余额试算表如表 3-21 所示，由于存在若干错误，因此该表借贷方不平衡。

表 3-21 结账前余额试算表

202×年 8 月 31 日　　单位：元

账户名称	借方余额	贷方余额
库存现金	500	
银行存款	10 460	
应收账款	3 870	
库存商品	5 970	
原材料	3 206	
固定资产	11 370	
短期借款		12 000
应付账款		7 374
实收资本		20 000
主营业务收入		8 430
主营业务成本	4 000	
销售费用	2 210	
管理费用	3 910	
合计	45 496	47 804

经核对，日记账及分类账库存在以下错误：

（1）该公司用银行存款支付电话费 214 元，误记为 124 元。

（2）该公司赊销商品一批，计 1 334 元，过账时误记入“应收账款”账户的贷方。

（3）该公司从银行存款账户中支付短期借款利息 100 元，误作为归还短期借款 1 000元。

（4）该公司用银行存款支付本月电费 157 元，过账时“管理费用”账户借记 517 元。

（5）该公司购入办公用的复印机一台，价值 3 400 元，误作为库存商品登记入账。

要求：会计人员对所发现的错账分别进行了更正，请代该公司完成错账更正之后的结账前余额试算平衡表（见表 3-22）的编制。

表 3-22　结账前余额试算平衡表

202×年 8 月 31 日　　　　单位：元

账户名称	借方余额	贷方余额
库存现金	（1）	
银行存款	（2）	
应收账款	（3）	
库存商品	（4）	
原材料	（5）	
固定资产	（6）	
短期借款		（7）
应付账款		（8）
实收资本		20 000
主营业务收入		8 430
主营业务成本	4 000	
销售费用	（9）	
管理费用	（10）	
财务费用	（11）	
合计	（12）	（12）

55. 某公司 202×年 12 月 31 日结账前余额试算平衡表如表 3-23 所示，由于存在若干错误，因此该表借贷方不平衡。

表 3-23　结账前余额试算平衡表

202×年 12 月 31 日　　　　单位：元

账户名称	借方余额	贷方余额
库存现金	300	
银行存款	86 680	
应收账款	47 150	

表3-23(续)

账户名称	借方余额	贷方余额
库存商品	24 900	
原材料	107 000	
固定资产	355 000	
累计折旧		15 500
短期借款		15 000
应付账款		35 050
实收资本		400 000
盈余公积		21 630
利润分配		60 250
主营业务收入		134 000
主营业务成本	49 500	
销售费用	8 900	
管理费用	15 900	
合计	695 330	681 430

经核对，日记账及分类账存在以下错误：

（1）该公司从银行提取现金 530 元备用，误记为 350 元。

（2）该公司赊购材料一批，计 6 500 元，过账时误记为“应付账款”账户的借方。

（3）该公司虚记一笔赊销商品业务，金额为 15 000 元。

（4）该公司通过银行转账对外捐款 4 500 元，过账时误记入“管理费用”账户的借方5 400元。

（5）该公司漏记办公用设备的折旧费 2 500 元。

要求：会计人员对所发现的错账分别进行了更正，请代该公司完成错账更正之后的结账前余额试算平衡表（见表 3-24）的编制。

表 3-24　结账前余额试算平衡表

202×年 12 月 31 日　　单位：元

账户名称	借方余额	贷方余额
库存现金	（1）	
银行存款	（2）	
应收账款	（3）	
库存商品	24 900	
原材料	107 000	

表3-24(续)

账户名称	借方余额	贷方余额
固定资产	(4)	
累计折旧		(5)
短期借款		15 000
应付账款		(6)
实收资本		400 000
盈余公积		21 630
利润分配		(7)
主营业务收入		(8)
主营业务成本	49 500	
销售费用	8 900	
管理费用	(9)	
营业外支出	(10)	
合计	(11)	(12)

56. 某公司202×年12月的试算平衡表如表3-25所示，请根据试算平衡原理，在标号后的空格内填上正确的数字，使试算平衡表平衡。

表3-25　试算平衡表

202×年12月　　　　单位：元

会计科目	期初余额		本期发生额		期末余额	
	借方	贷方	借方	贷方	借方	贷方
库存现金	(1)		500	300	680	
银行存款	76 500		(2)	12 500	(3)	
应收账款	32 100		(4)		60 600	
库存商品	80 700		20 000	(5)	70 700	
固定资产	225 000				225 000	
累计折旧		5 000		1 500		(6)
短期借款		30 000				30 000
应付账款		50 000		(7)		60 000
实收资本		250 000				250 000
利润分配		79 780		(8)		(9)
合计	414 780	414 780	(10)	79 000	(11)	(12)

57. 某公司为增值税一般纳税人企业，主要生产和销售甲产品，适用的增值税税率为13%，企业所得税税率为25%，不考虑城建税和教育费附加。该公司202×年7月发生以下业务：

（1）该公司对外销售甲产品1 000件，单价为400元，增值税税率为13%，对方以商业汇票结算。

（2）该公司通过银行转账支付上述甲产品运杂费3 000元。

（3）该公司结转已销售的甲产品的实际生产成本，甲产品的单位成本为250元。

（4）该公司通过银行转账向红十字会捐赠5 000元。

（5）该公司出租一项固定资产的使用权，一次性收取7~12月的租金收入，每月2 000元，共计12 000元。

（6）该公司从银行提取现金，支付生产工人工资30 000元，车间管理人员工资5 000元，行政管理人员工资8 000元，专设销售机构的人员工资3 000元。

要求：计算该公司202×年7月利润表的下列报表项目金额：

（1）营业收入。

（2）营业成本。

（3）营业利润。

（4）利润总额。

（5）所得税费用。

（6）净利润。

58. 某公司202×年的简式利润表如表3-26所示。

表3-26 简式利润表（错误更正前）

编制单位：某公司　　　202×年度　　　单位：元

项目	行次	本年金额	上年金额
一、营业收入		1 580 000	略
减：营业成本		840 000	
税金及附加		150 000	
销售费用		100 000	
管理费用		200 000	
财务费用		11 000	
二、营业利润（损失以“-”填列）		280 000	
加：营业外收入		8 000	
减：营业外支出		4 000	
三、利润总额（损失以“-”填列）		284 000	
减：所得税费用		71 000	
四、净利润（亏损以“-”填列）		213 000	

注册会计师审计后发现登记记账凭证时存在的错误如下：

（1）该公司有一笔产品销售业务，结转的销售成本为 50 000 元，而实际应结转的销售成本是 55 000 元，少结转成本 5 000 元。

（2）该公司漏记一笔借款利息 1 000 元，导致少计财务费用 1 000 元。

（3）该公司将一笔 210 000 元的销售收入误记为 120 000 元，少计收入 90 000 元（假定该销售收入收到银行存款）。

要求：编制正确的简式利润表（见表 3-27）（假定适用的企业所得税税率为 25%，不存在任何纳税调整事项）。

表 3-27　正确的简式利润表

编制单位：某公司　　　　202×年度　　　　单位：元

项目	行次	本年金额	上年金额
一、营业收入		（1）	略
减：营业成本		（2）	
税金及附加		150 000	
销售费用		100 000	
管理费用		200 000	
财务费用		10 000	
二、营业利润（损失以“-”填列）		（3）	
加：营业外收入		8 000	
减：营业外支出		4 000	
三、利润总额（损失以“-”填列）		（4）	
减：所得税费用		（5）	
四、净利润（亏损以“-”填列）		（6）	

59. 已知某公司 202×年年初总资产比 202×年年末总资产少 100 000 元，年末流动资产是年末流动负债的 3 倍，且比年初流动资产多 20 000 元。该公司 202×年年末的资产负债表（简表）如表 3-28 所示。

表 3-28　资产负债表（简表）

202×年 12 月 31 日

账户名称	年初数	年末数	账户名称	年初数	年末数
流动资产：			流动负债：		
货币资金	52 500	47 200	短期借款	20 000	50 000
应收账款	26 500	（1）	应付账款	22 500	（9）
其他应收款	1 000	1 500	应交税费	（10）	6 500
存货	（2）	233 800	流动负债合计	（11）	122 000

表3-28(续)

账户名称	年初数	年末数	账户名称	年初数	年末数
流动资产合计	(3)	(4)	非流动负债:		
非流动资产:			长期借款	180 000	200 000
固定资产	(5)	(6)	所有者权益:		
			实收资本	300 000	300 000
			盈余公积	18 000	(12)
			所有者权益合计	(13)	(14)
资产总计	(7)	(8)	负债及所有者权益合计	550 000	(15)

要求:计算表 3-28 中(1)~(5)的数据。

60. 某公司 202×年 9 月 30 日有关总账和明细账账户的余额如表 3-29 所示。

表 3-29 某公司 202×年 9 月 30 日有关总账和明细账账户的余额 单位:元

账户	借或贷	余额	负债和所有者权益账户	借或贷	余额
库存现金	借	2 000	短期借款	贷	134 100
银行存款	借	900 000	应付账款	贷	70 000
其他货币资金	借	80 000	——丙企业	贷	93 000
应收账款	借	70 000	——丁企业	借	23 000
——甲公司	借	82 000	预收账款	贷	15 500
——乙公司	贷	12 000	——C 公司	贷	15 500
坏账准备	贷	3 000	应交税费	贷	48 000
预付账款	借	37 500	长期借款	贷	350 000
——A 公司	借	32 200	应付债券	贷	582 500
——B 公司	借	5 300	其中:一年内到期的应付债券	贷	22 500
原材料	借	873 800	长期应付款	贷	175 000
生产成本	借	276 000	实收资本	贷	4 123 000
库存商品	借	93 000	资本公积	贷	117 000
存货跌价准备	贷	57 000	盈余公积	贷	49 500
固定资产	借	2 950 000	利润分配	贷	2 000
累计折旧	贷	8 300	——未分配利润	贷	2 000
无形资产	借	490 600	本年利润	贷	38 000
合计		5 704 600	合计		5 704 600

要求:计算该公司 202×年 9 月末资产负债表的下列报表项目金额。

（1）货币资金。
（2）应收账款。
（3）预付账款。
（4）存货。
（5）流动资产合计。
（6）固定资产。
（7）非流动资产合计。
（8）资产合计。
（9）应付账款。
（10）预收账款。
（11）流动负债合计。
（12）应付债券。
（13）负债合计。
（14）未分配利润。
（15）所有者权益合计。

61. 某公司 202×年 12 月初有关账户的余额如表 3-30 所示。

表 3-30　某公司 202×年 12 月初有关账户的余额　　单位：元

账户名称	借方余额	账户名称	贷方余额
库存现金	450	短期借款	10 000
银行存款	41 700	累计折旧	5 500
交易性金融资产	10 000	坏账准备	1 500
应收账款	46 500	应交税费	7 800
库存商品	51 850	应付账款	68 700
固定资产	289 000	实收资本	400 000
在建工程	75 000	未分配利润	21 000
合计	514 500	合计	514 500

该公司 12 月发生以下经济业务：

（1）该公司对外销售商品 500 件，每件售价 60 元，每件成本 35 元，增值税税率为 13%，款项已收，存入银行。

（2）该公司向外地单位采购商品一批，增值税专用发票列明的价款为 25 000 元，增值税为 4 250 元。货已入库，货款未付。

（3）该公司从“银行存款”账户中支付本月借款利息 200 元。

（4）该公司收到转账支票支付货款 18 000 元，存入银行。

（5）该公司开出转账支票支付前欠外单位货款 20 000 元。

要求：请根据上述资料，计算该公司 202×年 12 月 31 日资产负债表中下列报表项目的期末数。

（1）货币资金。
（2）应收账款。
（3）存货。
（4）流动资产合计。
（5）固定资产。
（6）在建工程。
（7）非流动资产合计。
（8）资产合计。
（9）应付账款。
（10）短期借款。
（11）应交税费。
（12）负债合计。
（13）未分配利润。
（14）所有者权益合计。
（15）负债及所有者权益合计。

62. 某公司适用的企业所得税税率为25%。该公司202×年1~11月各损益类账户的累计发生额和12月底转账前各损益类账户的发生额如表3-31所示。

表3-31　202×年1~11月各损益类账户的累计发生额和12月底转账前各损益类账户的发生额

单位：元

账户名称	12月发生额		1~11月累计发生额	
	借方	贷方	借方	贷方
主营业务收入		80 000		670 000
主营业务成本	20 000		250 000	
销售费用	8 000		80 000	
税金及附加	2 000		20 000	
其他业务成本	15 000		50 000	
营业外支出	1 000		2 000	
财务费用	500		6 000	
管理费用	25 000		260 000	
其他业务收入		38 000		130 000
营业外支出		1 500		8 000
投资收益		5 000		

要求：完成202×年度利润表（见表3-32）的编制。

表3-32　利润表

编制单位：某公司　　202×年度　　单位：元

项目	行次	本年金额	上年金额
一、营业收入		（1）	略

表3-32(续)

项目	行次	本年金额	上年金额
减：营业成本		(2)	
税金及附加		22 000	
销售费用		88 000	
管理费用		285 000	
财务费用		6 500	
加：投资收益		5 000	
二、营业利润（损失以“-”填列）		(3)	
加：营业外收入		9 500	
减：营业外支出		3 000	
三、利润总额（损失以“-”填列）		(4)	
减：所得税费用		(5)	
四、净利润（亏损以“-”填列）		(6)	

63. 某公司202×年12月银行存款日记账的账面记录与银行对账单记录如表3-33和表3-34所示（假定双方在28日以前的记录均正确，而28日之后银行对账单的记录无误）。

表3-33　银行存款日记账的账面记录　　单位：元

日期	摘要	金额
29日	开出转账支票#0241，用以付购料款	6 800
30日	收到购货方转账支票#0860，存入银行	6 500
30日	职工张某预借差旅费，以现金支票#0052支付	5 000
31日	开出转账支票#0242，以支付审计费用	10 000
31日	收到销货方转账支票#0098	3 300
	银行存款日记账账面余额	198 500

表3-34　银行对账单记录　　单位：元

日期	摘要	金额
30日	转账支票#0241	8 600
31日	存入转账支票#0860	6 500
31日	1年期银行贷款到账	200 000
31日	扣除当月银行手续费	300
	银行对账单余额	408 100

要求：该公司在更正错账后编制了银行存款余额调节表（见表3-35），完成表中有关项目的填列。

表 3-35　银行存款余额调节表

编制单位：某公司　　　　202×年 12 月 31 日　　　　单位：元

项目	金额	项目	金额
企业银行存款日记账余额	(1)	银行对账单余额	(5)
加：银行已收企业未收的款项合计	(2)	加：企业已收银行未收的款项合计	(6)
减：银行已付企业未付的款项合计	(3)	减：企业已付银行未付的款项合计	(7)
调节后余额	(4)	调节后余额	(8)

64. 某公司适用的企业所得税税率为 25%，该公司 202×年 11 月的利润表（简表）如表 3-36 所示。

表 3-36　利润表（简表）

编制单位：某公司　　　　202×年 11 月　　　　单位：元

项目	本期金额	本年累计金额
一、营业收入	略	2 985 000
减：营业成本		1 500 000
税金及附加		88 000
销售费用		210 000
管理费用		350 000
财务费用		4 000
资产减值损失		3 000
二、营业利润（损失以“-”号填列）		830 000
加：营业外收入		3 000
减：营业外支出		8 000
三、利润总额（损失以“-”号填列）		825 000
减：所得税费用		206 250
四、净利润（亏损以“-”号填列）		618 750

该公司 12 月发生以下经济业务：

（1）该公司对外销售甲商品 3 500 件，单价为 68 元，增值税税率为 13%，已办妥银行托收货款手续。

（2）该公司经批准处理财产清查中的账外设备一台，估计原价为 10 000 元，七成新。

（3）该公司计算分配本月应付职工工资共计 40 000 元。其中，管理部门 25 000 元，专设销售机构的人员工资 15 000 元。

（4）该公司计提本月办公用固定资产折旧 1 200 元。

（5）该公司结转已销售的 3 500 件甲商品的销售成本 140 000 元。

（6）该公司将本月实现的损益结转至“本年利润”账户。

要求：根据上述资料，填写表3-37中（1）～（5）的金额。

表3-37 利润表（简表）

编制单位：某公司　　202×年12月　　单位：元

项目	本年金额	上年金额
一、营业收入	（1）	略
减：营业成本		
税金及附加		
销售费用		
管理费用	（2）	
财务费用		
资产减值损失		
二、营业利润（损失以“-”号填列）	（3）	
加：营业外收入	10 000	
减：营业外支出	8 000	
三、利润总额（损失以“-”号填列）	（4）	
减：所得税费用		
四、净利润（亏损以“-”号填列）	（5）	

65. XYZ公司202×年9月20日至月末的银行存款日记账所记录的经济业务如下：

（1）20日，XYZ公司收到销货款转账支票6 500元。

（2）21日，XYZ公司开出支票#0130，用于支付购入材料的货款12 000元。

（3）23日，XYZ公司开出支票#0131，用于购料的运杂费2 500元。

（4）26日，XYZ公司收到销货款转账支票3 200元。

（5）28日，XYZ公司开出支票#0132，支付公司日常办公费用4 800元。

（6）30日，XYZ公司开出支票#0133，支付下半年的房租24 000元。

（7）30日，银行存款日记账的账面余额为168 000元。

银行对账单所列XYZ公司9月20日至月末的经济业务如下：

（1）20日，XYZ公司收到银行存款利息1 523元。

（2）22日，XYZ公司收到销货款转账支票6 500元。

（3）23日，银行收到XYZ公司开出的支票#0130，金额为12 000元。

（4）25日，银行为XYZ公司代付水电费2 900元。

（5）26日，银行收到XYZ公司开出的支票#0131，金额为2 500元。

（6）29日，银行为XYZ公司代收外地购货方汇来的货款10 600元。

（7）30日，银行对账单的存款余额为202 823元。

要求：根据资料，填写银行存款余额调节表（见表3-38）。

表 3-38 银行存款余额调节表

编制单位：XYZ 公司　　202×年 9 月 30 日　　单位：元

项目	金额	项目	金额
企业银行存款日记账余额	168 000	银行对账单余额	202 823
加：银行已收企业未收的款项	（1）	加：企业已收银行未收的款项	3 200
减：银行已付企业未付的款项	（2）	减：企业已付银行未付的款项	（4）
调节后的余额	（3）	调节后的余额	（5）

66. 甲公司 202×年 2 月发生下列经济业务：

（1）甲公司基本生产车间为生产产品领用材料 6 000 元。

（2）甲公司分配工资 21 000 元，其中生产工人工资 15 000 元，车间管理人员工资 6 000元。

（3）甲公司计提车间设备的折旧 5 000 元。

（4）甲公司结转制造费用 7 000 元，计入生产成本。

（5）甲公司结转完工产品成本 18 000 元。

要求：请根据上述资料编制相关会计分录。

67. X 公司 202×年 9 月 30 日有关总账和明细账账户余额如表 3-39 所示。

表 3-39 总账和明细账账户余额　　单位：元

资产账户	借或贷	余额	负债和所有者权益账户	借或贷	余额
库存现金	借	4 800	短期借款	贷	160 000
银行存款	借	218 000	应付账款	贷	52 000
其他货币资金	借	69 000	——丙企业	贷	75 000
应收账款	借	80 000	——丁企业	借	23 000
——甲企业	借	120 000	预收账款	贷	5 500
——乙企业	贷	40 000	——C 公司	贷	5 500
坏账准备	贷	1 000	应缴税费	贷	14 500
预付账款	借	12 000	长期借款	贷	200 000
——A 公司	贷	3 000	应付债券	贷	230 000
——B 公司	借	15 000	其中:一年内到期的应付债券	贷	30 000
原材料	借	46 700	长期应付款	贷	100 000
生产成本	借	90 000	实收资本	贷	1 500 000
库存商品	借	60 000	资本公积	贷	110 000
存货跌价准备	贷	2 100	盈余公积	贷	48 100
固定资产	借	148 000	利润分配	贷	1 900
累计折旧	贷	6 500	——未分配利润	贷	1 900
无形资产	借	402 800	本年利润	贷	36 700
资产合计		2 458 700	负债和所有者权益合计		2 458 700

要求：计算 X 公司 202×年 9 月末资产负债表的下列报表项目金额：

（1）预付账款。

（2）存货。

（3）应付账款。

（4）流动负债。

（5）所有者权益。

68. 甲公司 12 月发生以下经济业务：

（1）甲公司提取库存现金 500 元备用。

（2）甲公司采购商品一批，增值税专用发票列示的价款为 10 000 元，增值税为 1 300元。货已入库，货款未付。

（3）甲公司销售商品 1 000 件，每件售价为 100 元，每件成本为 50 元，增值税税率为 13%，款项已收，存入银行。

（4）甲公司从“银行存款”账户中归还短期借款 17 000 元以及本月借款利息 180 元。

（5）甲公司收到其他单位所欠货款 30 000 元，存入银行。

要求：根据上述资料编制甲公司上述业务的会计分录。

69. 某公司 202×年 1 月 1 日向银行借入一笔生产经营用短期借款，共计 600 000 元，期限为 9 个月，年利率为 5%。根据与银行签署的借款协议，该项借款的本金到期后一次归还，利息分月预提，按季支付。

要求：（1）编制甲公司借入短期借款的会计分录。

（2）计算甲公司按月计提利息的金额。

（3）编制甲公司 1 月末计提利息的会计分录。

（4）编制甲公司 3 月末支付第一季度银行借款利息的会计分录。

（5）编制甲公司 9 月末偿还借款本金及第三季度银行借款利息的会计分录。

【参考答案】

1.（1）购入材料时：

借：原材料　　100 000

　　应交税费——应交增值税（进项税额）　　13 000

　贷：应付账款——A 公司　　113 000

（2）以银行存款支付购料款时：

借：应付账款——A 公司　　113 000

　贷：银行存款　　113 000

（3）支付电费时：

借：制造费用——电费　　42 000

　　管理费用——电费　　16 000

　贷：银行存款　　58 000

（4）预收 B 公司货款时：

借：银行存款　100 000
　贷：预收账款　100 000

(5) A公司发货并收回余款时：

借：银行存款　126 000
　　预收账款　100 000
　贷：主营业务收入　200 000
　　　应交税费——应交增值税（销项税额）　26 000

2. (1) 提现时：

借：库存现金　1 000
　贷：银行存款　1 000

(2) 购进材料时：

借：原材料　5 000
　　应交税费——应交增值税（进项税额）　650
　贷：应付账款——黄海工厂　5 650

(3) 赊销产品时：

借：应收账款——广丰工厂　113 000
　贷：主营业务收入——C产品　100 000
　　　应交税费——应交增值税（销项税额）　13 000

(4) 借支差旅费时：

借：其他应收款——张三　500
　贷：库存现金　500

(5) 领用材料时：

借：生产成本——B产品　3 000
　　制造费用　500
　贷：原材料—乙材料　3 500

(6) 赊销产品时：

借：应收账款——吉润公司　22 600
　贷：主营业务收入——D产品　20 000
　　　应交税费——应交增值税（销项税额）　2 600

(7) 购进丙材料时：

借：在途物资——丙材料　8 000
　　应交税费——应交增值税（进项税额）　1 040
　贷：应付账款——华东公司　9 040

(8) 收到前欠货款时：

借：银行存款　113 000
　贷：应收账款——广丰工厂　113 000

(9) 支付前欠货款时：

借：应付账款——华东公司　9 040
　贷：银行存款　9 040

（10）购置电脑时：

借：固定资产　8 000

　　应交税费——应交增值税（进项税额）　1 040

　贷：银行存款　9 040

科目汇总表中空格计算如下：

[1] 银行存款贷方发生额=（1）1 000+（9）9 040+（10）9 040=19 080（元）

[2] 应收账款借方发生额=（3）113 000+（6）22 600=135 600（元）

[3] 主营业务收入贷方发生额=（3）100 000+（6）20 000=120 000（元）

[4] 应交税费借方发生额=（2）650+（7）1 040+（10）1 040=2 730（元）

[5] 应付账款贷方发生额=（2）5 650+（7）9 040=14 690（元）

3.（1）202×年，运杂费25 000元中的运费20 000元可以按9%抵扣作为进项税。

原材料成本=500 000+25 000−20 000×(1+9%)×9%=523 348.62（元）

进项税额=65 000+20 000÷(1+9%)×9%=66 651.38（元）

借：原材料　523 348.62

　　应交税费——应交增值税（进项税额）　66 651.38

　贷：银行存款　590 000

（2）免税农产品可以按收购价的13%计算抵扣作为进项税额。

原材料成本=120 000−120 000×13%=104 400（元）

进项税额=120 000×13%=15 600（元）

借：原材料　104 400

　　应交税费——应交增值税（进项税额）　15 600

　贷：银行存款　120 000

（3）销售产成品时：

借：银行存款　1 356 000

　贷：主营业务收入　1 200 000

　　　应交税费——应交增值税（销项税额）　156 000

（4）捐赠产成品时：

借：营业外支出——捐赠支出　93 000

　贷：库存商品　80 000

　　　应交税费——应交增值税（销项税额）　13 000

（5）在建工程领用材料时：

借：在建工程　33 900

　贷：原材料　30 000

　　　应交税费——应交增值税（进项税额转出）　3 900

4.（1）借入长期借款时：

借：银行存款　2 700 000

　贷：长期借款　2 700 000

(2) 购入生产设备时：

借：固定资产　　2 000 000

　应交税费——应交增值税（进项税额）　　260 000

　贷：银行存款　　2 260 000

(3) 甲公司按月计提的长期借款利息的金额 = 2 700 000×7%÷12

= 15 750（元）

(4) 按月计提长期借款利息时：

借：财务费用　　15 750

　贷：应付利息　　15 750

(5) 按月计提生产设备折旧时：

每月计提的累积折旧 = (2 000 000−50 000)÷10÷12 = 16 250（元）

借：制造费用——折旧费　　16 250

　贷：累计折旧　　16 250

5. (1) 赊销商品时：

借：应收账款　　232 000

　贷：主营业务收入　　200 000

　　应交税费——应交增值税（销项税额）　　26 000

　　银行存款　　6 000

(2) 上交滞纳金及增值税时：

借：营业外支出——罚款支出　　505

　应交税费——未交增值税　　20 000

　贷：银行存款　　20 505

(3) 出售材料时：

借：其他货币资金——银行本票　　22 600

　贷：其他业务收入——材料销售收入　　20 000

　　应交税费——应交增值税（销项税额）　　2 600

(4) 结转产品销售成本时：

借：主营业成本　　144 000

　贷：库存商品　　144 000

(5) 计提坏账准备时：

借：资产减值损失　　420

　贷：坏账准备　　420

6. (1) 预付货款时：

借：预付账款——乙公司　　72 000

　贷：银行存款　　72 000

(2) 购入材料时：

借：在途物资　　180 000

　应交税费——应交增值税（进项税额）　　23 400

　贷：预付账款——乙公司　　203 400

（3）补付款项时：

借：预付账款——乙公司 138 600

贷：银行存款 138 600

（4）材料验收入库时：

借：原材料 180 000

贷：在途物资 180 000

（5）领用材料时：

借：生产成本 120 000

制造费用 15 000

管理费用 9 000

贷：原材料 144 000

7. （1）领用材料时：

借：生产成本 50 000

制造费用 30 000

贷：原材料 80 000

（2）结转制造费用时：

借：生产成本 5 000

贷：制造费用 5 000

（3）结转完工产品成本时：

借：库存商品 30 000

贷：生产成本 30 000

（4）结转产品销售成本时：

借：主营业务成本 20 000

贷：库存商品 20 000

（5）结转本年利润时：

借：本年利润 20 000

贷：主营业务成本 20 000

8. （1）销售商品并结转销售成本时：

借：应收存款 226 000

贷：主营业务收入 200 000

应交税费——应交增值税（销项税额） 26 000

借：主营业务成本 120 000

贷：库存商品 120 000

（2）销售材料并结转材料销售成本时：

借：银行存款 33 900

贷：其他业务收入 30 000

应交税费——应交增值税（销项税额） 3 900

借：其他业务成本　23 000
　贷：原材料　23 000

（3）计算分配工资时：

借：生产成本　80 000
　　管理费用　30 000
　贷：应付职工薪酬——工资　110 000

（4）计提折旧时：

借：制造费用　50 000
　　管理费用　8 000
　贷：累计折旧　58 000

（5）出售交易性金融资产并支付交易费用时：

借：银行存款　1 200 000
　贷：交易性金融资产　1 000 000
　　　投资收益　200 000

借：投资收益　490
　贷：银行存款　490

9.（1）确认销售收入时：

借：应收账款　452 000
　贷：主营业务收入　400 000
　　　应交税费——应交增值税（销项税额）　52 000

（2）结转销售成本时：

借：主营业务成本　280 000
　贷：库存商品　280 000

（3）计算甲公司202×年12月31日应计提坏账准备金额时：

应计提坏账金额=应收账款的账面价值-应收账款未来现金流量现值
=452 000-350 000
=102 000（元）

（4）计提坏账准备时：

借：资产减值损失　102 000
　贷：坏账准备　102 000

（5）收回款项时：

借：银行存款　350 000
　　坏账准备　102 000
　贷：应收账款——乙公司　452 000

10.（1）生产领用原材料时：

借：生产成本　6 000
　贷：原材料　6 000

（2）分配职工工资时：

借：制造费用 15 000

管理费用 6 000

贷：应付职工薪酬 21 000

（3）计提折旧时：

借：制造费用 1 000

贷：累计折旧 1 000

（4）结转制造费用时：

借：生产成本 7 000

贷：制造费用 7 000

（5）结转完工产品成本时：

借：库存商品 18 000

贷：生产成本 18 000

11. （1）证券公司存款时：

借：其他货币资金——存出投资款 2 000 000

贷：银行存款 2 000 000

（2）购买股票时：

借：交易性金融资产 1 000 000

贷：其他货币资金——存出投资款 1 000 000

12. （1）购入原材料时：

借：原材料 2 000

应交税费——应交增值税（进项税额） 260

贷：银行存款 2 260

（2）销售商品时：

借：银行存款 5 650

贷：主营业务收入 5 000

应交税费——应交增值税（销项税额） 650

（3）购入不需安装的设备时：

借：固定资产 20 000

应交税费——应交增值税（进项税额） 2 600

贷：应付账款 22 600

（4）归还短期借款及利息时：

借：短期借款 10 000

财务费用 500

贷：银行存款 10 500

（5）核销无法支付的应付账款时：

借：应付账款 5 000

贷：营业外收入 5 000

13. （1）该企业本年度的所得税费用＝400×25%＝100（万元）

（2）确认所得税时：

借：所得税费用　　1 000 000

　贷：应交税费——应交所得税　　1 000 000

（3）计提盈余公积时：

借：利润分配——提取法定盈余公积　　300 000

　　　　　——提取任意盈余公积　　150 000

　贷：盈余公积——法定盈余公积　　300 000

　　　　　　——任意盈余公积　　150 000

（4）宣告发放现金股利时：

借：利润分配——应付现金股利　　400 000

　贷：应付股利　　400 000

（5）企业年末未分配利润余额＝150+400−100−30−15−40＝365（万元）

14. （1）单位工作量折旧额＝［300 000×（1−4%）］÷800 000

＝0.36（元/千米）

（2）该月折旧额＝0.36×6 000＝2 160（元）

15. （1）销售商品时：

借：应收账款　　565 000

　贷：主营业务收入　　500 000

　　　应交税费——应交增值税（销项税额）　　65 000

（2）确认坏账时：

借：坏账准备　　50 000

　贷：应收账款　　50 000

（3）收到前欠货款时：

借：银行存款　　300 000

　贷：应收账款　　300 000

（4）计提坏账准备的金额＝应收账款期末余额×坏账准备计提率−坏账准备的贷方余额（或+坏账准备的借方余额）

或 计提坏账准备的金额＝应收账款期末余额−应收账款未来现金流入量的现值−坏账准备的贷方余额（或+坏账准备的借方余额）

应计提的坏账准备＝（2 000 000+565 000−50 000−300 000）−1 700 000−250 000+50 000＝315 000（元）

（或 先算出应收账款和坏账准备的余额）

应收账款的余额＝2 000 000+565 000−50 000−300 000＝2 215 000（元）

坏账准备的余额＝250 000−50 000＝200 000（元）（在贷方）

应提的坏账准备＝应收账款的余额−预计未来净现金流入量的现值

＝2 215 000−1 700 000

＝515 000（元）

本期应补提的坏账准备=应提的坏账准备−坏账准备的贷方余额

（+坏账准备的借方余额）

=515 000−200 000

=315 000（元）

（5）编制计提坏账准的会计分录如下：

借：资产减值损失　　335 000

　贷：坏账准备　　335 000

16.（1）生产领用材料时：

借：生产成本　　15 000

　贷：原材料　　15 000

（2）计提本月工资时：

借：生产成本　　15 000

　　制造费用　　6 000

　贷：应付职工薪酬　　21 000

（3）计提折旧时：

借：制造费用　　5 000

　贷：累计折旧　　5 000

（4）结转制造费用时：

借：生产成本　　11 000

　贷：制造费用　　11 000

（5）结转完工产品成本时：

借：库存商品　　170 000

　贷：生产成本　　170 000

17. D公司投入资本时：

借：银行存款　　4 000 000

　贷：实收资本——D公司　　3 000 000

　　　资本公积　　1 000 000

18.（1）借：库存现金　　652 000

　　　　贷：银行存款　　652 000

（2）借：应付职工薪酬——工资　　652 000

　　　贷：库存现金　　652 000

（3）借：应付职工薪酬——工资　　28 000

　　　贷：其他应收款——代垫职工医药费　　2 000

　　　　　其他应付款——代扣职工房租　　26 000

（4）借：生产成本——基本生产成本　　560 000

　　　贷：应付职工薪酬——工资　　560 000

（5）借：制造费用　　50 000

　　　贷：应付职工薪酬——工资　　50 000

(6) 借：管理费用 70 000
　　贷：应付职工薪酬 70 000

19.(1) 收到A公司投资时：

借：固定资产 3 000 000
　贷：实收资本——A公司 3 000 000

(2) 收到B公司投资时：

借：固定资产 2 000 000
　　无形资产 1 000 000
　贷：实收资本——B公司 3 000 000

(3) 收到C公司投资时：

借：银行存款 3 000 000
　贷：实收资本——C公司 3 000 000

(4) 收到D公司投资时：

借：银行存款 4 000 000
　贷：实收资本——D公司 3 000 000
　　　资本公积 1 000 000

(5) 收到E公司投资时：

借：无形资产 4 000 000
　贷：实收资本——D公司 3 000 000
　　　资本公积 1 000 000

20. (1) 销售商品取得收入的同时结转销售成本时：

借：应收账款 904 000
　贷：主营业务收入 800 000
　　　应交税费——应交增值税（销项税额） 104 000

借：主营业务成本 600 000
　贷：库存商品 600 000

(2) 销售材料确认收入并结转材料销售成本时：

借：应收账款 67 800
　贷：其他业务收入 60 000
　　　应交税费——应交增值税（销项税额） 7 800

借：其他业务成本 34 000
　贷：原材料 34 000

(3) 确认销售部门费用时：

借：销售费用——工资 250 000
　　　　　——折旧费 90 000
　贷：应付职工薪酬——工资 250 000
　　　累计折旧 90 000

（4）确认行政管理部门费用时：

借：管理费用——工资　100 000
　　　　　——折旧费　35 000
　　　　　——差旅费　25 000
　　　　　——业务招待费　50 000
　贷：应付职工薪酬——工资　100 000
　　　累计折旧　35 000
　　　银行存款　75 000

（5）发生公益性捐赠时：

借：营业外支出　40 000
　贷：银行存款　40 000

21.（1）将固定资产转入清理时：

借：固定资产清理　58 000
　　累计折旧　42 000
　贷：固定资产　100 000

（2）收到清理费用时：

借：银行存款　56 000
　贷：固定资产清理　56 000

（3）结转清理损益时：

借：营业外支出　2 000
　贷：固定资产清理　2 000

22.（1）A 产品工资 = 20×200 = 4 000（元）

（2）B 产品工资 = 20×300 = 6 000（元）

借：生产成本——A 产品　4 000
　　　　　——B 产品　6 000
　贷：应付职工薪酬——工资　10 000

23.（1）将固定资产转入清理时：

借：固定资产清理　80 000
　　累计折旧　20 000
　贷：固定资产　100 000

（2）收到清理款项时：

借：银行存款　92 660
　贷：固定资产清理　82 000
　　　应交税费——应交增值税（销项税额）　10 660

（3）结转清理损益时：

借：固定资产清理　2 000
　贷：营业外收入　2 000

24.（1）用银行汇票购入材料时：

借：原材料　217.80

　　应交税费——应交增值税（进项税额）　28.08

　贷：其他货币资金　245.88

（2）收到银行汇票余款时：

借：银行存款　45.48

　贷：其他货币资金　45.48

（3）用商业承兑汇票购入材料时：

借：原材料　196.40

　　应交税费——应交增值税（进项税额）　25.48

　贷：应付票据　221.88

（4）收到投资材料时：

借：原材料　1 415

　　应交税费——应交增值税（进项税额）　183.95

　贷：实收资本　1 598.95

（5）发出材料时：

借：生产成本　560

　　制造费用　192

　　管理费用　163

　　销售费用　120

　贷：原材料　1 035

25.（1）会计处理正确，不需要更正。

（2）应采用的更正方法是划线更正法。不需要编制错账更正的会计分录，只需按划线更正法将账簿中的 45 000 改为 60 000 即可。

（3）应采用的更正方法是红字更正法，错账更正的会计分录为：

借：管理费用　[7 000]

　贷：库存现金　[7 000]

借：应付职工薪酬——职工福利　7 000

　贷：库存现金　7 000

（4）应采用的更正方法是红字更正法，错账更正的会计分录为：

借：制造费用　[40 500]

　贷：累计折旧　[40 500]

（5）应采用的更正方法是补充登记法，错账更正的会计分录为：

借：应付职工薪酬　58 500

　贷：库存现金　58 500

26. (1) 支付下年度报刊订阅费时：

借：预付账款　　1 200

　贷：银行存款　　1 200

(2) 购入设备时：

借：固定资产　　100 000

　贷：银行存款　　100 000

(3) 计提折旧时：

借：管理费用　　8 000

　　制造费用　　12 000

　贷：累计折旧　　20 000

(4) 购入专利权时：

借：无形资产　　240 000

　贷：银行存款　　240 000

(5) 购入原材料时：

借：在途物资　　20 000

　贷：银行存款　　20 000

27. (1) 将建筑物净值转入清理时：

借：固定资产清理　　2 550 000

　　累计折旧　　450 000

　贷：固定资产　　3 000 000

(2) 支付清理费用时：

借：固定资产清理　　20 000

　贷：库存现金　　20 000

(3) 取得清理收入时：

借：银行存款　　2 800 000

　贷：固定资产清理　　2 800 000

(4) 结转清理净损益时：

借：固定资产清理　　90 000

　贷：营业外收入　　90 000

28. (1) 购入专利权时：

借：无形资产　　100 000

　贷：银行存款　　100 000

(2) 年末摊销无形资产时：

借：管理费用　　10 000

　贷：累计摊销　　10 000

(3) 转让专利权时：

借：银行存款　　150 000

　　累计摊销　　30 000

贷：无形资产　　100 000

　　营业外收入　　80 000

(4) 计算无形资产转让净收益时：

转让该项无形资产取得的净收益=80 000-7500=72 500（元）

29. (1) 93 500；(2) 166 500；(3) 98 000；(4) 24 540；(5) 222 540。

30. (1) 5 372 500；(2) 3 092 500；(3) 2 170 000；(4) 2 160 000；(5) 1 620 000。

31. (1) 918 000；(2) 335 000；(3) 186 500；(4) 193 000；(5) 193 000。

32. (1) 划出投资款时：

借：其他货币资金——存出投资款　　1 000

　贷：银行存款　　1 000

(2) 购入股票时：

借：交易性金融资产　　800

　贷：其他货币资金——存出投资款　　800

(3) 支付交易费用时：

借：投资收益　　2

　贷：其他货币资金——存出投资款　　2

(4) 出售股票时：

借：银行存款　　825

　贷：交易性金融资产　　800

　　投资收益　　25

(5) 计算甲公司因上述交易或事项而确认的投资收益金额。

确认的投资收益金额=投资收益贷方-投资收益借方=25-2=23（万元）

33. (1) 购入A设备时：

借：固定资产　　560

　应交税费——应交增值税（进项税额）　　71.50

　贷：银行存款　　631.50

(2) A设备每个月的折旧费=（560-20）÷10÷12=4.5（万元）

2月计提A设备折旧额时：

借：管理费用　　4.5

　贷：累计折旧　　4.5

(3) 7月15日购入B设备时：

借：在建工程　　600

　应交税费——应交增值税（进项税额）　　78

　贷：银行存款　　678

(4) 8月安装B设备及其投入使用时：

借：在建工程　　3

　贷：银行存款　　3

借：固定资产　　603

　贷：在建工程　　603

（5）9月的折旧额＝(603－3)÷5×0.072＝8.64（万元）

或9月的折旧额＝（6 030 000－30 000）÷50 000×720＝86 400（元）

9月计提B设备折旧时：

借：制造费用　　8.64

　贷：累计折旧　　8.64

34.（1）20×6年12月31日收到出资者投入资本时：

借：银行存款　　570

　　固定资产　　180

　　无形资产　　50

　贷：实收资本——A股东　　320

　　　　　　　——B股东　　280

　　　　　　　——C股东　　200

（2）20×7年决定分配利润时：

借：利润分配——应付现金股利　　100

　贷：应付股利　　100

（3）20×8年12月31日吸收D股东出资时产生的资本公积：

D股东出资时产生的资本公积＝D股东出资额－D股东所占的股本总额

＝150－1 000×10%＝50（万元）

（4）20×8年12月31日收到A、B、C股东追加投资和D股东出资时：

借：银行存款　　250

　贷：实收资本——A股东　　40

　　　　　　　——B股东　　35

　　　　　　　——C股东　　25

　　　　　　　——D股东　　100

　　　资本公积　　50

（5）计算甲公司20×8年12月31日增资扩股后各股东的持股比例：

A股东持股比例＝(320+40)÷1 000＝36%

B股东持股比例＝(280+35)÷1 000＝31.5%

C股东持股比例＝(200+25)÷1 000＝22.5%

D股东持股比例＝10%

35.（1）确认商品销售收入时：

借：应收账款　　452 000

　贷：主营业务收入　　400 000

　　　应交税费——应交增值税（销项税额）　　52 000

（2）结转商品销售成本时：

借：主营业务成本　　280 000

　贷：库存商品　　280 000

(3) 计算甲公司20×8年12月31日应计提坏账准备的金额:

应计提坏账准备的金额=应收账款账面价值-预计其未来现金流量现值

=468 000-350 000

=118 000(元)

(4) 计提坏账准备时:

借: 资产减值损失 118 000

　贷: 坏账准备 118 000

(5) 收回款项时:

借: 银行存款 350 000

　　坏账准备 118 000

　贷: 应收账款 468 000

36. (1) 计算A产品应分配的制造费用:

A产品应分配的制造费用=100 000÷(5 000+3 000)×5 000=62 500(元)

(2) 计算B产品应分配的制造费用:

B产品应分配的制造费用=100 000÷(5 000+3 000)×3 000=37 500(元)

(3) 计算A产品当月生产成本:

A产品当月生产成本= 4 000×150+5 000×20+62 500=762 500(元)

(4) 计算B产品当月生产成本:

B产品当月生产成本=2 000×150+3 000×20+37 500=397 500(元)

(5) 编制产品完工入库的会计分录:

借: 库存商品——A产品 762 500

　　　　——B产品 397 500

　贷: 生产成本——A产品 762 500

　　　　——B产品 397 500

37. (1) 编制甲公司年末结转各损益类科目余额的会计分录:

借: 主营业务收入 4 500 000

　　其他业务收入 525 000

　　投资收益 450 000

　　营业外收入 37 500

　贷: 本年利润 5 512 500

借: 本年利润 4 860 000

　贷: 主营业务成本 3 450 000

　　其他业务成本 300 000

　　税金及附加 60 000

　　销售费用 375 000

　　管理费用 450 000

　　财务费用 75 000

　　营业外支出 150 000

（2）计算甲公司202×年应交所得税金额：

甲公司202×年应交所得税金额=652 500×25%=163 125（元）

（3）编制甲公司确认并结转所得税费用的会计分录：

①确认所得税费用分录为：

借：所得税费用　　163 125

　贷：应交税费——应交所得税　　163 125

②结转所得税费用分录为：

借：本年利润　　163 125

　贷：所得税费用　　163 125

（4）编制甲公司将“本年利润”科目余额转入“利润分配——未分配利润”科目的会计分录：

借：本年利润　　489 375

　贷：利润分配——未分配利润　　489 375

（5）编制甲公司提取盈余公积和宣告分配利润的会计分录：

借：利润分配——提取法定盈余公积　　48 937.50

　　　　　——提取任意盈余公积　　24 468.75

　　　　　——应付现金股利　　500 000

　贷：盈余公积——法定盈余公积　　48 937.50

　　　　　——提取任意盈余公积　　24 468.75

　　应付股利　　500 000

38.（1）7 123；（2）245 673；（3）13 240；（4）12 000；（5）245 673。

39.（1）营业收入=主营业务收入+其他业务收入

=500×80+1 000×100+200×25

=145 000（元）

（2）营业成本=主营业务成本+其他业务成本

=500×50+1 000×70+200×20

=99 000（元）

（3）营业利润=营业收入-营业成本-管理费用-销售费用

=145 000-99 000-8 000-5 000

=33 000（元）

（4）利润总额=营业利润+营业外收入-营业外支出=33 000（元）

（5）净利润=利润总额-所得税费用

=33 000-33 000×25%

=24 750（元）

40.（1）A；（2）C；（3）B；（4）ABCD；（5）C。

41.（1）AC；（2）A；（3）A；（4）B；（5）BCD。

42.（1）销售A产品并结转销售成本时：

借：应收账款　180 800

　贷：主营业务收入　160 000

　　　应交税费——应交增值税（销项税额）　20 800

借：主营业务成本　100 000

　贷：库存商品　100 000

（2）销售B产品并结转销售成本时：

借：银行存款　90 400

　贷：主营业务收入　80 000

　　　应交税费——应交增值税（销项税额）　10 400

借：主营业务成本　56 000

　贷：库存商品　56 000

（3）支付运输费时：

借：销售费用　5 000

　贷：银行存款　5 000

（4）发放职工工资时：

借：应付职工薪酬——工资　45 000

　贷：库存现金　45 000

（5）销售材料时：

借：应收账款　11 300

　贷：其他业务收入　10 000

　　　应交税费——应交增值税（销项税额）　1 300

借：其他业务成本　8 000

　贷：原材料　8 000

（6）本月应交企业所得税=（160 000−100 000+80 000−56 000−5 000+10 000−8 000）×25%=20 250（元）

43.（1）从银行借入资金时：

借：银行存款　2 700 000

　贷：长期借款　2 700 000

（2）购买设备时：

借：固定资产　2 000 000

　　应交税费——应交增值税（进项税额）　260 000

　贷：银行存款　2 260 000

（3）按月计提利息时：

借：财务费用　15 750

　贷：应付利息　15 750

（4）计提折旧时：

借：制造费用　16 250

　贷：累计折旧　16 250

（4）借：生产成本　　7 000
　　贷：制造费用　　7 000
（5）借：库存商品　　18 000
　　贷：生产成本　　18 000

67.（1）38 000；（2）194 600；（3）78 000；（4）328 000；（5）1 696 700。

68.（1）借：库存现金　　500
　　贷：银行存款　　500
（2）借：库存商品　　10 000
　　应交税费——应交增值税（进项税额）　　1 300
　　贷：应付账款　　11 300
（3）借：银行存款　　113 000
　　贷：主营业务收入　　100 000
　　　　应交税费——应交增值税（销项税额）　　13 000
借：主营业务成本　　50 000
　贷：库存商品　　50 000
（4）借：短期借款　　17 000
　　财务费用　　180
　　贷：银行存款　　17 180
（5）借：银行存款　　30 000
　　贷：应收账款　　30 000

69.（1）借：银行存款　　600 000
　　贷：短期借款　　600 000
（2）按月计提的利息金额=600 000×5%/12=2 500（元）
（3）借：财务费用　　2 500
　　贷：应付利息　　2 500
（4）借：应付利息　　5 000
　　财务费用　　2 500
　　贷：银行存款　　7 500
（5）借：短期借款　　600 000
　　应付利息　　5 000
　　财务费用　　2 500
　　贷：银行存款　　607 500